HANS-JÜRGEN ZOBEL
STAMMESSPRUCH UND GESCHICHTE

HANS-JÜRGEN ZOBEL

STAMMESSPRUCH UND GESCHICHTE

DIE ANGABEN DER STAMMESSPRÜCHE VON GEN 49, DTN 33
UND JDC 5 ÜBER DIE POLITISCHEN UND KULTISCHEN
ZUSTÄNDE IM DAMALIGEN „ISRAEL"

1965

VERLAG ALFRED TÖPELMANN · BERLIN

BEIHEFTE ZUR ZEITSCHRIFT FÜR DIE
ALTTESTAMENTLICHE WISSENSCHAFT
HERAUSGEGEBEN VON GEORG FOHRER

95

1965
by Alfred Töpelmann, Berlin 30, Genthiner Straße 13
Alle Rechte, insbesondere das der Übersetzung in fremde Sprachen, vorbehalten.
Ohne ausdrückliche Genehmigung des Verlages ist es auch nicht gestattet, dieses Buch oder
Teile daraus auf photomechanischem Wege (Photokopie, Mikrokopie) zu vervielfältigen.
Printed in Germany
Satz und Druck: Walter de Gruyter & Co., Berlin 30
Archiv-Nr. 3822655

VORWORT

Die folgende Untersuchung stellt die vor allem im 1. Kapitel, dann aber auch im Anmerkungsteil stark gekürzte und durchgängig leicht überarbeitete Fassung der Dissertation dar, die im Frühherbst 1962 von der Theologischen Fakultät der Martin-Luther-Universität Halle-Wittenberg angenommen wurde. Soweit möglich, fand die bis zum gegenwärtigen Zeitpunkt erschienene einschlägige Literatur entsprechende Berücksichtigung.

In vielfältiger Hinsicht verdanke ich die Anregungen zur Bearbeitung dieses Themas Herrn Prof. D. Dr. Otto Eißfeldt DD. Ihm sowie seinem Nachfolger, Herrn Prof. Dr. Dr. Gerhard Wallis, bin ich für stets freundliche und wohlwollende Förderung zu aufrichtigem Dank verpflichtet. Nicht minder gebührt mein Dank Herrn Prof. D. Dr. Georg Fohrer, Erlangen, für seine sachkundigen Hinweise zur Überarbeitung des Manuskripts sowie ihm und dem Verlag Alfred Töpelmann, Berlin, für die Aufnahme dieser Arbeit in die Beihefte zur ZAW.

Halle (Saale), September 1964.   H.-J. Zobel

INHALTSVERZEICHNIS

	Seite
Vorwort	V
Abkürzungsverzeichnis	IX
Einleitung	1
1. Kapitel: Die Exegese der Sprüche	4
I. Die Sprüche des „Segens Jakobs", Gen 49 3-27	4
II. Die Sprüche des „Segens Moses", Dtn 33 6-25	26
III. Die Sprüche im Debora-Lied, Jdc 5 14-15a. 15b-17.18	44
2. Kapitel: Form- und gattungsgeschichtliche Erwägungen	53
I. Die profanen Sprüche	55
II. Die „jahwesierten" Sprüche	58
III. Die Auflösungserscheinungen	59
3. Kapitel: Die geschichtlichen Aussagen der Stammessprüche	62
I. Der Stamm Ruben	62
II. Der Stamm Simeon	65
III. Der Stamm und die Priesterzunft Lewi	67
IV. Der Stamm Juda	72
V. Der Stamm Sebulon	80
VI. Der Stamm Issachar	85
VII. Der Stamm Dan	88
VIII. Die Stämme Gilead und Gad	97
1. Gilead	97
2. Gad	98
IX. Der Stamm Asser	101
X. Der Stamm Naphtali	104
XI. Der Stamm Benjamin	107
XII. Das Haus Joseph: Ephraim und Manasse (Makir)	112
1. Makir	112
2. Ephraim und Manasse	115
Schlußbemerkungen	127
Literaturverzeichnis	131
Stellenverzeichnis	160

ABKÜRZUNGSVERZEICHNIS

AASOR	=	Annual of the American Schools of Oriental Research, New Haven.
AfO	=	Archiv für Orientforschung, (Berlin) Graz.
AIPhHOS	=	Annuaire de l'Institut de Philologie et d'Histoire Orientales et Slaves, Brüssel.
AJA	=	American Journal of Archaeology, Norwood, Concord, Baltimore.
AJTh	=	American Journal of Theology, Chicago.
AO	=	Der Alte Orient. Gemeinverständliche Darstellungen, Leipzig.
AOB, AOT	=	s. GRESSMANN.
ARW	=	Archiv für Religionswissenschaft, Leipzig, Berlin.
BASOR	=	Bulletin of the American Schools of Oriental Research. New Haven, Baltimore.
BBB	=	Bonner Biblische Beiträge, Bonn.
BFchrTh	=	Beiträge zur Förderung christlicher Theologie, Gütersloh.
Bibl	=	Biblica. Commentarii ad rem biblicam scientifice investigandam, Rom.
Bibl Arch	=	The Biblical Archaeologist, New Haven.
Bibl Sac	=	Bibliotheca Sacra, Dallas.
BJRL	=	Bulletin of the John Rylands Library, Manchester.
BWA(N)T	=	Beiträge zur Wissenschaft vom A (und N)T, Leipzig, Stuttgart.
BZ	=	Biblische Zeitschrift, Freiburg i. B., Paderborn.
BZAW	=	Beihefte zur Zeitschrift für die Alttestamentliche Wissenschaft, Gießen, Berlin.
CAH	=	The Cambridge Ancient History, Cambridge.
CBQ	=	Catholic Biblical Quarterly, Washington.
DLZ	=	Deutsche Literatur-Zeitung für Kritik der internationalen Wissenschaft, Berlin.
EThL	=	Ephemerides Theologicae Lovanienses, Leuven-Louvain.
Exp	=	The Expositor, London.
ExpT	=	The Expository Times, Edinburgh, Aberdeen.
FRLANT	=	Forschungen zur Religion und Literatur des A und NT, Göttingen.
Fs	=	Festschrift.
FuF	=	Forschungen und Fortschritte, Berlin.
Geref.ThT	=	Gereformeerd Theologisch Tijdschrift, Baarn, Aalten, Kampen.
Ges.Stud.	=	Gesammelte Studien.
GGA	=	Göttingische Gelehrte Anzeigen, Göttingen.
HUCA	=	Hebrew Union College Annual, Cincinnati.

IEJ	=	Israel Exploration Journal, Jerusalem.
JAOS	=	Journal of the American Oriental Society, Boston, New Haven.
JBL	=	Journal of Biblical Literature, New York, New Haven, Philadelphia.
JBR	=	Journal of Bible and Religion, Boston.
JCSt	=	Journal of Cuneiform Studies, New Haven.
JJSt	=	Journal of Jewish Studies, London.
JNESt	=	Journal of Near Eastern Studies, Chicago.
JPOS	=	Journal of the Palestine Oriental Society, Jerusalem.
JQR	=	Jewish Quarterly Review, Philadelphia.
JSSt	=	Journal of Semitic Studies, Manchester.
JThSt	=	Journal of Theological Studies, Oxford.
Kl.Schr.	=	Kleine Schriften.
MGWJ	=	Monatsschrift für Geschichte und Wissenschaft des Judentums, Breslau.
MV(Ä)G	=	Mitteilungen der Vorderasiatisch(-Ägyptisch)en Gesellschaft, Berlin, Leipzig.
Ned. ThT	=	Nederlands Theologisch Tijdschrift, Wageningen.
NKZ	=	Neue Kirchliche Zeitschrift, Erlangen, Leipzig.
OLZ	=	Orientalistische Literaturzeitung, Leipzig, Berlin.
Op. Min.	=	Opera Minora.
PEFQSt	=	Palestine Exploration Fund, Quarterly Statement, London.
PEQ	=	Palestine Exploration Quarterly, London.
PJB	=	Palästinajahrbuch, Berlin.
PSBA	=	Proceedings of the Society for Biblical Archaeology, London.
PWRE	=	Paulys Realencyclopädie der classischen Altertumswissenschaften, neue Bearbeitung begonnen von Georg Wissowa, Stuttgart.
RB	=	Revue Biblique, Paris.
RE	=	Realencyklopädie für protestantische Theologie und Kirche, Leipzig.
REJ	=	Revue des Études Juives, Paris.
RGG	=	Die Religion in Geschichte und Gegenwart, Tübingen.
RHPhR	=	Revue d'Histoire et de Philosophie Religieuses, Straßburg.
RStO	=	Rivista degli Studi Orientali, Rom.
SA	=	Sitzungsberichte der Akademie.
SVT	=	Supplements to Vetus Testamentum, Leiden.
ThBl	=	Theologische Blätter, Leipzig.
ThLBl	=	Theologisches Literaturblatt, Leipzig.
ThLZ	=	Theologische Literaturzeitung, Leipzig, Berlin.
ThR	=	Theologische Rundschau, Tübingen.
ThStKr	=	Theologische Studien und Kritiken, Hamburg, Gotha, Leipzig, Berlin.
ThuGl	=	Theologie und Glaube, Paderborn.
ThWBNT	=	Theologisches Wörterbuch zum Neuen Testament, Stuttgart.

TübingerThQ	=	Theologische Quartalschrift, Tübingen.
VT	=	Vetus Testamentum, Leiden.
WdO	=	Die Welt des Orients. Wissenschaftliche Beiträge zur Kunde des Morgenlandes, Wuppertal, Stuttgart, Göttingen.
WZ	=	Wissenschaftliche Zeitschrift.
WZKM	=	Wiener Zeitschrift für die Kunde des Morgenlandes, Wien.
ZA	=	Zeitschrift für Assyriologie, Leipzig, Berlin.
ZAW	=	Zeitschrift für die Alttestamentliche Wissenschaft, Gießen, Berlin.
ZDMG	=	Zeitschrift der Deutschen Morgenländischen Gesellschaft, Leipzig, Wiesbaden.
ZDPV	=	Zeitschrift des Deutschen Palästina-Vereins, Leipzig, Stuttgart, Wiesbaden.
ZKTh	=	Zeitschrift für Katholische Theologie, Innsbruck.
ZWTh	=	Zeitschrift für Wissenschaftliche Theologie, Jena, Halle, Leipzig.

EINLEITUNG

Seit dem Aufkommen der kritischen Wissenschaft[1], die zu Recht mit der Anschauung, Gen 49 und Dtn 33 rührten von Jakob bzw. Mose her, brach und beide »Segen« als Erzeugnisse einer jüngeren Zeit verstehen lehrte, ist wiederholt beobachtet worden, daß den Segen des Jakob, den des Mose und das Debora-Lied manches miteinander verbindet. Stets hat man in diesem Zusammenhang den Quellenwert der drei genannten Dichtungen für eine Darstellung der frühen Geschichte Israels betont und auf die Notwendigkeit einer die Aussagen aller drei Komplexe miteinander verzahnenden Bearbeitung hingewiesen. Bislang ist jedoch ein solcher Versuch unterblieben. Das mag nicht zuletzt daran liegen, daß im Unterschied zum Debora-Lied, dessen Herleitung aus der ersten Hälfte der sog. Richter-Zeit nie ernsthaft bestritten und darum seine Auswertung für die Geschichte des damaligen Israel stets lebhaft betrieben wurde, noch keine einhellige Antwort auf die Frage nach der zeitlichen Ansetzung der Segen Jakobs und Moses oder besser: der in beiden Segen zusammengefaßten Einzelsprüche gefunden werden konnte[2].

Nachdem zunächst im Laufe des 19. Jh. darin weitgehende Übereinstimmung erzielt worden war, daß Gen 49 und Dtn 33 als *vaticinia ex eventu* zu verstehen, mithin dem Jakob und Mose abzusprechen seien[3], konnte sich zu Beginn dieses Jahrhunderts die einst von E. RENAN lediglich am Rande geäußerte[4], von J. P. N. LAND nur für

---

[1] Die ersten Zweifel bezüglich Gen 49 finden sich bei JOH. GOTTFR. HASSE, Neue Uebersetzung des Abschiedsgesangs Jakobs, I Mos. XLIX (Magazin für die biblisch-orientalische Litteratur und gesammte Philologie, I. Theil, 1. Abschnitt, Königsberg-Leipzig 1788, S. 5—16), S. 5—7. Zwei Jahre später widmete JOHANN HEINRICH HEINRICHS diesem Gegenstand die erste gründliche kritische Untersuchung unter dem Titel: De auctore atque aetate capitis Geneseos XLIX commentatio, Göttingen 1790.

[2] Die folgenden Sätze EISSFELDTS (³1964, S. 305) spiegeln das Bild der gegenwärtigen Forschung wider: »Ist also auch eine genaue Datierung der beiden Segen nicht möglich, so scheint doch mancherlei dafür zu sprechen, daß der von Gen 49 einer älteren Zeit entstammt als der von Dtn 33. Aber alt sind sie beide.«

[3] So hauptsächlich die entsprechenden Arbeiten von KOHLER (1867) und GRAF (1857). Vgl. dazu auch EVA OSSWALD, ZAW 1963, S. 27ff.

[4] 1855, S. 112: »Telles sont surtout, malgré quelques interpolations plus modernes, les deux bénédictions de Jacob et de Moïse, où perce l'intention de recueillir les dictons satiriques ou laudatifs qui avaient cours sur chaque tribu.« So auch I, 1894, S. 344; II, 1894, S. 333.

Gen 49 nachgewiesene[5] und in den folgenden Jahrzehnten fast unbeachtet gebliebene Erkenntnis immer mehr durchsetzen[6], daß die Einheitlichkeit beider Stücke zugunsten der Annahme von Sammlungen ursprünglich unabhängig voneinander umlaufender Einzelsprüche aufzugeben sei. Das hatte jedoch zur Folge, daß jeder Einzelspruch fortan aus sich selbst heraus gedeutet werden mußte, was durch die bildhafte Sprache und die Kürze der Sprüche außerordentlich erschwert wurde. Zwar konnten erste Ergebnisse auf diesem Wege durch A. ALT[7] bezüglich Gen 49 14-15, durch E. TÄUBLER[8] bezüglich Gen 49 13 und Dtn 33 18-19 bzw. Gen 49 16-20. 27 und Dtn 33 22 sowie durch J. LINDBLOM[9] bezüglich des Juda-Spruchs von Gen 49, leicht korrigiert durch O. EISSFELDT[10], erzielt werden; von einer alle Sprüche umfassenden Bearbeitung war man indes noch weit entfernt. So nimmt es nicht wunder, wenn die einschlägigen Werke zur Geschichte Israels weithin auf eine Heranziehung der beiden Segen für ihre Aufgabe verzichten[11].

Einen ersten Schritt in Richtung auf die Lösung dieses Problems stellt die nun auch bereits um die Mitte des vorigen Jahrhunderts von E. RENAN[12] angedeutete, schließlich vor allem von H. GRESSMANN[13], aber auch von H.-J. KITTEL[14] überzeugend dargetane Erkenntnis über die Eigenart jener Einzelsprüche aus Gen 49 und Dtn 33 dar. Denn daß es sich dabei vornehmlich um Überreste der Gattung »Stammesspruch« handelt, kann nicht mehr unbeschadet bezweifelt werden. Damit aber waren zugleich die Voraussetzungen für andere, der Lösung unseres Problems dienliche Beobachtungen geschaffen. Dabei sind zunächst verschiedene Bemerkungen von Belang, denen zufolge die Verse 3-4. 5-7. 8. 25-26 des Jakob-Segens nicht zu den Stammessprüchen zu zählen sind[15]. Sodann stellte O. GRETHER[16] fest, daß

---

[5] 1858, vor allem S. 81—100.
[6] Das scheint vornehmlich das Verdienst GRESSMANNS zu sein, 1914, S. 180—185 = ²1922, S. 179—184.
[7] PJB 1924, S. 34—41 = Kl. Schr. III, S. 169—174.
[8] MGWJ 1939, S. 9—46, bzw. 1958, passim.
[9] SVT 1953, S. 78—87.
[10] SVT 1957, S. 140—142.
[11] Anders NOTH, 1960, der auf S. 55—56 ihren Quellenwert hervorhebt und in den §§ 5—6 die Sprüche nach Möglichkeit heranzuziehen versucht.
[12] A. a. O.
[13] A. a. O.   [14] 1959, S. 65 ff.
[15] EISSFELDT hob mit seinen Bemerkungen von 1922, S. 22—30, zuletzt ²1961, S. 8—10. 43—44, die Andersartigkeit der Sprüche über Ruben, Simeon und Lewi aus dem Jakob-Segen hervor, was u. a. SCHARBERT, 1958, S. 263; v. RAD, ⁵1958, S. 370, u. KITTEL, 1959, S. 91—95, unter Hinweis auf die sich von den Stammessprüchen abhebende Form der beiden Sprüche unterstreichen konnten. Zu v. 8. 25-26 s. S. 60, A. 33.   [16] 1941, S. 54—55.

einige Sätze aus der Stämmeaufzählung des Debora-Liedes (Jdc 5 14-18) formal zur Gattung Stammesspruch gehören und daß sogar mit der Wahrscheinlichkeit zu rechnen ist, der Autor von Jdc 5 habe einzelne alte Stammessprüche zu seinem Zweck herangezogen.

Somit war eine die Aussagen der in allen drei Stücken vorfindlichen Stammessprüche verbindende Untersuchung möglich geworden. Zugleich war damit auch ein annähernd genau zu bestimmender Fixpunkt für die zeitliche Einordnung der verschiedenen Stammessprüche und der in ihnen enthaltenen geschichtlichen Angaben gewonnen.

Zunächst mußte im 1. Kapitel der folgenden Untersuchung durch die Interpretation der Texte ein fester Grund für das Weitere gelegt werden. Dabei stand die Feststellung H.-J. KITTELS[17], in den Sprüchen könne »typische Redeweise« von der »situationsgebundenen Beschreibung« unterschieden werden, deshalb zur Debatte, weil dann das Typische als zeitloses Charakteristikum von Wesen und Eigenschaften eines Stammes schwerlich eine zeitlich eng begrenzte Aussage zuließe. Besonderes Augenmerk wurde ebenfalls auf die Abgrenzung der einzelnen Sprucheinheiten sowie auf die Gewinnung formaler Kriterien gerichtet. Die Erhebungen über Aufbau und Form der Sprüche lieferten sodann das Material für das 2. Kapitel, das seinerseits mit einer groben zeitlichen Schichtung der Sprüche das 3. Kapitel vorbereitet, in dem es um die Ausführung und Einordnung der geschichtlichen Aussagen geht.

---

[17] 1959, S. 75.

1. KAPITEL: DIE EXEGESE DER SPRÜCHE
I. DIE SPRÜCHE DES »SEGENS JAKOBS«, GEN 49 3-27

1)

3 Ruben, mein Erstgeborener bist du,
   meine Kraft, und Erstling meiner Stärke,
   Vorzug an Würde und Vorzug an Macht.   3+3+4
4 Du walltest über wie Wasser, sollst den Vorzug nicht haben,
   denn du bestiegst das Lager deines Vaters;
   damals entweihtest du es; mein Bett bestiegst du.   4+4+4

2)

5 Simeon und Lewi sind Brüder,
   Waffen des Unrechts ihre Schwerter.   3+3
6 In ihre Versammlung komme nicht meine Seele,
   zu ihrer Beratung geselle sich nicht meine Ehre;   3+3
   denn in ihrem Zorn haben sie Männer getötet
   und in ihrer Schrankenlosigkeit Stiere gelähmt.   3+3
7 Verflucht sei ihr Zorn, daß er so stark,
   und ihr Mutwillen, daß er so heftig war!   3+3
   Ich will sie zerteilen in Jakob
   und sie zerstreuen in Israel!   2+2

3a)

8 Juda, dich mögen deine Brüder preisen!
   Deine Hand sitzt deinen Feinden im Nacken.
   Vor dir mögen sich beugen die Söhne deines Vaters!   4+3+4

3b)

9 Ein Löwenjunges ist Juda,
   'das vom Raub in der Aue hinaufgestiegen'.   3+3
   Es lagerte sich, legte sich zur Ruhe wie ein Löwe
   und wie eine Löwin. — Wenn ihn doch einer aufscheuchte! 3+3

3c)

10 Nicht wird der Führerstab von Juda weichen
    noch die Kommandostandarte von seinen Füßen,   3+3
    bis er in Silo einzieht
    und ihm Stämme Gehorsam leisten.   3+3
11 Er bindet an den Weinstock seinen Hengst
    und an die Edelrebe sein Eselsfüllen,   3+3
    nachdem er im Wein sein Gewand gewaschen
    und im Traubenblut sein Kleid.   3+3

I. Die Sprüche des »Segens Jakobs«

12 Rot-dunkler die Augen als Wein
    und weißer die Zähne als Milch.   3+3

4)

13 Sebulon läßt sich in Richtung auf die Meeresbuchten nieder,
    ja sogar in Richtung auf Buchten für Schiffe,
    und seine äußerste Grenze nach Phönizien hin.   4+3+3

5)

14 Issachar ist ein starkknochiger Esel,
    der sich zwischen den Hürden lagert.   3+3
15 Als er sah, daß der Ruheplatz 'gut'
    und das Land ertragreich war,   3+3
    neigte er seinen Rücken zum Lasttragen
    und wurde ein Fronknecht.   3+3

6a)

16 Dan verhilft seinem Stammesvolk zum Recht
    wie einer der Stämme Israels.   3+3

6b)

17 ' ' Dan ist eine Schlange am Wege,
    eine Viper auf der Heerstraße,   3+3
    die das Streitwagenroß in die Fersen beißt,
    so daß sein Wagenlenker nach hinten stürzt.   3+3
' '

7)

19 Gad, Raubschar beraubt ihn,
    aber er beraubt 'ihre' Nachhut.   3+3

8)

20 ' ' Asser, Fettes ist seine Speise,
    ja sogar Königsleckerbissen liefert er.   3+3

9)

21 Naphtali ist eine freischweifende Hinde;
    er verkündet Worte der Siegesbotschaft.   3+3

10a)

22 Eine junge Fruchtrebe ist 'Ephraim',
    eine junge Fruchtrebe am Quell,
    deren Ranken über die Mauer steigen.   3+3+3

10b)

23 Da bedrohten ihn und beschossen,
    da befehdeten ihn Pfeilschützen.   2(?)+3
24 Doch blieb intakt sein Bogen
    und regsam seine Arme und Hände   3+3
    durch die Hilfe des Starken Jakobs,
    durch den Herrn des Israel-Steins.   3+4(?)

1. Kapitel: Die Exegese der Sprüche

10c)

25 ʿ ʾ Der El deines Vaters, ja er möge dir helfen,	
und der ʿElʾ-Schaddaj, ja er möge dich segnen	3+3
mit Segnungen des Himmels von oben,	
mit Segnungen der Tehom, die unten lagert,	
mit Segnungen der Brüste und des Schoßes!	3+4+3
26 Die Segnungen deines Vaters	
— sie übertreffen die Segnungen der uralten ʾBergeʾ	
und das von den ewigen Hügeln Erhoffte —	2+4+3
mögen dem Haupt Josephs sein	
und dem Kopf des Erwählten seiner Brüder!	3+3

11)

27 Benjamin ist ein raubgieriger Wolf;	
am Morgen verzehrt er Raub,	
und am Abend verteilt er Erbeutetes.	3+3+3

1. v. 3 kennzeichnet die exponierte, erhabene Stellung Rubens als des Erstgeborenen Jakobs durch die jeweils nach zwei Seiten hin entfalteten Begriffe »Erstling« (רֵאשִׁית) an Kraft und Stärke sowie »Vorzug« (יֶתֶר) an Würde und Macht. Dieser positiven Aussage folgt in v. 4 mit dem Fluch[1] des Vaters die negative Seite des Spruchs. Zunächst wird im Bild des über seine Ufer getretenen Gießbaches[2] auf die verwerfliche Tat Rubens angespielt und damit ausgesagt, daß er dabei die üblichen Grenzen überschritten hat[3]. Dem sich daraus ergebenden Fluch (v. 4a) ist mit dem deutlich auf יֶתֶר von v. 3b zurückweisenden Hif. von יתר soviel zu entnehmen, daß der Vater ihm diesen Vorrang mit allen über den gewöhnlichen Status eines Sohnes hinausgehenden Rechten aberkennt. Dazu liefert v. 4aβ die etwa auch Jdc 5 23 durch כִּי eingeleitete Begründung des Fluches: Ruben hat einst die Lagerstatt seines Vaters bestiegen und entweiht[4].

v. 4 verweist mit seinen drei präteritalen Verbformen auf ein Ereignis der Vergangenheit. Stets wurde in diesem Zusammenhang mit Recht auf den zwischen Gen 49 3-4 und der jäh abbrechenden Notiz Gen 35 22a »Als sich Israel in jenem Lande (v. 21: Migdal-Eder) niedergelassen hatte, ging Ruben hin und schlief mit Bilha, der Kebse seines Vaters. Und als Israel es hörte« bestehenden inhaltlich-sach-

---

[1] So zuletzt Noth, 1960, S. 70.
[2] So Skinner, S. 514. — Anders Rabin, S. 398.
[3] פָּחַז ist wie z. B. auch יָסַד in Ps 104 5 nach dem Zusammenhang als verbales Prädikat aufzulösen.
[4] In v. 4b muß man das pronominale Objekt zu חלל aus dem Zusammenhang ergänzen, wie es bei einigen Verben üblich ist. Vgl. dazu Gesenius-Kautzsch, § 117f.
— Weiter darf nach Vergleich mit Ps 104 19-20 (עָשָׂה und תָּשֶׁת) das עָלָה im Sinn von עָלִיתָ verstanden werden.

lichen Bezug hingewiesen, auch wenn er ganz verschieden gedeutet wurde[5].

Daraus ergibt sich für unseren Zweck, daß der geschichtliche Hintergrund von Gen 49 3-4 nur unter gleichzeitiger Berücksichtigung von Gen 35 22 ermittelt werden kann. Denn Gen 49 bietet die in Gen 35 22 fehlende väterliche Bestrafung, die darin besteht, daß Ruben die auf das Erstgeburtsrecht gründende Würde und Vorrangstellung aberkannt werden. Wenn auch die Auswirkungen des Fluches erst in der nächsten Zukunft erwartet werden, so kann doch kein Zweifel darüber bestehen, daß einerseits dieser Spruch als ein *vaticinium ex eventu* einen z. Z. des Dichters bereits eingetretenen Zustand erklären will[6] und anderseits hinter diesem in familiärer Atmosphäre sich abspielenden sexuellen Geschehen stammesgeschichtliche Begebenheiten stehen[7]. Weil sich aber Rubens Tat gegen ein Glied des Familienverbandes Jakobs richtete, waren es möglicherweise innerisraelitische Auseinandersetzungen, denen zufolge Ruben die Vorzugsstellung verlor.

Die Form des Spruches ist klar. Er ist durchgängig in der 2. Person, der Form der Anrede, gehalten, Ruben eindeutig Individuum und Jakob der fiktiv Redende.

2. Zunächst werden in einem Nominalsatz (v. 5a) — so auch v. 3 und die Bildersprüche — die Adressaten des Spruchs, Simeon und Lewi, genannt und wird ihr besonderer Status zueinander beschrieben. Dann folgt in v. 5b die Kennzeichnung ihres Delikts in Kurzform, wobei der Nachdruck offenbar auf חָמָס liegt. Sie haben mit ihren Schwertern[8] Gewaltakte verübt und sich dadurch ins Unrecht gesetzt[9]. v. 6 teilt die Reaktion des Sprechers mit: Er distanziert sich nachdrücklich von den beratenden Versammlungen der beiden Stämme[10], indem er seine »Seele« (נֶפֶשׁ) und seine »Ehre« (כָּבוֹד) nicht mehr an diesen teilhaben lassen will[11], und begründet dies in v. 6b mit einer ausführlichen Beschreibung ihrer in v. 5b nur kurz ange-

---

[5] Die einen denken an Abhängigkeit beider Stücke von einer gemeinsamen Quelle (so zuletzt BENTZEN, II, S. 58), die anderen leiten beide Nachrichten aus ein und derselben Quellenschrift her (so vornehmlich SMEND, 1912, S. 87 u. ö., und EISSFELDT, 1922, S. 22—30).

[6] Anders LINDBLOM, SVT 1953, S. 80—81.

[7] So nachdrücklich EISSFELDT, Fs-Beer 1935, S. 29—30.

[8] Im Blick auf v. 6b. 7a ist die Deutung von מְכֵרָה als »Schwert« unter Ableitung von כרר noch die befriedigendste; vgl. DELITZSCH, 1887, S. 514—515.

[9] Vgl. CAUSSE, S. 38.

[10] Vgl. ROST, 1938, S. 9.

[11] In der Regel denkt man an die Versammlung, auf der der Beschluß zur Ausrottung der Sichemiten gefaßt wurde; so zuletzt GUNKEL, [4]1917, S. 480, und HEINISCH, 1930, S. 411.

deuteten Verfehlung. Sie haben in schrankenloser Willkür Männer getötet und Stiere durch Zerschneiden der Hinterfußsehnen »nutzlos gemacht« (עקר). Das Gedicht schließt mit einer ausdrücklichen Verfluchung beider Brüder wegen ihres mutwilligen Zornes[12] und der angedrohten Zerstreuung in Jakob-Israel.

Schon am Metrum entzündete sich die Frage nach der Einheitlichkeit des Spruchs. Vornehmlich aus solchen Gründen schieden SIEVERS[13], ROTHSTEIN[14] und HORST[15] v. 7b als späteren Zusatz aus. Hinzutreten inhaltliche Gründe derart, daß v. 7b die Ausbreitung der Lewiten in Nordisrael voraussetze[16] oder daß Jakob und Israel im Munde Jakobs undenkbar, wohl aber als Jahwe-Wort verständlich seien[17]. SIMPSON[18] kam zu demselben Schluß, daß v. 7b ein Jahwe-Spruch, mithin aus anderem Zusammenhang hierhergestellt und Glosse zu v. 7a sei.

Das Schwanken über den ursprünglichen Bestand von v. 5-7 hat seinen Grund einerseits in der ungenauen Erkenntnis von Aufbau und Form dieses Spruchs und anderseits in der nicht klar beantworteten Frage nach dem »Ich« des Redenden.

Der auf den ersten Blick bestechenden und deshalb öfters hervorgehobenen Übereinstimmung mit dem Aufbau des Ruben-Spruchs[19] stehen doch nicht zu unterschätzende Abweichungen gegenüber. Einmal findet sich hier der bei Ruben nicht ausdrücklich vermerkte Fluch, zum anderen schimmert noch durch, daß Simeon und Lewi als Collektiva im Licht der Öffentlichkeit stehen[20], und schließlich liegt hier nicht die in der 2. Person gehaltene Anrede-, sondern deutlich die Aussageform vor[21]. Deshalb muß v. 5-7 von v. 3-4 abgehoben werden.

Damit wird die Frage nach der Person des Sprechers dringend. War es bei Ruben ohne Zweifel Jakob, so zwingt in v. 5-7 nichts zu dieser Auffassung, würde im Gegenteil die Annahme von Glossen unumgänglich machen.

Nun war schon oben darauf hingewiesen worden, daß gerade v. 7b von einigen Forschern als Jahwe-Wort angesprochen wurde[22]. Unter

---

[12] B. JACOB, S. 898, versteht v. 7a wörtlich: Nur ihr Zorn, nicht aber die Personen seien verflucht.
[13] II, 1, S. 152—153; II, 2, S. 362.
[14] 1914, S. 13.
[15] OLZ 1930, Sp. 1.
[16] HÖLSCHER, PWRE 1925, Sp. 2171.
[17] ROTHSTEIN, a. a. O. (A. 14). Ähnlich schon STAERK, II, 1899, S. 20—21.
[18] S. 154.
[19] So zuletzt E. BURROWS, S. 48.
[20] Vgl. IV Macc 2 19.
[21] Auch die Texte, auf die sich Gen 49 3-4 und v. 5-7 beziehen, sind verschieden: dort eine rein familiär-novellistische Notiz, hier dagegen eine Erzählung über eine stammesgeschichtliche Begebenheit.
[22] So auch v. RAD, ⁵1958, S. 370.

der Voraussetzung der Einheitlichkeit von v. 5-7 müßte sich diese Erkenntnis auch an den anderen Versen bewähren und damit erhärten lassen. Dabei kommt vor allem v. 6a in Betracht. Eine Änderung von כָּבֵד zu כָּבוֹד ist nicht begreiflich zu machen, wohl aber das umgekehrte[23]. Somit haben wir am MT festzuhalten. Nun zeigt ein Überblick über die Verwendung des Wortes כָּבוֹד, daß es außer in unserer Stelle niemals im Munde Jakobs vorkommt noch auf ihn bezogen wird[24]. Statt dessen ist es durchgängig Ausdruck für die δόξα Jahwes. Vor allem Ps 24 7-10 und I Sam 4 21-22 lassen vermuten, daß hier der Einsatzpunkt der Anwendung des Ausdrucks auf Jahwe zu suchen ist. Da aber beide Stellen von der Lade handeln, wäre der כָּבוֹד Jahwes demnach eng verknüpft mit dieser als dem Unterpfand göttlicher Gegenwart, besonders seines kriegerischen Beistandes für sein Volk. Übertragen wir das auf unsere Stelle, so kann das besagen, daß Jahwe um der Verfehlungen Simeons und Lewis willen ihnen in Zukunft seine Kampfesunterstützung aufkündigt und sie damit rettungslos ihren Feinden ausliefert.

Diese Vermutung findet eine ungewollte Bestätigung in der Feststellung Rosts[25], קָהָל brauche nicht nur die beratende Versammlung, sondern könne auch »den Aufbruch zur Tat« bzw. »das Aufgebot der Mannschaften zum Kriegszug« bezeichnen. Das aber paßt ausgezeichnet hierher. Weiter erklärt sich so das ungewöhnliche Femininum bei כָּבוֹד ungezwungen, da אֲרוֹן in I Sam 4 17 (auch in II Chr 8 11) fem. konstruiert ist. Daß Fluchsprüche von der Lade ausgehen, wird durch Jdc 5 23 insofern bestätigt, als diese wohl am Debora-Kampf beteiligt war (s. S. 110). Und schließlich wird der mit כָּבוֹד parallele Ausdruck נֶפֶשׁ ebenfalls häufig von Jahwe gebraucht[26], Jer 51 14 und Am 6 8 sogar von Jahwe Zebaoth (s. S. 121).

Somit ist es wahrscheinlich, daß v. 5-7 zusammengehören und eine Jahwe-Rede darstellen, wie wir sie aus dem Mund der Propheten kennen.

Dazu paßt der hier vorliegende Gebrauch von Jakob und Israel. Beides sind Bezeichnungen für das Volk als Ganzes. Schon immer ist darauf aufmerksam gemacht worden, daß sich der Name Jakob in dieser Bedeutung nur in der poetischen, vorab aber in der prophetischen Literatur findet[27]. Das nun macht deutlich, daß wir in Gen 49 5-7 ein prophetisches Fluchorakel vor uns haben.

---

[23] Vgl. Geiger, S. 318—319.
[24] Jes 17 4 bezeichnet כְּבוֹד יַעֲקֹב das Volk Israel.
[25] 1938, S. 9.
[26] Z. B. I Sam 2 35 Jes 1 14 Jer 6 8 9 8 14 19 32 41 Ez 23 18.
[27] Z. B. II Sam 23 1(. 3) Jes 14 1 40 27 41 8. 14. — Vgl. dazu Staerk, 1899, S. 77—83; II, 1899, S. 70, und Heinisch, Bonner Z 1929, S. 122.

Bleibt noch die seit IV Macc 2 19 immer wieder beobachtete inhaltlich-sachliche Berührung zwischen Gen 49 5-7 und Gen 34. Wie man im einzelnen diesen Bezug literarkritisch interpretieren muß, ist für unseren Zusammenhang von keinem Belang; denn soviel steht ohnedies fest, daß die Kunde über ein Ereignis aus der zurückliegenden Geschichte Simeons und Lewis, auf das die präteritalen Verbformen von v. 6 b und 7 a zurückweisen, uns in Gen 34 erhalten ist[28]. So wird uns auch dieses Kap. unten (s. S. 71) noch weiter beschäftigen müssen.

3 a. Formal ist der Spruch klar. Juda wird durchgängig in der 2. Person angeredet und deutlich als Sohn = Individuum der großen Jakobfamilie gesehen. Es liegt nahe, sich Jakob als Redenden vorzustellen. Der Ausdruck »Söhne deines Vaters« steht dem wohl nicht entgegen, da er eine um des Parallelismus willen abgewandelte Umschreibung für »deine Brüder« ist. Das das Objekt des Satzes betonende[29] אַתָּה mag man dann als »dich aber« verstehen[30]. Damit wird der Gegensatz zu den vorangehenden abträglichen Urteilen über Ruben, wohl auch über Simeon und Lewi hervorgehoben.

Die einzige Schwierigkeit dieses an sich gut verständlichen Spruchs über Juda bietet die sachgemäße Wiedergabe der in den beiden parallelen Stichen 1 und 3 stehenden Verbformen יוֹדוּךָ und יִשְׁתַּחֲווּ (v. 8aα.b). Ob sie jussivisch[31] oder präsentisch[32] übersetzt oder als Wunschsätze mit gelegentlichem Verweis auf Gen 27 29 aufgefaßt werden müssen[33], kann nur von v. 8aβ her entschieden werden. Denn wie Dillmann[34], Holzinger[35] und Zapletal[36] richtig gesehen haben, ist dieser Stichos kein Wunschsatz[37], sondern ein Zustandssatz, der das Vorhergehende und Nachfolgende begründet. Da aber v. 8aβ die Gegenwart im Auge hat, können beide Imperf. nur als in die Zukunft gerichtete Wunschformen verstanden werden: Dem Jakob-Sohn Juda mögen als Lohn für die Niederwerfung nichtisraelitischer Feinde — nur an diese ist hier gedacht, da die Brüder im 1. und 3. Stichos genannt sind — Preis und Huldigung seiner israelitischen Brüder zuteil werden.

3 b. Es kann nicht fraglich sein, daß dieser Spruch den Stamm Juda meint. Sein Tun und Lassen in bestimmter historischer Situa-

---

[28] Einzelheiten, die für ein höheres Alter von Gen 49 5-7 gegenüber Gen 34 sprechen könnten, so die Tatsache, daß Simeon und Lewi noch nicht so stark individualisiert erscheinen wie in Gen 34 oder daß hier von einer Lähmung der Stiere, in Gen 34 aber vom Wegtreiben des Viehs die Rede ist, dürfen nicht zu sehr betont werden.
[29] Gesenius-Kautzsch, § 135 e; Brockelmann, 1956, § 123 a. b.
[30] Skinner, S. 519.
[31] Vgl. Zapletal, 1903, S. 31.
[32] B. Jacob, S. 900.
[33] Zuletzt Gordon, JBL 1935, S. 226—227; Bibl Arch 1940, S. 8.
[34] ⁶1892, S. 461.
[35] 1898, S. 257.   [36] 1903, S. 31.
[37] So etwa Strack, 1894, S. 153 (doch vgl. ²1905, S. 168).

tion hat seinen poetischen Niederschlag in diesem geformten bildhaften Spruch gefunden. Ursprünglich wird er durchweg in der Aussageform, der 3. Person, gehalten gewesen sein. Von daher sind Anzeichen einer notwendigen Verknüpfung mit v. 8 nicht festzustellen. Dem widerspricht nur scheinbar die jetzige Fassung des Spruchs. Denn durch den lediglich leicht abgewandelten Wortlaut des v. 9aβ — Juda wird angeredet und dabei »mein Sohn« genannt, was allein im Munde Jakobs sinnvoll ist — soll v. 9 mit v. 8 verknüpft und von diesem her verstanden werden. Daß das auf das Konto der Redaktion kommt, kann nicht zweifelhaft sein[38].

Der Spruch wird dadurch bestimmt, daß Juda ein »Löwenjunges« (גּוּר אַרְיֵה) genannt wird. Denn abweichend von den anderen mit einem Nominalsatz beginnenden Sprüchen (49 14. 20. 21. 27 33 22) steht hier (aber auch v. 22!) das Prädikatsnomen betont und den ganzen Spruch beherrschend an der Spitze des Satzes[39]. An allen alttestamentlichen Belegstellen bezeichnet גּוּר ein junges, auf den Schutz der Mutter angewiesenes, teilweise sogar von ihr gesäugtes Tier[39a]. So ist auch unter dem גּוּר אַרְיֵה ein noch nicht selbständig raubendes Löwenjunges zu verstehen. Das zeigen deutlich Nah 2 12f., wo Ninive mit einer Löwenhöhle, die der für seine Löwinnen und Jungen raubende Löwe mit Erbeutetem vollstopft, verglichen wird, und das prophetische Leichenlied auf Joahas' und Zedekias Untergang (Ez 19 1-9), das in v. 2. 3. 5 beide im wahrscheinlich von Gen 49 9 beeinflußten Bild[40] von Löwenjungen schildert, die, von ihrer Mutter versorgt und aufgezogen, zu Jungleuen heranwachsen.

Da v. 9aα ein Nominalsatz mit einem Bild ist, erwartet man nach Maßgabe der anderen so aufgebauten Sprüche (v. 14. 17. 20. 21) für den folgenden Stichos etwa einen, einen speziellen Zug des Bildes hervorhebenden Partizipialsatz. Statt dessen treffen wir auf einen Versteil mit Anredeform. Der vorliegende Text wird wegen seines Wechsels von der 3. zur 2. und wieder zurück zur 3. Person kaum ursprünglich sein. So könnte der 2. Stichos unter weitgehender Verwendung des MT etwa gelautet haben: »das vom Raubzug in der Aue hinaufgestiegen« (מִטֶּרֶף בְּגָוֶה עָלָה)[41].

---

[38] Ebensogut wäre von Jdc 5 15b-17 her denkbar, daß der Kompilator des Segens Jakobs auch der Dichter von v. 9 ist, der hierzu jedoch einen ihm bekannten Stammesspruch benutzte.

[39] BROCKELMANN, 1956, § 27c, nennt es im Anschluß an W. WUNDT (s. § 123a) »dominierende Vorstellung«.

[39a] Dazu vgl. TH. NÖLDEKE, Einige Gruppen semitischer Personennamen (NÖLDEKE, Beiträge zur semitischen Sprachwissenschaft, Straßburg 1904, S. 73—106), S. 78.

[40] FOHRER-GALLING, Ezechiel, 1955, S. 104.

[41] Zu עלה מן in der Bedeutung »hinaufsteigen von« vgl. Jer 4 7, auch Cant 4 8, und zu טֶרֶף in der Bedeutung »Raubzug« vgl. Nah 2 14. — Übrigens ähnelt Num 23 24

Nun fällt bei einer Prüfung aller טֶרֶף verwendenden alttestamentlichen Belegstellen auf, daß das Wort stets von dem Löwen, der Löwin oder dem Kephir, aber nie von dem גּוּר gebraucht wird. Das kann nach den bisherigen Erhebungen kaum verwundern, bleibt er doch in seiner Höhle in geborgener Sicherheit. Das zeigt, was hiermit ausgesagt werden soll: Obwohl noch ein Löwenjunges, raubt er schon wie ein großer Löwe. Wahrscheinlich wird dieser Gedanke in der im Präteritum gehaltenen Schilderung (v. 9b) weiter ausgeführt. Denn obwohl die Verben כרע und רבץ das Sich-Hinlegen und Ruhen sowohl des Menschen als auch des Tiers ausdrücken, also keine eindeutige Entscheidung in dieser oder jener Richtung zulassen, legen es doch einerseits Stellen wie Ps 104 22 und Ez 19 2, die vom behäbigen, satten Ruhen nur des Kephirs, der Löwin und des Löwen, nicht aber des גּוּר reden, und anderseits die »bisw. mit einer gewissen Emphase durch כְּ «[42] eingeführten Vergleiche nahe, auch diesen Versteil auf den ja nachdrücklich hervorgehobenen גּוּר אַרְיֵה zu beziehen, auch wenn das Bild bereits hier transparent wird[43].

Daraus ergibt sich, daß ein Handeln auf eigene Faust, unter Verzicht auf nachhaltigen Schutz, wie für ein Löwenjunges, so auch für Juda sehr gefährlich sein kann. Dem Stamm Issachar — v. 14 enthält ebenfalls das Verb רבץ — wurde eine solche Ruhe zum Verhängnis.

Die beiden letzten Wörter[44] bilden einen Fragesatz. Gewöhnlich denkt man dabei an eine im Irrealis gehaltene rhetorische Frage: »Wer könnte es wagen, ihn aufzuscheuchen!«, weil man in dem Spruch die unantastbare Stärke Judas ausgesagt findet. Indes ergab sich uns, daß der Vers eher von der Furcht beherrscht ist, Juda könne in seiner eigenwillig isolierten, seine Kräfte überschätzenden Lage in sorgloser Unbekümmertheit einer Gefahr von außen erliegen. Demnach erscheint es sinnvoller, v. 9bβ als Wunschsatz in Frageform[45] zu verstehen und mit »Wenn ihn doch jemand aufscheuchte!« wiederzugeben.

3c. In v. 10 wird Juda erneut genannt. Dabei handelt es sich um den in seinem Repräsentanten verkörperten Stamm, weil von seinen »Füßen« (v. 10a), »Augen« und »Zähnen« (v. 12) gesprochen und in v. 11 sein Agieren beschrieben wird.

---

sehr stark unserer Stelle. Indes ist nicht mehr vom גּוּר die Rede, was zusammen mit der anderen Tatsache, daß in Num 24 8 das an Dtn 33 17 anklingende, aber auf Jahwe bezogene Bild der Wildstierhörner begegnet, den Schluß nahelegt, die zwischen Gen 49 und Dtn 33 sowie den Bileamliedern zu beobachtenden Berührungen als Entlehnungen aus den Stammessprüchen anzusprechen.

[42] GESENIUS-KAUTZSCH, § 118x.
[43] Daß sich in v. 9b Bild und Person decken, stellte bereits LOWTH, I, 1758, S. 206, fest.
[44] Das Qal von קום auch Dtn 33 11.
[45] Vgl. dazu BROCKELMANN, 1956, § 9. — Hinzukommt die Beobachtung, daß in Gen 49 25 (bis!) mit Imperf. und Nun energ. ein nachdrücklicher Wunsch begegnet.

שֵׁבֶט und מְחֹקֵק sind Synonyme. Letzteres bezeichnet Num 21 18 Dtn 33 21 und Jdc 5 14 b⁴⁶ den Stammesfürsten bzw. dessen Herrschaftszeichen, wozu שֵׁבֶט wie auch das hier angedeutete Bild des Stammesfürsten mit langem, zwischen seinen Füßen aufgepflanztem Herrscherstab gut passen⁴⁷. Das reine Imperf. יָסוּר deutet auf ein erst von der Zukunft erwartetes Ereignis hin, das als Erfüllung des in v. 10a Ausgesagten gewünscht wird. Denn daß die Partikel עַד כִּי nicht exklusiv, sondern inklusiv zu verstehen, also nicht mit »totdat, en daarna niet meer«, sondern mit »totdat ze (sc. Juda's, stam-prioriteit) nog grooter uitbreiding krijgt«⁴⁸ wiederzugeben ist, wurde in jüngster Zeit erneut überzeugend dargelegt⁴⁹. Das bedeutet aber weiter, daß nur der zuvor genannte Juda das Subjekt des Satzes sein kann. Dann meint auch שִׁילֹה den 29mal im AT erwähnten Ort⁵⁰. Der erhoffte Einzug⁵¹ Judas in Silo soll ihm den gewünschten »Gehorsam von Stämmen« (יִקְהַת עַמִּים) einbringen. Zum Verständnis dieser Wendung haben KÖNIG und ROST beigetragen, indem jener⁵² richtig beobachtete, daß hier, da יִקְהַת עַמִּים eine nichtdeterminierte Genitiv-Verbindung ist, nicht alle israelitischen Stämme gemeint sind, und dieser⁵³ darauf aufmerksam machte, daß עַם auch den aus auf freier Scholle sitzenden männlichen Vollbürgern rekrutierten Heerbann sowie den Männerrat einer menschlichen Gemeinschaft bezeichnen kann⁵⁴, der aber ohne weiteres, wie v. 10 voraussetzt, im Namen seines Stammes sprechen kann.

v. 11-12 schließt sich formal durch das Partizip אֹסְרִי und inhaltlich durch die Notwendigkeit, v. 11-12 weiterhin auf den v. 10 genannten Juda zu beziehen, eng an v. 10 an. Dem entspricht auch der sachliche Zusammenhang; denn das Anbinden seines fürstlichen Reittiers⁵⁵, des Eselshengstes, an den Weinstock stellt offenbar die zeitliche und logische Folge dar, also die nach dem erhofften Einzug in Silo ein-

---

⁴⁶ Vgl. auch Jes 33 22, wo der מְחֹקֵק sowohl vom שֹׁפֵט als auch vom מֶלֶךְ abgehoben wird. — Anders R. HENTSCHKE, Satzung und Setzender, 1963, S. 11—20.
⁴⁷ HERDER, Ebr. Poesie (Bd XII, S. 132, A. k) u. a.
⁴⁸ AALDERS, Geref ThT 1914—15, S. 352.
⁴⁹ LINDBLOM, SVT 1953, S. 83; EISSFELDT, SVT 1957, S. 141; v. RAD, II, 1960, S. 26—27.
⁵⁰ Dagegen jüngst MORAN, S. 411—412; indes ist sein sich auf die Schreibweise stützendes Gegenargument nicht beweiskräftig genug, da dieses Wort sogar in ein und demselben biblischen Buch seltsam verschieden geschrieben wird: vgl. nur Jer 7 12. 14 26 6. Das gleiche ist beim Nomen gent. zu beobachten.
⁵¹ So בוֹא z. B. in Ps 24 7.
⁵² 1925, S. 757. 776.
⁵³ Fs-Procksch 1934, S. 141—147.
⁵⁴ Das setzt auch Jdc 5 14. 18 voraus, während Gen 49 16 allgemeiner den Stamm meint.
⁵⁵ Vgl. Jdc 5 10 10 4 12 14 u. ö. Dazu auch KÖHLER, 1945, S. 56—57; NOTH, Ges. Stud., 1957, S. 144—146, unter Hinweis auf den Mari-Text II 37, Z. 11, und COPPENS, S. 99; dort die ugaritischen Belege für die Parallelität von ʽr und atnt.

tretenden Geschehnisse. Dazu paßt gut, daß das nach Jdc 21 19ff. und I Sam 1 alljährlich zu Silo gefeierte Fest offenbar der Weinlese galt, wozu Weinstöcke notwendige Voraussetzung sind. Da aber die Freßlust des Esels im Orient sprichwörtlich ist[56], kann die bildhafte Szene nur das schonungslose, brutale Auftreten des triumphierenden Fürsten Juda in Silo meinen[57].

Diesem Verständnis ordnet sich v. 11b leicht ein. Das Perf. כִּבֵּס bezieht sich auf eine Handlung, die zeitlich der des Eselanbindens voraufgeht. Ehe also Juda losreitet, hat er sein Obergewand[58] im Wein, d. h. wegen des Parallelismus zu דַּם־עֲנָבִים[59] in rotem Wein, eingefärbt. Dieser Schilderung der glanzvollen äußeren Erscheinung des herrischen Fürsten fügt v. 12 noch hinzu, daß er sich auch durch beachtliche körperliche Schönheit vor anderen auszeichnet[60]. Dabei ist Wein, d. h. wiederum Rotwein, und Milch kein Begriffspaar wie Milch und Honig, sondern die Bezeichnung für die beiden auch sonst im AT für die Beschreibung augenfälliger Schönheit bevorzugten Farben[61] leuchtend-weiß[62] und dunkelrot-funkelnd.

Daraus erhellt, daß v. 10-12 eine geschlossene Einheit ist. Sie redet von Juda in der Aussageform (3. m. sing.) und hebt sich somit deutlich von v. 8 ab; aber auch von v. 9 trennt v. 10-12 nicht nur die erneute Nennung des Stammesnamens, sondern ebenso die Tatsache, daß in v. 10-12 von Juda in einer anderen Weise als zuvor geredet wird. Da aber auf der anderen Seite der Stammesname nicht an der Spitze des Satzes steht und da im Unterschied zu v. 9 wie zu anderen gleichartigen Sprüchen sich in v. 10 ein reines Imperf. findet, wird man v. 10-12 als nachträgliche Fortsetzung bzw. spätere Interpretation von v. 9 ansprechen dürfen.

---

[56] BAUMANN, S. 186, Nr. 231.
[57] L. BAUER, S. 430: »das Anbinden des Esels an den Weinstock ist ein Zeichen der Macht und Herrschaft Judas, kraft deren er tun kann, was er will, ohne daß es ihm jemand zu wehren vermag«.
[58] סוּת muß ein Obergewandstück bedeuten; vgl. das סות in der Klmw-Inschrift, Z. 8 und das סוית in einer punischen Inschrift (CIS I, Nr. 166, A. 4). Zu beidem auch DHORME, 1931, S. 101 u. A. 5: »manteau«.
[59] So zuletzt GRADWOHL, S. 10. 22, A. 149. — Vgl den ähnlichen Gebrauch im Arabischen, wo der Wein »Blut des Schlauches« genannt, auch mit Gazellenblut verglichen wird und es bei dem stark unter arabischem Einfluß stehenden Hafiz heißt: »Der Wein besteht ja aus Rebenblut« (JACOB, 1897, S. 6—7; ²1897, S. 102). Ebenso steht im Ugaritischen yn mit dm ʿṣm II Aqht VI, 5—6 parallel. Diese Beispiele kennen Wein nur als Rotwein.
[60] Vgl. KAPELRUD, S. 426—428; v. RAD, ⁵1958, S. 367; GRADWOHL, S. 35. 48. — S. auch I Sam 9 1-2 10 23-24 16 12.18 17 42 II Sam 14 25ff. I Reg 1 6.
[61] Vgl. Cant 4 2 5 10 6 6 Thr 4 7.
[62] Dazu TORCZYNER, ÖMO 1916, S. 251; kürzlich wieder GRADWOHL, S. 35.

Demnach stellt sich der Werdegang von v. 8-12 etwa so dar: Der Einzelspruch v. 9 oder zumindest der darin verarbeitete ältere Spruch war die Keimzelle. Ihr wurde zunächst v. 10-12 angegliedert, dann v. 8 gleichsam als die die verschiedenen Aussagen des Gedichts zusammenfassende Überschrift, Themenangabe und zugleich v. 9-12 mit v. 3-7 verbindende Klammer vorangestellt[62a]. Auf das Konto dieses Wachstumsprozesses kommen die oben erwähnte leichte Sinnverschiebung und Textabänderung in v. 9.

4. Der Spruch redet vom Stamm Sebulon in der 3. Person. Der Name steht an der Spitze des 1. Stichos, eines Verbalsatzes im Imperf. mit versteckter etymologisierender Anspielung auf den Stammesnamen[63].

Das Verständnis des Tristichons über Sebulon hängt von der Deutung des Ausdrucks חוֹף יַמִּים im ersten Stichos ab. Denn obwohl שכן לְ nur wenigemale belegt ist[64], wird man es doch mit »Wohnung nehmen«, »sich niederlassen in Richtung auf etwas hin« wiedergeben dürfen, da ein »Wohnen bei« oder »an« durch שכן mit עַל oder בְּ ausgedrückt wird[65]. Somit steht zur Frage, in welche Richtung Sebulon sich niederzulassen im Begriff war. Ein Überblick zeigt, daß חוֹף nie von einem Binnengewässer, sondern ausschließlich von der Küste des Mittelmeeres gebraucht wird[66], wie denn auch die Ägypter mit Ḥefât die phönizische Küste bezeichneten[67]. Dieses Ergebnis wird durch den Gebrauch des Plurals יַמִּים bestätigt, der an Stellen wie Dtn 33 19 Jdc 5 17 Ez 26 17 27 4. 25-27. 33. 34 28 2. 8 und Dan 11 45 eindeutig das Mittelmeer meint.

Der mit וְהוּא angeschlossene zweite Stichos — so auch noch v. 19. 20 — nimmt die Aussage des ersten Stichos auf[68] und konkretisiert sie dahin, daß die Küstenbuchten des Mittelmeeres nahe dem Wohngebiet Sebulons »Buchten für Schiffe«, also etwas Hafen-Ähnliches, sind. In gleicher Weise will der dritte Stichos verstanden wer-

---

[62a] Daß v. 8 »a late insertion« (S. 428, vgl. S. 432) ist, betont Good mit Recht, auch wenn seine dafür vorgebrachten Argumente kaum überzeugen können. Ebensowenig wird er mit seinem Verständnis von v. 9-12 als »an ironic reflection on Judah's misdeeds in two earlier incidents« (S. 432; gemeint sind Gen 37 18-35 und Gen 38) Nachfolger finden, wie denn auch die einst von Schröder, ZAW 1909, S. 186 ff., vorgeschlagene und von Good ohne Wissen erneut vorgetragene Deutung des שִׁילֹה auf Sela aus Gen 38 (S. 430) kein positives Echo finden wird.

[63] Skinner, S. 525; Gunkel, ⁴1917, S. 483; Simpson, S. 154, A. 433 (S. 366); Vawter, S. 6, wollen יִשְׁכֹּן durch יוֹבֵל ersetzen.

[64] Ps 37 27 68 17 120 6 und Ps 7 6 (Hif.).

[65] Täubler, MGWJ 1939, S. 14. Anders 1958, S. 123.

[66] So Dtn 1 7 Jos 9 1 Jdc 5 17 Jer 47 7 Ez 25 16.

[67] Segond, S. 45.

[68] Deshalb ist das לְ nicht abweichend vom לְ aus v. 13a zu fassen (gg. Täubler, MGWJ 1939, S. 15).

den. Er drückt aus, daß die äußerste Grenze des sebulonitischen Stammesgebiets nahe an[69] Phönizien stößt[70].

Daß Sebulon bis in die Nähe des Meeres und des Gebiets der Phönizier vordringen konnte, ist etwas den besonderen Eigenschaften des Stammes Sebulon zu Verdankendes. Und so werden hiermit konkrete, zu solchem Erfolg führende Taten der Sebuloniten gepriesen, nicht aber, wie allgemein angenommen wird, die Besonderheiten seines Stammeslandes geschildert.

5. v. 14, ein Nominalsatz mit Tiervergleich in der Aussageform (3. Person), meint den Stamm Issachar. Das wird von v. 15 her deutlich. Hier geht die bildhafte Aussage von v. 14 in die direkte Schilderung eines für die Geschichte dieses Stammes wesentlichen Vorgangs über. Daß die »worte zum theile aus Debora's spotte über Ruben geschöpft« seien[71], ist kaum wahrscheinlich; die Übereinstimmung des Vokabulars mag auf dem jeder Gattung eigenen, spezifischen, aber gerade deshalb geringeren Wortschatz beruhen.

Das Bild in v. 14 kennzeichnet den Stamm Issachar als einen stark-gebauten, robusten[72] und stolzen Esel[73], der sich innerhalb der befestigten Hürde zum Ausruhen hinlegt (רבץ). Da מִשְׁפְּתַיִם die vornehmlich für das Ostjordanland typische Gabelhürde[74] bezeichnet, kann man fragen, warum nicht das zu dieser Vorstellung besser passende Bild eines Wildesels (פֶּרֶא) gewählt wurde. Wahrscheinlich liegt es daran, daß die Aussagen vom Lasttragen usw. (v. 15) eher zum gezähmten Esel passen[75].

v. 15 schließt mit seinen durchweg im *tempus consec.* gehaltenen Verbformen eng an v. 14 an, indem er die Folgen des Verhaltens aus v. 14 schildert. v. 15 b hat unverkennbar den bereits v. 15 a hinter dem Bild stehenden Stamm im Auge. Weil מְנֻחָה mit אֶרֶץ parallel ist,

---

[69] Zu עַל in dieser Bedeutung vgl. GESENIUS-BUHL, s. v. B) 4): »Daher n. d. Vv.: gehn..., führen..., kommen...«. Ein ähnliches Verb der Bewegung ist hier im Nominalsatz zu denken.
[70] So LAGRANGE, RB 1898, S. 532; KÖNIG, 1925, S. 760; v. RAD, ⁵1958, S. 372. — Vgl. außer Gen 10 15, I Reg 5 20, 16 31 auch Krt 198—199. 201—202, wo Aṯrt šrm und Ilt ṣdynm parallel stehen.
[71] EWALD, GVJ, II, 1865, S. 463.
[72] So גֶּרֶם vor allem Hi 40 18 und Prov 25 15.
[73] Richtig TÄUBLER, 1958, S. 109—110.
[74] Die Deutung des Wortes bei EISSFELDT, FuF 1949, S. 8—10; ib. 1954, S. 54—56. Daß es sich bei den Gabelhürden um typisch ostjordanische Einrichtungen handelt, geht aus der mit einer Zeichnung versehenen, von YADIN-VOIGT, Bibl 1955, S. 417, wiedergegebenen Tafel des ägyptischen Königs Narmer (etwa 3000 v. Chr.) hervor, auf der das Heimatland zweier Flüchtlinge durch hinzugefügte Zeichen ⌒ = befestigte Stadt und Π = Gabelhürde als Palästina und Ostjordanland angegeben wird. [75] So auch DILLMANN, ⁶1892, S. 466.

wird man das Wort besser mit »Ruheplatz« (Num 10 33 Jes 32 18 Sach 9 1 u. ö.) wiedergeben und darin mit GUNKEL[76] einen »Terminus für die Seßhaftigkeit im Gegensatz zum Nomadenleben« sehen. Das Mißverhältnis zwischen dem fem. Nomen מְנֻחָה und dem masc. Adjektiv טוֹב läßt sich unter Hinweis auf das טובה des Samaritanus am befriedigendsten dadurch lösen, daß man die auffallende, in der älteren Poesie kaum vorkommende Nota accus. אֶת[77] bzw. וְאֶת als Schreibfehler aus dem ה von טוֹבָה erklärt und טוֹבָה וְהָאָרֶץ liest. So besagt v. 15aα, daß in Issachars Augen der Ruheplatz »gut« war. Die gleiche Aussage bietet der dazu parallele Stichos v. 15aβ: Das Land war gut[78]. Im Blick auf das Folgende wird man die besondere Qualität dieses Landstrichs in seiner außerordentlichen Fruchtbarkeit sehen dürfen[79]. Denn beides, der gute Ruheplatz und das ertragreiche Land, waren für Issachar der Grund, Frondienstverpflichtungen auf sich zu nehmen. Dabei mag es sich vornehmlich um Feldbearbeitung gehandelt haben.

Daraus ergibt sich das Bild eines um des Landgewinnes sich freiwillig dem Dienst fremder Herren beugenden und auf politische Rechte verzichtenden Stammes. Er hat gezahlt und etwas dafür erhalten. In welcher Relation gezahlter Preis und erlangter Gewinn zueinander stehen, ob, anders gesagt, Issachar wegen seiner Trägheit und Unfreiheit getadelt[80] oder verspottet[81] oder aber wegen seines dadurch erzielten, für Nomaden oder wenigstens unstet herumziehende Halbnomaden äußerst begehrenswert erscheinenden Gewinns der Ansässigkeit beneidet und gepriesen wird, ist schwer zu entscheiden. Wahrscheinlich bedeutete für Issachar Gewinn, was für andere Grund zu Neid und Spott war.

6a. Der erste Spruch über den Stamm Dan weist als Ausdrucksmittel ein Wortspiel mit dem Stammesnamen in einem Verbalsatz auf, dessen Prädikat ein Imperf. ist (so schon v. 13): יָדִין. Es bedeutet hier, wie wiederholt dargetan wurde[82], »jmdm Recht verschaffen«; vorab handelt es sich dabei um bedrängte, in Not befindliche Personen, weshalb dem Verb דין als Synonyme z. B. נצל (Jer 21 12) oder ישע (Ps 54 3) zugeordnet werden können. Wegen des Parallelis-

---

[76] ⁴1917, S. 484; kürzlich wieder W. HERRMANN, S. 22, A. 11.
[77] GESENIUS-KAUTZSCH, § 117 b.
[78] So die Grundbedeutung der Wurzel נעם im Hebräischen und Phönizischen (s. LIDZBARSKI, Handbuch der nordsemitischen Epigraphik, I. Text, Weimar 1898, S. 324).
[79] DILLMANN, a. a. O. (S. 16, A. 75).
[80] STADE, I, 1887, S. 171.
[81] S. R. DRIVER, ¹⁰1916, S. 387; NOTH, 1960, S. 65.
[82] Etwa DILLMANN, ⁶1892, S. 467; NOTH, 1928, S. 188; v. RAD, ⁵1958, S. 373; vor allem aber KÖHLER, 1953, S. 151—152.

mus zu כְּאַחַד שִׁבְטֵי יִשְׂרָאֵל wird man עַם als »Stamm« wiedergeben müssen. Dem Verständnis von v. 16b dient die treffliche Beobachtung SMENDS[83], daß »כאחד mit folgendem מן oder dem Genitiv stets die Vergleichung mit einer Kategorie, zu der das Verglichene nicht gehört«, ausdrückt.

Somit ist die Aussage dieses Spruchs deutlich. Er hebt hervor, daß Dan sein Stammesvolk aus Not und Bedrängnis herausbringen konnte, so daß es nun als den anderen israelitischen Stämmen ebenbürtig angesehen werden kann.

6b. Der folgende v. 17 hebt sich inhaltlich und formal deutlich von v. 16 ab. Inhaltlich fällt auf, daß in v. 17 mit »Dan« eindeutig der Stamm, dagegen in v. 16 eher ein den Stamm verkörpernder Repräsentant gemeint ist (vgl. v. 10-12), und zu den formalen Kriterien gehört, daß v. 17a erneut den Namen Dan enthält (vgl. das Juda- und Joseph-Gedicht) und daß der erste Halbvers eine Bildgleichsetzung im Nominalsatz bietet, an die in v. 17b die Aussage des speziellen, besonders hervorgehobenen Handelns durch ein determiniertes Partizip angefügt wird (vgl. v. 21). Dem steht nur scheinbar das יְהִי vom Anfang des Spruchs entgegen. Die gebotenen Vorschläge, יְהִי als poetische Abkürzung eines vollen וַיְהִי bzw. als Imperf. »es ist andauernd« oder v. 17a wegen des יְהִי als Wunschsatz[84] aufzufassen, sind nicht überzeugend, so daß die Empfehlung SIMPSONS[85], יְהִי sei ein diesen Vers erst nachträglich mit v. 16 verbindender Zusatz, v. 16-17 also eine aus zwei ursprünglich selbständigen Einheiten bestehende Komposition, die befriedigendste Lösung darstellt.

Der in diesem Vers geschilderte Vorgang ist leicht zu verstehen. שְׁפִיפֹן bedeutet »eine kleine, sehr gefährliche Schlangenart«[86], wohl die Hornotter[87], und das das allgemeinere דֶּרֶךְ näher bestimmende Wort אֹרַח bezeichnet eine Karawanen- und Heerstraße[88]. Der nur noch Jdc 5 22 zu belegende Ausdruck עִקְּבֵי־סוּס meint die Fersen des Rosses, dort aber wegen רֹכְבוֹ (v. 28) genauer die des Streitwagenpferdes, wozu unser רֹכְבוֹ gut paßt, da רכב im AT keineswegs nur mit »reiten«, sondern ebensogut auch mit »Streitwagen-fahren« zu übersetzen ist[89]. Demnach haben wir uns den hier geschilderten Vor-

---

[83] 1912, S. 112.
[84] So z. B. DIESTEL, S. 81; EHRLICH, I, 1908, S. 248—249, oder HEMPEL, 1930, S. 47; B. JACOB, S. 916. Vgl. auch GESENIUS-KAUTZSCH, § 109k, und BAUER-LEANDER, § 36 l.   [85] S. 155 u. A. 435 (S. 366).
[86] GESENIUS-BUHL, s. v.
[87] Vgl. vor allem DELITZSCH, 1887, S. 525—526; DILLMANN, ⁶1892, S. 467; JACOB, ²1897, S. 24.
[88] Vgl. Jdc 5 6 oder Jes 41 3 und Joel 2 7.
[89] So etwa Ex 15 1. 21 (richtig NOTH, zSt). Vgl. auch das ugaritische *rkb*; dazu AISTLEITNER, Wörterbuch, 1963, Nr. 2511.

gang so vorzustellen, daß sich infolge des Schlangenbisses die Pferde eines unterwegs befindlichen Streitwagens plötzlich aufbäumen, wodurch der stehende Wagenkämpfer aus dem nach hinten offenen Gefährt herausfällt[90].

Bleibt noch die Frage nach v. 18, der offenbar, wie immer wieder betont, als Interpolation oder Glosse anzusprechen ist. Wahrscheinlich stellt der Vers eine bewußt theologische Korrektur zu v. 16 dar, die das Verb דין »zum Recht verhelfen« durch das Nomen יְשׁוּעָה interpretieren will, sich diese Hilfe aber nur von Jahwe gewährt denken kann. Somit wäre das betonte »Auf deine Hilfe, Jahwe, hoffe ich« am besten gedeutet.

7. Der Spruch über den Stamm Gad ähnelt formal sehr stark den Sprüchen über Sebulon (v. 13) und Dan (v. 16). Denn hier wie dort findet sich ein den Stamm in der 3. Person vorstellender, das Stilmittel der etymologisierenden Anspielung auf den Stammesnamen aufweisender Verbalsatz mit Imperfekt.

Nach Vornahme der seit Ev. SCHEID sich mit vollem Recht weiter Beliebtheit erfreuenden Korrektur des schwierigen עָקֵב מֵאָשֵׁר zu עֲקֵבָם אָשֵׁר[91] ist der Vers gut verständlich. Er drückt aus, daß der Stamm Gad zwar »ständigen Razzias von Beduinen ausgesetzt« ist, daß er aber auch weiß, »durch unermüdliche Wachsamkeit sie, wenn nicht abzuwehren, so doch zurückzuschlagen und ihnen die fortgetriebene Beute an Vieh wenigstens teilweise wieder abzujagen«[92]. An v. 19a ist v. 19b durch וְהוּא — so auch noch v. 13. 20 — angeknüpft; der mehr allgemeinen Feststellung im 1. Stichos wird im folgenden Stichos eine damit zusammenhängende Besonderheit gegenübergestellt. Somit liegt der Ton nicht auf der Schilderung, daß Gad fortgesetzten Beraubungen preisgegeben ist, sondern vielmehr darauf, daß er sich tapfer zur Wehr setzt und dabei manchen Erfolg für sich verbuchen kann.

8. Der Spruch über den Stamm Asser zeigt die auch sonst festgestellten Eigentümlichkeiten: Der 1. Stichos ist ein Nominalsatz, dessen allgemeine Aussage der 2. Stichos konkretisiert. Weil sich in derartigen Sprüchen (v. 9. 14. 17. 21. 22. 27) stets ein Prädikatsnomen findet, ist שְׁמֵנָה, wie auch schon vorgeschlagen wurde[93], als Sub-

---

[90] Vgl. die zahlreichen Abbildungen solcher Streitwagen (AOB, Nr. 62. 72. 137), vor allem aber das die Erstürmung der Festung Dapur durch Ramses II. darstellende Relief, auf dem man deutlich einen vom Pfeil getroffenen Krieger aus dem nach hinten offenen Wagen herausstürzen sieht (AOB, Nr. 105).

[91] S. bei B. JACOB, S. 918. — So zuletzt EISSFELDT, FuF 1949, S. 10, und v. RAD, ⁵1958, S. 367.

[92] EISSFELDT, a. a. O. (A. 91). Dort auch die Übersetzung des Spruchs. — Ähnlich schon DILLMANN, ⁶1892, S. 468.

[93] So u. a. STRACK, 1894, S. 154; WALDNER, S. 159; KÖNIG, 1925, S. 764.

stantiv neutr. (ähnlich מְלֵאָה und שִׂמְחָה) mit der Bedeutung »Fettigkeit«, »Fettes« zu bestimmen[94]. Demzufolge ist לֶחֶם nicht in der gängigen Weise mit »Brot« oder »Getreide«, sondern besser — wie auch für das Ugaritische zu belegen[95] — mit »Speise«, »Nahrung« zu übersetzen. Der 2. Stichos hebt, verdeutlicht durch וְהוּא, die eigentliche Aussage des Spruchs hervor. Er preist nicht das fruchtbare Stammesland Assers, wie man immer wieder meinte, sondern seine geschickte und erfolgreiche Aktivität, die es ihm ermöglichte, über den eigenen Bedarf hinaus »Leckerbissen« (מַעֲדַנִּים[96]) an »Könige« liefern[97], d. h. exportieren[98] zu können. Die Frage, ob es sich bei den »Königen« um kanaanäische Stadtfürsten[99] oder speziell um die israelitischen Könige von David an handelt, ist wegen der Lage des asseritischen Stammeslandes wohl in der zuerst genannten Richtung zu entscheiden[100].

9. Der Aufbau des Spruchs über den Stamm Naphtali ist deutlich: Der 1. Stichos ist wiederum ein Nominalsatz mit Bildvergleich, während der 2. Stichos, durch ein determiniertes Partizip mit dem ersten verbunden, vom Stamm direkt spricht (vgl. v. 9b. 15. 20b), was die masc. Form des Partizips הַנֹּתֵן unterstreicht. Das Verständnis des Bildes einer »freischweifenden Hinde« kann nach Vergleich mit Stellen wie II Sam 22 34 (Konj.) (Ps 18 34) und Hab 3 19, die den auf Bergeshöhen siegreichen Kämpfer meinen, nicht fraglich sein. So preist unser Spruch Naphtali als eine freischweifende, weil stolz über ihre Feinde triumphierende Hinde. Das nun erleichtert die Deutung des 2. Stichos. MOWINCKEL[101] hat אָמַר oder besser אִמְרָה von Ps 68 12 als »die von Jahwe nach dem Siege ausgesandte Siegesbotschaft« bestimmt. Dem könnte unser אֹמֶר entsprechen, wenn das *hapax legom.* שֶׁפֶר in diese Richtung gedeutet werden könnte. Nun begegnet sowohl in den Amarna-Briefen[102] als auch in einem Mari-Brief[103] das Wort

---

[94] Wie es scheint, weist das Ugaritische neben dem auch dem Hebräischen geläufigen šmn ein möglicherweise ebenfalls von šmn abzuleitendes und deshalb šmnt zu lesendes Nomen šmt auf. Vgl. dazu GORDON, III, Nr. 1851, und I, S. 43, A. 4. Anders AISTLEITNER, Wörterbuch, 1963, Nr. 2643.

[95] AISTLEITNER, a. a. O., Nr. 1454.

[96] Vgl. vor allem Thr 4 5(. 17) und zum ugar. *mġd* (Krt 84, 175) COPPENS, S. 99.

[97] Zu נתן als *terminus technicus* für das Liefern einer Ware vgl. auch Ez 27 12ff. und EA Nr. 85, 34; 287, 15.

[98] DILLMANN, ⁶1892, S. 468; WALDNER, S. 160.

[99] Z. B. Gen 14 2 20 2 Jos 10 1 11 1 Jdc 5 19; EA Nr. 30, 1ff.; 109, 44ff. u. ö.

[100] So vor allem DILLMANN, a. a. O. (A. 98).

[101] 1953, S. 77 in einem Nachtrag zu S. 36.

[102] S. WEBER bei KNUDTZON, Glossar, und J. PERRUCHON, Index (Revue Sémitique 3, 1895), S. 324.

[103] Nr. 78, Z. 13. 21; vgl. ARM VI, 1954.

šipru mit der Bedeutung »Botschaft«, aber auch »Siegesbotschaft«[104]. Ist das richtig, dann setzt v. 21b die Verkündung einer Freuden- oder Siegesbotschaft voraus[105] und schließt sich damit eng an v. 21a an.

10a. Der erste Spruch über Joseph weist einige der bislang beobachteten Gesetzmäßigkeiten auf: Im 1. Stichos, einem Nominalsatz mit Bildvergleich, steht der Stammesname; der 2. und 3. Stichos führen das im 1. Stichos Gesagte weiter aus.

Verschiedentlich ist z. T. unter Hinweis auf die möglicherweise Hos 10 1 vorliegende Paraphrase zu Gen 49 22 bemerkt worden[106], daß בֵּן פֹּרָת einen jungen, ertragreichen Weinstock bezeichnet. Das empfiehlt sich umso mehr, als פֹּרָת, vornehmlich mit גֶּפֶן verbunden, Ez 19 10 und Ps 128 3 einen Vergleich mit menschlicher Fruchtbarkeit bezweckt. Dazu paßt die Aussage des 2. Stichos von der Fruchtrebe »am Quell« vortrefflich[107]. Diesem Verständnis ordnet sich auch der 3. Stichos leicht ein, wenn man בָּנוֹת als Ranken der Fruchtrebe[108] versteht und צעד עֲלֵי־שׁוּר mit »hinaufranken über die Mauer hinweg«[109] wiedergibt[110]. Demnach spricht dieser Vers von der selbst die gesteckten Grenzen überwuchernden Fruchtbarkeit des üppig gedeihenden Weinstocks Joseph.

Nun ist aber des öfteren darauf aufmerksam gemacht worden[111], daß in פֹּרָת eine Anspielung auf Ephraim vorliege. Diese Beobach-

---

[104] Einer möglichen Übernahme dieses Wortes ins Hebräische steht angesichts des auf das *mazza* der Amarna-Briefe und der Alalakh-Tafeln (vgl. D. J. Wiseman, The Alalakh Tablets, London 1953, S. 246: 6, 13 u. ö.) zurückgehenden מַס von v. 15 nichts im Wege.

[105] Vgl. die Interpretation der Pešita und der Test XII Patr, Test Naft. 2.

[106] Ewald, GVJ, I, 1864, S. 585 u. A. 1; Palm, S. 12—13; Dillmann, ⁶1892, S. 469; Strack, 1894, S. 155, u. a.

[107] Dieses Bild noch Ez 19 10 Ps 1 3 Num 24 6 u. ö. Gerade die zuletzt genannte Stelle bestätigt unsere Annahme insofern, als ja zwischen den Bildern von Gen 49 und denen von Num 24 ein merkwürdiger Zusammenhang besteht. Vgl. S. 11, A. 41.

[108] So zuletzt v. Rad, ⁵1958, S. 374.

[109] So vor allem Herder, Ebr. Poesie (Bd XII, S. 139), und Delitzsch, 1887, S. 528. — Daß Weinpflanzungen von einer schützenden Mauer umgeben sind, bezeugt das AT mehrfach (z. B. Jes 5 5 Num 22 24); vgl. dazu noch Eissfeldt, OLZ 55, 1960, Sp. 148.

[110] צָעֲדָה ist am befriedigendsten als alte, auch in anderen semitischen Sprachen zu belegende Form einer später von der 3. m. plur. verdrängten 3. f. plur. Perf. anzusprechen; s. dazu Peters, JBL 1886, S. 111; Hebr 1886—87, S. 111; Hebr 1888—89, S. 190; Bauer-Leander, § 42 o'. 50v; Brockelmann, 1956, § 50a. — Leider ist nicht deutlich, ob der ugaritische Text 52, 30 (= SS 30) *wyṣ'd* gelesen und das Verb *ṣ'd* mit unserem zusammengestellt werden kann. Immerhin scheint *ṣġd* (IV AB III, 8) die gleiche Bedeutung wie *ṣ'd* zu haben: »aufsteigen lassen« o. ä. (gemeint ist in beiden Fällen die Erektion des männlichen Gliedes).

[111] Z. B. Ewald, a. a. O. (A. 106); Dillmann, ²1886, S. 427; ⁶1892, S. 469; Delitzsch,

tung läßt sich durch die bei der Namengebung Ephraims durch Joseph gebotene Begründung, eine der beliebten Volksetymologien, »Elohim hat mich fruchtbar gemacht« (Gen 41 52; Hif. von פרה), noch mehr stützen, beruht sie doch auf einer in der Volkspoesie offenbar gängigen Verknüpfung des Namens Ephraim mit der auch unserem פֹּרָת zugrunde liegenden Wurzel פרה, wohingegen Joseph entweder mit אסף oder יסף (Gen 30 23. 24) verbunden wird. Als weitere Bestätigung dafür, daß unser Spruch von Haus aus dem Stamm Ephraim galt, mag der nach Einsetzen von אֶפְרַיִם zwischen diesem und dem עַיִן bestehende Reim angesehen werden.

10b. Von v. 22 hebt sich v. 23-24 nach Metrum und Form deutlich ab. Er ist eine inhaltlich-geschlossene, nicht mehr im Bild, sondern direkt von Ephraim(-Joseph) redende Schilderung eines Kampfes (v. 23) und seines positiven Ausgangs mit Angabe der dazu verhelfenden göttlichen Kraftquelle (v. 24). Die Einheitlichkeit wird durch die ausschließlich im *tempus consecut.* gehaltenen Verbformen unterstrichen. Zugleich aber wird durch dieses Tempus v. 23-24 auf v. 22 bezogen. Offenbar handelt es sich bei v. 23-24 um eine Erweiterung, die die in v. 22 stehende Aussage von Ephraim(-Joseph) in direkter, erzählender Form fortführt, wie wir das in den Sprüchen schon mehrfach beobachten konnten (vgl. v. 9-12. 14-15. 20. 21).

Während v. 23-24a mit seiner Aussage, daß den Stamm Ephraim (-Joseph) Pfeilschützen[112] befehdeten und daß in dieser heftigen Auseinandersetzung das Kriegsglück auf dessen Seite war, hinlänglich klar ist, kann man das gleiche von v. 24b nicht behaupten. Immerhin steht fest, daß der parallel gebaute Halbvers Jahwe als die Quelle der Ephraim(-Joseph) zufließenden und zu solch siegreichem Handeln verhelfenden Kraft angibt. Von den beiden Gottesbezeichnungen ist wiederum die erste verständlich. Denn wie ALT[113] einleuchtend dargetan hat, handelt es sich beim »Starken Jakobs« von Haus aus um eine Vätergottheit, die mit dem sich von seinem Eponym Jakob herleitenden fest umgrenzten Personenkreis wanderte. Hingegen hat EISSFELDT[114] darauf hingewiesen, daß der אֲבִיר יַעֲקֹב unserer Stelle wohl eher auf die kanaanäische Gottheit El zu beziehen sei. Beides wird insofern zutreffen, als Gen 49 24b bereits den Identifizierungsprozeß von Jakob und Israel, aber auch den des »Starken Jakobs« mit El und gewiß auch schon mit Jahwe voraussetzt. Das führt uns dadurch, daß wir auch hinter dem רֹעֵה אֶבֶן יִשְׂרָאֵל El suchen müssen,

---

1887, S. 528; WELLHAUSEN, ²1889, S. 322; MEYER, 1906, S. 283; BEER, BZAW 1920, S. 29; GOOD, S. 428.

[112] Vgl. hierzu das ugaritische *bʻl ḥz rśp* auf Z. 3 des von C. VIROLLEAUD, PRU II, 1957, S. 3—7, als Nr. 1 veröffentlichten Textes (=IV Myth. Fr. 3).

[113] Kl. Schr. I (1929), S. 19. 24—29.

[114] SVT 1955, S. 99, A. 4; jüngst auch ThLZ 1963, Sp. 486.

ein Stückchen näher an die Lösung des mit v. 24 bβ zusammenhängenden Problems heran.

Deutlich weist שָׁם darauf hin, daß der »Herr[115] des Israel-Steins« im Gegensatz zum »Starken Jakobs« von Haus aus eine Lokalgottheit war. Dazu paßt auch die Erwähnung eines heiligen Steins, denn in allen vorderorientalischen Religionen ist dieser ein Zeichen für einen lokalgebundenen Kult[116]. Ins Westjordanland führt die Überlegung, daß der Name Israel älter als die Einwanderung Israels nach Kanaan und auch dort beheimatet zu sein scheint[117]. Die nun folgende Frage, um welche der uns bekannten westjordanischen El-Hypostasen es sich hierbei gehandelt haben mag, kann wiederum nur zögernd beantwortet werden. Immerhin spricht einiges für das schon verschiedentlich vorgeschlagene[118] Bethel; dort befand sich ein vorisraelitisches El-Heiligtum (Gen 31 13); dort erlebte Jakob eine Theophanie und errichtete eine Mazzebe bzw. einen steinernen Altar (Gen 28 20-22 35 1-14), und dort scheint wohl J im Gegensatz zu Gen 32 28. 29 die feierliche Umbenennung Jakobs zu Israel lokalisiert zu haben[119]. Das alles paßt vortrefflich zu dem bisher darüber Erarbeiteten; denn dem in Bethel anzunehmenden Identifizierungsprozeß von Jakob und Israel würde dann der ebenfalls dort zu lokalisierende des »Starken Jakobs« mit dem »Herrn des Israel-Steins« entsprechen[120]. Und da Bethel schon in der Frühzeit der israelitischen Landnahme Ladekultstätte war, ist auch die vermutete Identifizierung beider mit Jahwe einsichtig zu machen.

---

[115] TORCZYNER, ZAW 1922, S. 300, übersetzt רֹעֶה mit »'Hirt, Lenker, Fürst'«. Vgl. auch den Namen Reguel, der wohl nicht mit »'El is shepherd« (MURTONEN, S. 103), sondern eher mit »El ist Herr« zu übersetzen ist. Dem entspricht der Gehalt von אָבִיר, das wie die Bezeichnung Els als Stier »in erster Linie seine überragende Macht und Stärke« ausdrücken soll (EISSFELDT, 1951, S. 56).

[116] Vgl. vor allem bei WELLHAUSEN, ²1897, S. 47ff. 109—114. 141—147 die Analogien zum frühisraelitischen Kult. — Zu 'eben als theophorem Namensbestandteil im Syrischen vgl. NÖLDEKE, 1881, S. 772, und im Ugaritischen vgl. die Namensliste 64, 24 und COPPENS, S. 103.

[117] Das scheint die alte Erzählung vom Jakob-Kampf am Jabbok (Gen 32 23ff.) zu erkennen zu geben, wenn Jakob an der Schwelle zum Kulturland zu Israel umbenannt wird. Dazu vgl. zuletzt EISSFELDT, Non dimittam te, nisi benedixeris mihi (Mél. Bibliques A. Robert, 1957, S. 77—81), S. 79—81, und OLZ 1963, Sp. 325—329. 331, auch schon ZDMG 1954, S. 107. 111.

[118] HOFFMANN, S. 54; DILLMANN, ⁶1892, S. 471; 1895, S. 90; MEYER, 1906, S. 284; GUNKEL, ⁴1917, S. 486; LINDBLOM, SVT 1953, S. 82, u. a.

[119] DILLMANN, ⁶1892, S. 375. 377—378; zuletzt EISSFELDT, OLZ 1963, Sp. 326.

[120] VICTOR MAAG, Jahwäs Heerscharen (Schweizerische Theologische Umschau 20, 1950, S. 75—100 = Fs-Köhler, S. 27—52), S. 86 = 38, lokalisiert die Identifikation zwischen dem Vätergott Jakobs und dem kanaanäischen El ebenfalls in Bethel. — Vgl. auch JEPSEN, S. 276. — Vielleicht liegt in dem Hos 12 2 gerade Ephraim zur Last

10c. Eine Reihe von Argumenten — Anredeform (außer v. 26b), Imperfekt als Tempus in Segenssprüchen[121], geschlossener Aufbau — stützt die Vermutung, daß wir in v. 25-26 eine eigenständige, in sich geschlossene Einheit zu sehen haben, die sich durch erneute Nennung des Stammesnamens in v. 26 auch als solche zu erkennen gibt. Sie ist durch Hinzufügung des מִן in v. 25aα — bezeichnenderweise fehlt es in v. 25aβ — nur lose mit dem Vorhergehenden verbunden worden.

Das wird noch dadurch unterstrichen, daß v. 25-26 sich ebenfalls durch das nun angeschlagene Thema deutlich von v. 22. 23-24 abhebt. Eine überreiche Segensfülle wird auf Joseph herabgewünscht. Zunächst sollen ihm der El seines Vaters und der El-Schaddaj[122] ihren sich auf die Fruchtbarkeit von Land, Tier und Mensch erstreckenden Segensstrom zufließen lassen (v. 25)[123]. Sodann aber wird in v. 26 betont, daß der vom Vater im Namen seines Gottes zu Josephs Gunsten ausgesprochene Segen die Segnungen aller genannten Segensspender[124] weit übertrifft.

In diesem Zusammenhang wird Joseph der »Erwählte seiner Brüder« (נְזִיר אֶחָיו) genannt. Wie vor allem Dtn 33 16, aber auch die anderen vom Nasir handelnden alttestamentlichen Stellen[125] zu erkennen geben, ist für diesen die ihn erwählende und ihn in den Dienst der Gottheit eingliedernde Tat Jahwes konstitutiv[126]. Wie verschieden der Dienst des Nasir auch sein mag, handelt es sich doch bei Simson um die Rettung Israels vor den Philistern und bei Amos um die nachdrückliche wortlose Verkündigung des Ideals der Wüstenzeit, so kann es doch angesichts der sich nur aus der festen Bindung Josephs an seinen Gott erklärenden Segensfülle keine Frage mehr sein, daß der spezielle Charakter von Josephs Nasiräat auf kultischem Gebiet zu

---

gelegten רֹעֶה רוּחַ ein bewußt entstellender Verweis auf den ehemaligen Kult des רֹעֶה אֶבֶן יִשְׂרָאֵל zu Bethel vor. Vgl. noch MAAGs Vermutungen über Gen 49 24b: Der Hirte Israels (ib. 28, 1958, S. 2—28), S. 8—9. 14.

[121] So z. B. Gen 12 2. 3 22 17 27 28f. 39f. 48 20.

[122] Das unpassende וְאֵת ist zu וְאֵל zu korrigieren; so zuletzt v. RAD, ⁵1958, S. 368.

[123] Ob hier Himmel, Tehom, Brüste und Schoß kanaanäische Gottheiten meinen, etwa Baal Schamem, Tiamat oder die aus Ugarit bekannten Fruchtbarkeitsgottheiten Ašera und Raḥmy (VAWTER, S. 13—15; COPPENS, S. 103—104; JACOB, 1960, S. 69), ist schwer zu entscheiden; immerhin ist zu bedenken, daß der Genit. subjec. bei בִּרְכֹת auffällig ist und v. 26 eine derartige Auslegung nahelegt.

[124] Korrektur zu הַרְרֵי עַד gemäß Dtn 33 15; beide Bezeichnungen »uralte Berge« und »ewige Hügel« stehen bildlich für die auf diesen verehrten Gottheiten, wie etwa auch Am 6 1 Ps 72 3 121 1.

[125] Num 6 Jdc 13 5 16 17 Am 2 11-12. Thr 4 7 ist wahrscheinlich das נְזִירֶיהָ in נְעָרֶיהָ »ihre Jünglinge« zu korrigieren.

[126] Vgl. dazu DE VAUX, II, S. 320, sowie die Ausführungen HENNINGERS, S. 349—355, über das auch als Initiationsritus zu verstehende Haaropfer bei den Semiten.

suchen ist und möglicherweise in besonders trefflicher Wahrung der Traditionen seines Gottes, des Sinai-Gottes (vgl. Dtn 33 16), bestanden hat[126a].

Im Vergleich mit den anderen Sprüchen von Gen 49 fällt auf, daß sich die Aussagen von v. 25-26 ausschließlich im religiös-kultischen Raum bewegen. Aber auch so wollen sie nur das eine erklären, nämlich die exponierte Stellung Josephs im Kreise seiner Brüder. Wie diese Aussage hier in ein religiöses Gewand gekleidet ist, so hat sie z. B. in Dtn 33 17 ihren politischen und in I Chr 5 1-2 ihren genealogischen Ausdruck gefunden.

11. Der Spruch redet von Benjamin in der Aussageform. Der 1. Stichos ist ein Nominalsatz mit Bildvergleich, bei dem in einem asyndetischen Relativsatz der besonders zu betonende Vergleichspunkt genannt wird (vgl. v. 14. 17. 21). Der 2. und 3. Stichos sind inhaltlich parallel und bieten die direkt den Stamm betreffende Darlegung des im Bild verhüllt Angedeuteten[127].

Benjamin wird einem »raubgierigen Wolf« verglichen. Als gefräßiges, schnell zupackendes und deshalb gefürchtetes Tier ist der Wolf dem AT bekannt. Mit ihm werden gewinnsüchtige Fürsten (Ez 22 27), habsüchtige Richter (Zeph 3 3) oder auch wegen ihrer Schnelligkeit gefürchtete chaldäische Reiter (Hab 1 8) verglichen. Allen diesen Vergleichen eignet ein negativer Ton[128]. Im Gegensatz dazu drücken die Vergleiche mit einem Wolf in der arabischen Literatur die stolze Kühnheit des kämpfenden und die unersättliche Raubgier des im Kriege erfolgreichen Königs aus, so, wenn es etwa in den Versen des Dichterkönigs Imra'alkaiss heißt: ». . . Vögel sind wir, Fliegen und Würmer und doch kühner als reißende Wölfe«[129]. Das paßt gut zu unserem doch gewiß lobenden Spruch, der den Mut und die Tapferkeit[130] des ständig[131] nach kriegerischen Auseinandersetzungen begierigen Benjamin und seine sich in überreicher Kriegsbeute[132] ausdrückenden Erfolge preist.

[126a] Anders SMEND, 1963, S. 75, u. BLENKINSOPP, 1963, S. 64—65, die an die Führung im »Heiligen Krieg« denken.   [127] Vgl. dazu GORDON, I, S. 110.

[128] So auch schon Test XII Patr, Test Benj 11: Er wird nicht mehr räuberischer Wolf genannt werden wegen seiner Söhne Räubereien, sondern ein Arbeiter des Herrn.

[129] BROCKELMANN, 1939, S. 9. — WELLHAUSEN, ²1897, S. 229 übersetzt: »waghalsiger als die heißhungrigen Wölfe«.

[130] Wenn JOHNSONS, 1955, S. 75 gebotene und A. 1 näher begründete Übersetzung des schwierigen רָדָם aus Ps 68 28 mit: »Benjamin, der (sc. im Kampf mit dem Bogen) mutige Jüngling« richtig ist, wäre das eine Bestätigung für uns.

[131] »Morgen und Abend« bedeutet hier soviel wie »den ganzen Tag«, »immerdar«; so vor allem DELITZSCH, 1887, S. 531.

[132] שָׁלָל bezeichnet durchweg das bei erfolgreichen kriegerischen Handlungen erworbene Beutegut, so z. B. Jdc 5 30 I Sam 14 30. 32 15 19. 21.

Obendrein ist noch etwas anderes von Belang. Wie von den Arabern uns bekannt ist, wird die Schechwürde entweder als »großväterliche«, d. h. ererbte, oder als »gewachsene«, d. h. durch unzählige Raubzüge begründete, auf denen man sich Ruhm, Ansehen und Reichtum erwarb, bezeichnet, so daß oftmals durch großzügiges Beute-Verteilen ein Kriegsführer zu einem Schech werden konnte[133]. Ähnlichem begegnen wir auch im AT, wenn von David erzählt wird (I Sam 30 26ff.), er habe vor seiner Ernennung zum König in Hebron Beutegeschenke an die Ältesten Judas gesandt.

So werden wir in der Annahme nicht fehlgehen, daß Benjamin durch sein Beute-Verteilen als kriegerischer Führer der Stämme angesehen und vielleicht als Fürst anerkannt zu werden wünschte[134].

II. DIE SPRÜCHE DES »SEGENS MOSES«, DTN 33 6-25

1)

6 Es lebe Ruben, und nicht sterbe er;
  doch sei er bezüglich seiner Männer gering an Zahl.   3+3

2)

7 Erhöre, Jahwe, die Bitte Judas
  und bringe ihn zu seiner Gemeinschaft hinein;   3+3
  mit seinen Händen hat er für sie gestritten,
  und du hast ihm geholfen gegen seine Feinde.   3+3

3)

8 'Du hast gegeben Lewi' deine Tummim
  und deine Urim deinen Getreuen,   3+3
  die du ertüchtigtest in Massa,
  die du kämpfen lehrtest in Me-Meriba,   3+3
9 die von ihrem Vater und ihrer Mutter sagten: Ich sehe sie nicht,
  und ihre Brüder nicht gekannt
  und von ihren Söhnen nichts gewußt haben;   4+3+3
  denn sie haben dein Wort bewahrt
  und deinen Bund gehalten.   2+2
10 Sie lehren Jakob deine Gesetze
  und dein Recht Israel,   3+2
  sie bringen Opferrauch in deine Nase
  und Ganzopfer auf deinen Altar.   3+2
11 Segne, Jahwe, ihre Kraft,
  und am Werk ihrer Hände habe Wohlgefallen;   3+3
  zerschmettere ihren Gegnern die Hüften
  und ihren Hassern, daß sie nicht mehr aufstehen!   3+3?

---

[133] Vgl. dazu Hess, S. 24—25. 88. 95—103, und Nyström, S. 48—49 u. ö. sowie unten S. 107, A. 180.

[134] Diese Vermutung mag durch den Hinweis auf die Verwendung des Wolfsbildes im AT für hochgestellte Persönlichkeiten (שַׂר und שֹׁפֵט) noch bekräftigt werden.

II. Die Sprüche des »Segens Moses«

4)

12 Der Liebling Jahwes, er wohnt sicher;
   'Eljon' beschirmt ihn allezeit,
   und zwischen dessen Berglehnen hat er sich niedergelassen.   4+4+3

5a)

13 Jahwe-gesegnet sein Land:
   vom Köstlichen des Himmels 'droben'
   und von der Tehom, die unten lagert,   3+3+3
14 und vom Köstlichen der Erzeugnisse der Sonne
   und vom Köstlichen des Ertrages der Monde   3+3
15 und vom 'Köstlichen' der vorzeitlichen Berge
   und vom Köstlichen der uralten Hügel,   3+3
16 ja vom Köstlichen des Landes und seiner Fülle
   und das Wohlgefallen des Dornbusch-Bewohners   3+3
'mögen kommen' auf das Haupt Josephs
   und auf den Kopf des Erwählten seiner Brüder.   3+3

5b)

17 Sein Erstlingsstier, Majestät ist ihm!
   Und Wildochshörner sind seine Hörner.   3+3
Damit wird er Völker niederstoßen,
   allzumal die Enden der Erde.   3+3
(Und das sind die Zehntausende Ephraims,
   und das sind die Tausende Manasses.)   (3+3)

6)

18 Freue dich, Sebulon, deines Auszugs
   und du, Issachar, deiner Zelte!   3+2
19 Stämme laden sie auf den Berg ein;
   dort opfern sie richtige Opfer;   3+3
denn den Überfluß des Meeres saugen sie ein
   und die verborgensten Schätze des Sandes.   3+3

7)

20 Gepriesen sei der, der Gad weiten Raum verschafft hat!
   Wie eine Löwin hat er sich niedergelassen
   und Arm samt Haupt zerrissen.   3+2+3
21 Da erwählte er für sich das Erstlingsland,
   denn dort ist das Führerfeld ' ';   3+3
' ' die Gerechtigkeit Jahwes vollstreckte er
   und seine Entscheidungen zugunsten Israels.   3+3

8)

22 Dan ist ein Löwenjunges;
   er bricht aus Richtung Basan hervor.   3+3

9)

23 Naphtali ist gesättigt vom Wohlgefallen
   und voll des Segens Jahwes:
   West und Süd nimmt er in Besitz.   3+3+3

10)
24 Der gesegnetste der Söhne sei Asser!
 Er sei der wohlgefällige unter seinen Brüdern!
 Taucht er doch seinen Fuß ins Öl ein.   3+3+3
25 Eisen und Erz seien deine Riegel,
 und wie deine Tage sei deine Kraft!   3+2

1. Der Spruch über den Stamm Ruben ist ein im Jussiv gehaltener, ihn betreffender Wunsch zusammen mit dessen Einschränkung (v. 6b), den eine nicht zu Ruben gehörende Person vorträgt.

Der Vers äußert den Wunsch, es möge das zu befürchtende Aussterben des Stammes abgewendet werden; jedoch solle er seine einstmalige Größe nicht wiedererlangen, sondern nur eine bescheidene, unbedeutende Rolle spielen[1]; kurz: er möge am Leben erhalten werden, aber auch nicht mehr[2].

Im Vergleich mit anderen im Jussiv bzw. Imperativ gehaltenen Sprüchen von Dtn 33, so v. 24 bzw. v. 7. 11. 18, fällt auf, daß hier kein an Jahwe gerichtetes Gebet, sondern ein profaner Wunsch vorzuliegen scheint. Indes wird man diesen Differenzpunkt nicht zu sehr betonen dürfen angesichts der Tatsache, daß auch unser Spruch sich in die von einigen Sprüchen des Mose-Segens vorausgesetzte Situation einer kultisch bestimmten Stämmeversammlung nicht nur leicht einfügt, sondern auch noch verständlicher wird; denn dann wäre die Entscheidung über Rubens Leben oder Tod in die Hände eines zum Kreis der versammelten Stämme gehörenden Gliedes gelegt[3].

2. Der Spruch über den Stamm Juda entstammt wiederum dem Mund einer nicht zu ihm gehörenden Person und ist ein an Jahwe gerichtetes Bittgebet.

Wir erfahren aus dem Spruch, daß Juda die »Bitte« (קוֹל)[4] geäußert hat, in eine Stämmegemeinschaft aufgenommen zu werden, der er blutsmäßig angehört und deren Gott Jahwe ist. Das geht daraus hervor, daß der Sprecher einerseits diese Gemeinschaft »sein Volk« (עַמּוֹ) nennt und daß er anderseits die Bitte an Jahwe richtet, demnach also dieser Gott sie erfüllen kann oder nicht[5].

---

[1] Zutreffend ist v. 6b von VOLCK, 1873, S. 55; Fs-Oettingen 1898, S. 214—215; S. R. DRIVER, Exp 1885, S. 297—298; DELITZSCH, 1887, S. 513—514; OETTLI, 1893, S. 113 —114; interpretiert worden; vgl. auch GEIGER, S. 374.

[2] Vgl. die sachliche Berührung zu Gen 49 3-4, denn auch dort wird Ruben nicht mit dem Tod, sondern dem Verlust der einstigen Vorzugsstellung bestraft.

[3] Die Übersetzung von CROSS-FREEDMAN, S. 193: »Let Reuben live« könnte das gut ausdrücken.

[4] EHRLICH, II, 1909, S. 347.

[5] Vgl. auch עַמִּים in Dtn 33 19, womit umwohnende und Kultgemeinschaft miteinander pflegende Stämme bezeichnet werden.

Der 2. Halbvers begründet die Bitte mit dem Hinweis darauf, daß sich Juda schon früher für diese Gemeinschaft eingesetzt und sich somit ein gewisses Anrecht auf Zugehörigkeit zu ihr erworben habe[6]. In gleicher Richtung ist auch v. 7bβ zu verstehen; denn das auf ein Perfekt folgende Imperfekt muß hier wie in ähnlich gelagerten Fällen[7] als konsekutives Tempus aufgefaßt und perfektisch übersetzt werden[8]. Demnach besagt v. 7bβ, daß Jahwe bereits früher dem Stamm Juda gegen seine Feinde beigestanden und sich damit für ihn entschieden habe, was auf die Erfüllung der judäischen Bitte durch Jahwe hoffen läßt[9].

Das so gewonnene Verständnis von v. 7 findet eine ungewollte Bestätigung in einer anderen Beobachtung. Über die Tatsache hinaus, daß auch in Gen 49 10 die beiden Wörter עם und בוא zu finden sind, scheint zwischen jenem Teil des Juda-Spruchs aus dem Jakob-Segen und dem Juda-Spruch aus dem Mose-Segen eine merkwürdige inhaltliche Berührung zu bestehen. Wenn man Dtn 33 7 seines theophoren Gewandes entkleidet und es als Aussage über Juda liest, etwa derart: Juda wünscht, auch dorthin kommen zu dürfen, wo die Jahwe verehrenden und eine entsprechende Gemeinschaft bildenden Stämme sich von Zeit zu Zeit versammeln, so treten die Berührungspunkte noch deutlicher hervor. Zugleich aber melden sich auch gewichtige Abweichungen an; von Silo ist nicht, doch wohl nicht mehr die Rede. Der stolze Herrschaftsanspruch Judas, er werde in die Metropole einziehen und die Huldigung der dort versammelten Stämme entgegennehmen, ist dem bescheidenen Wunsch, zu ihnen gehören zu dürfen und nicht länger abseits stehen zu müssen, gewichen. Zugleich ist das religiöse Moment, das diese Gemeinschaft wie auch den Spruch Dtn 33 7 bestimmt, deutlich in den Vordergrund getreten.

3. Der Lewi-Spruch richtet sich, wie das Nebeneinander von Plural und Singular andeutet, an eine Gruppe von Personen, die ähnlich einem Stamm sich von einem Eponymen, hier also ihrem »Vater« Lewi, herleitet. Kann der Spruch schon aus diesem Grunde ohne weiteres den »Stammessprüchen« zugeordnet werden, so wird das noch durch die vorliegenden formalen Eigentümlichkeiten — etymologische Spielerei mit den Ortsnamen Massa und Meriba (v. 8b), Bittgebet im Imperativ wie v. 7 — und durch die Tatsache, daß er gleichfalls in die von den ersten beiden Sprüchen des Mose-Segens vorausgesetzte Situation paßt, unterstrichen.

---

[6] So auch Dillmann, ²1886, S. 422, und Oettli, 1893, S. 114.
[7] Z. B. Ex 15 5. 12. 14. 15 Dtn 33 8. 9b Jdc 5 6. 17b II Sam 1 22.
[8] So Brockelmann, 1956, § 42e, mit Ex 15 5.
[9] Die zwiefache Begründung (v. 7b) scheint den beiden im Begriff עם zusammenfallenden Momenten einer soziologisch wie kultisch bestimmten Gruppe zu entsprechen.

Der Aufbau des Spruchs ist durchsichtig: Während v. 8-9 in die Vergangenheit zurückblickt und v. 10 zur Entstehungszeit des Spruchs bestehende Zustände schildert, trägt v. 11 die die Zukunft betreffenden Wünsche der Lewiten vor. Dabei handelt es sich um eine durch den Verweis auf Vergangenheit und Gegenwart begründete Bitte an Jahwe um ausschließliche Segnung Lewis[9a].

Aus v. 8-9 erfahren wir etwas über bestimmte Ereignisse aus der schon weiter zurückliegenden Geschichte der Lewiten[10]. Demnach war die einst von Jahwe gewährte Verleihung der Orakelgeräte Tummim und Urim an den eponymen Ahnvater Lewi (v. 8a) für die sich von ihm herleitende Priesterzunft der Lewiten konstitutiv. Darauf folgte, wie v. 8b mit seinen gewiß den Ortsnamen Massa und Meriba zuliebe gewählten Verben[11] נסה Pi. und ריב, die gemäß EISSFELDTs überzeugendem Vorschlag[12] nicht mit »versuchen«, »prüfen« und »streiten mit jmdm«, sondern mit »jmdn ertüchtigen« ,»einexerzieren« und »jmdn kämpfen lehren« wiederzugeben sind, deutlich erkennen läßt, eine in oder zumindest in der Nähe von Kades lokalisierte militärische Ausbildung der Angehörigen der jungen Priesterzunft. Diese Wehrertüchtigung war die notwendige Voraussetzung für das in v. 9a geschilderte Geschehen, das DAUBE[13] unter Hinweis auf eine hier vorliegende Anspielung auf im alten Orient übliche juristische Trennungsformeln richtig als »echte, formgültige Lossagung von den Götzendienern« bestimmt und das man sich nach allem als eine blutige Aus-

---

[9a] Anders STRAUSS, S. 72—81, der auf Grund der Struktur des Textes von Dtn 33 8-11 in diesem Spruch ein »Traditionsstück« sieht, das »seinerseits als eine Art Zusammenstellung auf verschiedene Vorstufen der zugrunde liegenden Traditionen schließen läßt« (S. 74). Abgesehen davon, daß die ebenfalls auf traditionsgeschichtlichem Wege gewonnenen Ergebnisse H. J. KITTELS (S. 49ff. u. ö.) von denen STRAUSS' erheblich abweichen, wird man derartige stilistische Unebenheiten in den Stammessprüchen etwa im Hinblick auf Dtn 33 18-19. 24-25 doch wohl nicht so stark betonen dürfen.

[10] Zu Anfang von v. 8a ist im Hinblick auf LXX und IVQ Test 4, 14 (vgl. dazu ALLEGRO, JBL 1956, S. 182—187; BRUCE, S. 42—44) mit GRESSMANN (1913, S. 215, A. 3; ²1922, S. 173) נָתַתָּ לְלֵוִי zu ergänzen. Dafür spricht, daß sich außer dem dann glatten Metrum entsprechend dem Parallelismus membrorum die Gleichung Tummim = Urim, Lewi = dein frommer Mann ergibt. Der Ausfall der beiden Wörter mag so erklärt werden, daß erst durch einen späteren Bezug von v. 8b auf Mose der Anfang als störend empfunden und weggebrochen wurde.

[11] CASSUTO, S. 242. — LEHMINGS Vorschlag (ZAW 1961, S. 74—77): »den du in Versuchung versucht hast, den du läßt streiten im Streit (am Tage des Streits?)« (S. 76) erinnert stark an HIPPOLYTS (TU 38, 1, S. 57) »welchen sie versuchten in Versuchung, schmähten ihn an den Wassern des Widerspruchs« (IX, 1) und trifft auch wegen der dazu notwendigen Konjektur kaum das Richtige.

[12] VT 1955, S. 235—236.

[13] S. 34.

einandersetzung vorzustellen hat. So haben die Lewiten in einem weltliche Rücksichten hintanstellenden schonungslosen Kampf gegen götzendienerisches Treiben im Volk das ihnen durch die Verleihung der Urim und Tummim bezeugte Vertrauen Jahwes nicht enttäuscht, sondern sein ihnen gegebenes Verheißungswort geschützt und seine Bundeszusage[14] bewahrt[15].

Die zur Entstehungszeit des Spruchs von den Lewiten besorgten Aufgaben schildert v. 10. Dabei steht das von ihnen ausschließlich an den Heiligtümern verwaltete[15a] und dort dem Volk vermittelte Gottesrecht[16] beherrschend im Vordergrund. Erst an zweiter Stelle wird der Opferdienst erwähnt, wobei mit den parallelen Ausdrücken קְטוֹרָה und כָּלִיל nur eine Opferart, nämlich das vollständig darzubringende Brandopfer, genannt wird[16a]. Das ist in höchstem Grade auffällig, bildet aber seinerseits erst die notwendige Voraussetzung für ein zutreffendes Verständnis des v. 11. Dieser Vers zerfällt in die positive direkte (v. 11a) und in die negative indirekte Aussage (v. 11b). Von der letzteren her wird deutlich, daß die Lewiten von dem Wunsch beseelt sind, die Widerstandskraft und Stärke[17] ihrer Konkurrenz zu brechen. Dabei handelt es sich offenbar nicht um zufällige Feinde, sondern um grundsätzliche Bestreiter des lewitischen Priesterrechts, also um solche, die sich dem herrischen Ausschließlichkeitsanspruch der Lewiten in den Weg stellten, weil sie durch Überlassung gewisser priesterlicher Funktionen allein an die zum Priesterdienst berufenen

---

[14] Durch die nur hier parallelen Ausdrücke אִמְרָה und בְּרִית scheint die durch die Verleihung der Orakelgeräte, d. h. durch die Betrauung mit dem Priesteramt sich ausdrückende gnädige Zusage und Verheißung Jahwes gemeint zu sein; vgl. z. B. die Bedeutung beider Ausdrücke in Ps 105 19. 8.

[15] Zur Notwendigkeit, das auf das Perf. שָׁמְרוּ folgende Imperf. יִנְצֹרוּ als Imperf. consecut. aufzufassen, vgl. außer dem oben zu v. 7 Bemerkten DILLMANN, ²1886, S. 423; KÖNIG, 1917, S. 224, aber vor allem OTTO RÖSSLER, Die Präfixkonjugation Qal der Verba I^{ae} Nûn im Althebräischen und das Problem der sogenannten Tempora (ZAW 74, 1962, S. 125—141), S. 137—139. — Vgl. auch MOSHE HELD, The YQTL-QTL (QTL-YQTL) Sequence of Identical Verbs in Biblical Hebrew and in Ugaritic (Studies and Essays in Honor of Abraham A. Neuman, Leiden 1962, S. 281—290).

[15a] Vgl. W. ZIMMERLI, Erkenntnis Gottes nach dem Buche Ezechiel, 1954, S. 55 = Gottes Offenbarung, 1963, S. 97.

[16] S. dazu ALT, I (1934), S. 324, und BEGRICH, S. 64—68. — Bemerkenswert ist die von ALT, S. 330—331, vorgenommene Herleitung alles Gottesrechts aus dem Bundesschluß Jahwes mit Israel insofern, als auch unser Spruch solches Recht einem Bundesschluß mit Lewi entstammen läßt. Schließlich kann man fragen, ob bereits dieser Vers die Anfänge der lewitischen Gesetzespredigt kennt (dazu v. RAD, Deuteronomium-Studien, Göttingen 1947, S. 8ff.).

[16a] Vgl. dazu DE VAUX, II, S. 260. 268.

[17] Hüften als Sitz der Kraft und Stärke Ps 69 24 Hi 40 16 Prov 31 17.

Lewiten mit Recht eine beträchtliche Einbuße an Macht und Ansehen befürchten mußten. Diese Feststellungen finden in v. 11a ihre Bestätigung. Denn die von Jahwe erbetene Mehrung »ihrer Macht«[18] sowie die von ihm erhoffte ausdrückliche Unterstützung des »Werks ihrer Hände«[19] zielt offenbar auf die erstrebte Durchsetzung des nach v. 10b noch keineswegs anerkannten lewitischen Opfermonopols; erst die ausschließliche Darbringung der Opfer durch die Lewiten könnte ihnen, wie es STEUERNAGEL[20] in der Gleichung »Segnung=Mehrung des Besitzes« zutreffend ausdrückte, Wohlstand und zugleich damit Ansehen und Einfluß, Gewalt und Macht vermitteln.

Es bleibt die Frage nach einem eventuellen Bezug von v. 8-9 auf die uns bekannten Massa-Meriba-Traditionen bzw. auf das in Ex 32 Berichtete zu entscheiden. Soviel ist nach allem über die Sprüche bisher Gesagten wahrscheinlich, daß unsere Verse auf ein und dasselbe Geschehen verweisen. Nun zeigt aber die uns vorliegende Endgestalt der Überlieferung eine deutliche Trennung der Erzählung über die Geschehnisse von Massa-Meriba (Ex 17 1-7) von der über die Rache der Lewiten an ihren israelitischen Brüdern wegen deren Abfalls zum Goldenen Kalb (Ex 32 25-29).

Was den Bezug auf die Massa-Meriba-Tradition angeht, so ist schon immer aufgefallen, daß zwischen der in unserem Spruch von beiden Orten vorausgesetzten Erzählung und den sonst im AT vorfindlichen, wiederum unter sich verschiedenen Traditionen ein spürbarer Unterschied besteht. Denn während nach Ex 17 1-7 wie auch nach Ps 95 8 in Massa und Meriba (Dtn 6 16 9 22 erwähnt nur Massa) das Volk mit Jahwe hadert — Mose und Aron spielen dabei eine unklare Rolle am Rande, und v. 6 verlegt beide Orte an den Horeb —, sind es nach Num 20 13. 24 Dtn 32 51 Ps 106 32, die Massa unerwähnt lassen, Mose und Aron, die sich gegen Jahwe vergingen und entsprechend bestraft wurden. Schließlich scheint Ps 81 8 vorauszusetzen, daß Jahwe bei den Wassern von Meriba das Volk Israel prüfte. Ist aus dieser Übersicht leicht zu ersehen, daß einerseits im Zuge der Traditionsumbildung Mose und Aron immer fester mit (Massa und) Meriba verbunden wurden, also wohl ursprünglich nicht dazugehörten[21], und daß anderseits das gegen Jahwe gerichtete Aufbegehren des Volkes offenbar der theologischen Arbeit des Jahwisten zu verdanken ist und dem Zweck einer auch sonst zu beobachtenden theologisch ausgerichteten volksetymologischen Erklärung der Ortsnamen diente, so bleibt für die relativ älteste Erzählung die Andeutung aus Ps 81. Aber auch sie setzt nur die von uns erwartete Tatsache, daß Jahwe zunächst der Handelnde ist, voraus, versteht dann aber נסה in der üblichen Weise »prüfen«.

---

[18] VAN DER PLOEG, S. 121—122, gibt חַיִל mit »force« wieder.
[19] פֹּעַל deutet niemals ein kriegerisches Handeln auch nur an, bezeichnet dafür aber häufig ein in Beziehung zu Gott stehendes, von ihm gewertetes Handeln.
[20] ²1923, S. 177.
[21] Von anderen Voraussetzungen her kommt NOTH, 1948, S. 175, A. 454 (vgl. auch S. 32, A. 111) zum gleichen Ergebnis. Vgl. noch H. SEEBASS, Mose und Aaron, Sinai und Gottesberg, 1962, S. 66—74. 117—119.

Nun hat Eissfeldt[22], mit leichter Abwandlung einer Vermutung Wellhausens und Smends, in Ex 15 25b wegen des נָסָּה eine weitere Erwähnung Massas gefunden: »Dort gab er ihm Satzung und Recht, und dort übte er es ein«. Ohne weiteres ist nicht klar, wer Subjekt und Objekt in diesem Fragment sind. Eissfeldt meinte, auf Grund des Kontextes und Jos 24 25 Mose und die Israeliten dafür annehmen zu müssen. Indes ist das keineswegs zwingend. Von Dtn 33 8 her könnte man mit gleichem Recht auch an Jahwe als den Gebenden und Einübenden sowie an die Leviten als die von Jahwes Handeln Betroffenen denken. Unsere Behauptung, Ex 15 25b sei das Bruchstück einer von Dtn 33 8-9 vorausgesetzten, ursprünglich auch Meriba mitberücksichtigenden Tradition[23], gewinnt durch den Hinweis Wellhausens[24], in v. 25b liege ein fest geprägtes, in den Zusammenhang eingefügtes poetisches Stück vor, einerseits und anderseits durch die Tatsache, daß vor allem der Name מֵי־מְרִיבָה wie auch die in Ex 15 zu findende Erwähnung von Gesetz und Recht auf Kades, Gen 14 7 geradezu »Rechtsquell« genannt, hinzielen, an Sicherheit[24a].

Dazu tritt eine zweite Beobachtung. Ex 18 21 erzählt, daß Mose wegen persönlicher Überlastung auf Anraten seines Schwiegervaters zur Erleichterung des Rechtsprechens Oberste über Tausender-, Hunderter-, Fünfziger- und Zehnerschaften einsetzte. Diese Szene spielt jetzt kurz vor der Ankunft am Sinai (J) bzw. nach dem Quellwunder am Horeb (E). Die Erwähnung von Recht und Gesetz indes läßt vermuten, daß die Begebenheit von Haus aus nach Kades gehörte. Dann gewinnt aber die Aufteilung in derartige Abteilungen, jeweils einem שַׂר unterstellt, für unseren Zusammenhang an Bedeutung, weil es an allen Stellen, die jene mit ihren Führern erwähnen, um militärisch organisierte Einheiten geht[25]. Es ist wohl nicht fehlgegriffen, wenn wir das auf Ex 18 übertragen und hierin eine freilich entstellte, nämlich auf Mose kumulierte und auf ganz Israel ausgeweitete sowie in die Nähe des Sinai-Horeb-Kreises gerückte Erzählung von einer einst zu Kades geschehenen Organisierung und Ausbildung der Leviten sehen, wie sie in Dtn 33 8b anklingt.

Bleiben noch die mit der Beziehung von v. 9 zusammenhängenden Fragen. Durchweg ist darin unter Einschränkung auf v. 9a eine Erinnerung an das im Anschluß an die Geschichte vom Goldenen Kalb berichtete blutige Strafgericht der Leviten an ihren von Jahwe abgefallenen Volksgenossen (Ex 32 25-29), das gewiß ursprünglich nicht mit der Erzählung vom Goldenen Kalb (Ex 32 19-24) verbunden war, aber doch auch gegen Ausschreitungen götzendienerischer Art sich wendete — das wird die Zusammenstellung ermöglicht haben —, gefunden worden. Und das mit gutem Recht; stehen doch hier außer dem inhaltlichen Bezug zwei Ausdrücke (v. 27. 29): אָח und בֵּן, die auch in Dtn 33 9 begegnen. Aber es fehlt dort אָב und אֵם, wie es קרב und רֵעַ zusätzlich hat. Es erhebt sich wiederum die Frage, ob die Verbindung mit Mose und die Trennung von Ex 15 25b ursprünglich

---

[22] 1922, S. 44—45; VT 1955, S. 236.
[23] Das nimmt auch Simpson, S. 437, an.
[24] S. bei Eissfeldt, 1922, S. 44.
[24a] Zu diesem und dem folgenden vgl. v. Rad, Das formgeschichtliche Problem des Hexateuch, 1938 = Ges. Stud., 1958, S. 20—23.
[25] Vgl. hierzu jüngst de Vaux, II, S. 29.

sind. Von vornherein spricht dagegen, daß ja die dort berichtete Wehrertüchtigung der Lewiten unabdingbare Voraussetzung für ihr kriegerisches Auftreten, also auch ein enger literarischer Kontakt zwischen beiden Stellen notwendig ist. Verschiedentlich ist eine Beziehung von Ex 32 25ff. auf das in Kades zu suchende Massa und Meriba vertreten worden[25a]. Damit wäre aber die Gestalt des Mose, die offenbar von Haus aus eng zu den Sinai-Erzählungen gehörte, im Kreis der Kades-Erzählungen, zu dem auch Ex 32 25ff. gezählt werden müßte, nicht beheimatet, sondern sekundär eingetragen[26].

Schließlich verlangen die bestehenden feinen Unterschiede[27] eine Erklärung, wie sie uns bezüglich der in Ex 15 25 gefundenen Massa-(Meriba-)Notiz wahrscheinlich wurde, nämlich die, daß sich Dtn 33 9 auf eine dem in Ex 32 25-29 Berichteten sehr ähnliche Vorform bezieht, die — und das ist das wichtigste — nicht die »Inthronisation«[28], sondern eine erst auf diese folgende Bewährung der von Jahwe bereits zuvor durch Verleihung der Orakelgeräte in ihr Amt eingesetzten Lewiten erzählt hat.

4. Der Spruch über den Stamm Benjamin ist ein in der Aussageform gehaltenes Tristichon, dessen 2. und 3. Stichos wie auch in den anderen Fällen den im 1. Stichos ausgesprochenen Gedanken weiter ausführen.

Für das Verständnis des Spruchs ist der Benjamin beigelegte Name »Liebling Jahwes« (יְדִיד יְהוָה), als *casus pendens* auch syntaktisch betont, von besonderer Bedeutung. Bis auf Jes 5 1 und Ps 84 2 bezeichnet יָדִיד im AT stets einen von Jahwes frei erwählender Liebe ergriffenen und dadurch in ein enges, Errettung aus Feindesnot oder Gaben der irdischen Wohlfahrt gewährendes Verhältnis zu ihm gestellten Einzelnen oder festumrissenen Personenkreis[29]. Zwei außeralttestamentliche Parallelen, nämlich das als Personenname[30] und im Ugaritischen auch als Appellativum[31] belegte *YDD-'el* und die bevorzugte Bezeichnung des ägyptischen Königs als »Geliebten des und des Gottes«[32], vermögen das noch klarer hervortreten zu lassen, weil einerseits sich darin der für den so Benannten erwartete Schutz und Segen der Gottheit ausdrücken und anderseits darin eine Auszeichnung für den vorliegt, der dank seiner Erfolge und der daraus resultierenden hohen Position sich solchen Titel erworben hat[33]. Das besagt für

---
[25a] Bruston, ZAW 1892, S. 196, A. 2; Gressmann, 1913, S. 215—216; Budde, 1922, S. 25; Eissfeldt, VT 1955, S. 235—236.
[26] Noth, 1948, S. 32, A. 111, denkt dabei an den Deuteronomisten.
[27] Darauf machte z. B. Steuernagel, ²1923, S. 177, aufmerksam.
[28] So Gressmann, 1913, S. 216; Budde, 1922, S. 25, u. a.
[29] Vgl. Jer 11 15 Ps 60 7 108 7 127 2.
[30] Murtonen, S. 98.
[31] 49 VI 30—31. Vgl. auch die 51 II 34 u. ö. begegnende Prädizierung *mdd 'el*.
[32] So u. a. AOT, S. 20; S. 84: Z. 40. — Vgl. auch Jirku, 1923, S. 126.
[33] So ist auch der Beiname Salomos, Jedidja (II Sam 12 25), zu verstehen.

unseren Zusammenhang, daß Benjamin auf Grund seiner achtbaren politisch-kultischen Stellung im Kreise der Bruderstämme diesen Titel beigelegt bekommen hat und sich nun des damit garantierten Schutzes und Segens der Gottheit erfreuen kann³⁴. Das drückt unser Vers mit dem »sicher Wohnen« aus, weil damit die Sicherheit vor Feinden³⁵, die, wie etwa Jer 49 31 indirekt zeigt, nur als von Jahwe geschenkte Gabe Gewähr auf Bestand bietet³⁶, gemeint ist.

Diese Aussage des v. 12a führt v. 12b weiter aus, wenn es heißt, daß El-Eljon³⁷, dem auch Errettung aus Feindesnot zugeschrieben wurde³⁸, ihn allezeit beschirmt³⁹ und daß er⁴⁰, Benjamin, sich zwischen dessen »Berglehnen«⁴¹ niedergelassen hat.

Es scheint, daß Jahwe-Eljon mit Benjamin und deshalb auch mit dessen Land besonders eng verbunden ist. Aus der Nennung El-Eljons einen direkten Hinweis auf Jerusalem herauslesen zu wollen, ist nicht zwingend, da, wie Ps 46 5b zeigt, Eljon neben seiner heiligsten Wohnung in der Gottesstadt noch andere Wohnungen gehabt hat, die man gewiß in ihrer Nähe, also in Benjamins Gebiet, suchen darf⁴².

---

³⁴ Mit diesen Erhebungen über die seinerzeit von Benjamin innegehabte einzigartige Stellung unter den israelitischen Stämmen ist auch die aus dem Tatbestand resultierende Frage, daß unser Spruch als einziger anonym ist, hinreichend beantwortet. S. auch unten S. 110. — Anders GRESSMANN, ²1922, S. 179, und jüngst wieder SCHUNCK, S. 71, die in v. 12 den ursprünglichen, später aber abgetrennten und Benjamin zugeschriebenen Beginn des Joseph-Spruchs sehen. Außer den formalen Unterschieden sprechen dagegen einmal die völlig andere Thematik von v. 13-16 und zum anderen der nach Verbindung von v. 12 mit dem Folgenden dann nicht einleuchtend zu erklärende Aufbau und Gedankengang des Ganzen.
³⁵ Vgl. לָבֶטַח vor allem in Jdc 18 7 I Reg 5 5 Jer 23 6 u. ö.
³⁶ So vor allem die Belegstellen bei Ez.
³⁷ Das unverständliche und deshalb mit Recht seit HOUBIGANT (1777; zitiert von VOLCK, 1873, S. 86, A. 1) zu עֶלְיוֹן korrigierte עָלָיו gehört zum 2. Stichos.
³⁸ So Gen 14 20 (text. conj. mit FREEDMAN, ZAW 1953, S. 194) Ps 18 14 (= II Sam 22 14) 21 8 47 3 57 3 78 35 91 1. 9 (dazu vgl. EISSFELDT, WdO 1957, S. 347—348).
³⁹ Das *hapax leg.* חפף läßt leider keine weiteren Schlüsse zu; eine Vermutung s. unten S. 110, A. 196.
⁴⁰ Wie auch bei יִשְׁכֹּן aus v. 12a kann das Subjekt zu שָׁכֵן nur Benjamin sein.
⁴¹ Diese Num 34 11 Jos 15 8. 10. 11 u. ö. belegte Bedeutung von כָּתֵף trifft auch hier das Richtige. Vgl. noch AHARONI, PEQ 1958, S. 30, der A. 2 auf eine von AVIGAD (IEJ 5, 1945, S. 163ff.) veröffentlichte Grabinschrift: בכתף הצר ... חדר verweisen kann, die ebenfalls »Felsabhang« als *terminus technicus*, hier für den Abhang des Kidrontals, aufweist.
⁴² EISSFELDTS Satz ThLZ 1963, Sp. 488: »Israels Gott ist El-'Eljon erst geworden, als seine Stadt, Jerusalem, von David erobert wurde« trifft nicht voll zu, da wir hier auf ein noch früheres Stadium der Verbindung des Ladegotts Jahwe mit El-Eljon zu stoßen scheinen. — Zu Ps 46 vgl. EISSFELDTS Aufsatz von 1961.

5a. Der erste Teil des Joseph-Spruchs ist durchgängig in der 3. Person gehalten und schließt in v. 16 mit dem Wunsch ganz markant ab, Joseph möge überreich gesegnet werden.

Der Aufbau ist deutlich zu erkennen: v. 13a gibt das Thema an, das in v. 13b-15 näher ausgeführt und in v. 16a knapp zusammengefaßt sowie durch das Wohlgefallen Jahwes ergänzt wird; dazu bildet v. 16b, indem er Prädikat und Objekt für die Aufzählung von v. 13b-15 enthält, den Abschluß.

Der Segen Jahwes und seine ungeteilte Gunst werden auf Josephs Haupt herabgewünscht. Davon erstreckt sich Jahwes Segen speziell auf Josephs Land, das ihm köstliche Gaben der Natur in reicher Fülle schenken soll. Neben den Köstlichkeiten des Himmels[43] und der Tehom (v. 13) werden solche Erzeugnisse der Sonne und der Monde (v. 14) sowie der vorzeitlichen Berge und uralten Hügel (v. 15)[44] genannt. Gerade die Köstlichkeiten von Berg und Hügeln, die ja kaum anders denn als Segensgaben der auf ihnen verehrten kanaanäischen, von Israel vorgefundenen und schließlich mit Jahwe identifizierten Fruchtbarkeitsgottheiten gedeutet werden können[45], legen es nahe, auch das zuvor Genannte in ähnlicher Weise zu verstehen.

Der zweite Teil des Segens über Joseph besteht darin, daß ihm »das Wohlgefallen des im Dornbusch Wohnenden«[46] zugesprochen wird. Diese altertümliche bildhafte Redewendung kennt Jahwe, wie es Jdc 5 5 direkt auszusprechen scheint, als den Herrn des Sinai. Seine dem Joseph uneingeschränkt geltende Gunst macht diesen zum »Erwählten seiner Brüder«; darin drückt sich ein enges, fast ausschließliches Verhältnis Jahwes zu dem von ihm Erwählten und in Dienst Genommenen aus.

Die von CASSUTO[47] vorgeschlagene Auflösung des weithin als Mischform wie etwa I Sam 25 34 angesprochenen Monstrums תְּבוֹאָתָה in die ursprüngliche, später durch das geläufigere תְּבוֹאָנָה glossierte und mit jenem komponierte Verbform יֶאֱתָה erleichtert uns die Erklärung der zwischen Gen 49 25-26 und Dtn 33 13-16 bestehenden Beziehungen. Denn ein Vergleich der beiden trotz aller Verschiedenheit doch mancherlei überraschende Parallelen aufweisenden Joseph-Segen liefert eine Reihe von Argumenten, die den entsprechenden Teil des

---

[43] Mit JOÜON, Bibl 1934, S. 401—402, ist wegen des dann besseren Parallelismus zu מַעַל zu מְשָׁל das תַּחַת zu korrigieren.
[44] Wahrscheinlich ist וּמֵרֹאשׁ sekundär für וּמִמֶּגֶד in den Text gekommen, da vor Bergen der Gipfel nahe lag; vgl. BUDDE, 1922, S. 36; CROSS-FREEDMAN, S. 194, A. 50 (S. 206).
[45] Vgl. CROSS-FREEDMAN, a. a. O., A. 52 (S. 206); WRIGHT, 1958, S. 104.
[46] Dazu vgl. jüngst EISSFELDT, ZDMG 1962, S. 259—261, und die dort angegebene Literatur.
[47] S. 245.

Mose-Segens als älter und den des Jakob-Segens als aus jenem mit allerlei Veränderungen entlehnt erscheinen lassen.

Im Vokabular von Dtn 33 13-16 sprechen das seltene מֶגֶד, das nach dem מִבִרְכַת von v. 13 in das naheliegendere בִּרְכֹת in Gen 49 25-26 abgewandelt wurde, wie auch das in dieser Wendung einmalige קְדָם, in Gen 49 26 durch das glattere עַד ersetzt, und, wenn unsere Entscheidung zutrifft, das ebenfalls ungeläufige יֵאָתָה, dann vom blassen תִּהְיֶיןָ verdrängt, für das höhere Alter von Dtn 33 13-16 und lassen Gen 49 25-26 als sekundäre Abwandlung erscheinen [47a].

Das wird von Form und Inhalt beider Segenssprüche her bestätigt; denn während im Josephspruch des Mose-Segens die Segnungen von Berg- und Hügelgöttern ungestört in den Segen Jahwes Eingang gefunden haben, läuft dort alles auf deren Überbietung durch den väterlichen Segen hinaus. Erst Dtn 33 13-16 gibt durch die Erwähnung des auf Joseph ruhenden Wohlgefallens den Grund für sein Nasiräat an. Und schließlich lassen der klare Aufbau von Dtn 33 13-16, das einheitliche Metrum und die durchweg in der 3. Person gehaltene Form im Gegensatz zu den nur als Resultat eines Auflösungsprozesses anzusprechenden Unebenheiten in Gen 49 25-26 keine andere als die oben gegebene Erklärung zu. Das gilt u. a. auch für die Gen 49 25b genannten Segnungen von Brust und Schoß, wohingegen Dtn 33 14 Kostbarkeiten der Sonne und der Monde aufführt. Handelt es sich bei letzteren um Güter des Landes, was deshalb ausgezeichnet in diesen Segen hineinpaßt, so ist die Veränderung in Gen 49, die ja wohl Fruchtbarkeit von Tier und Mensch im Auge hat, leicht als Ausdehnung des Segens auch auf diesen Bereich zu verstehen. Daß eine solche Erweiterung bzw. Differenzierung mit vorfindlichen kanaanäischen Wendungen geschah, ist einzusehen, verwischt aber gerade dadurch die Unterschiede.

5b. In mancherlei Hinsicht hebt sich der Spruch oder besser, da ihm der Anfang mit der Adresse fehlt, der Spruchteil über den Stamm Ephraim vom vorhergehenden Spruch ab. War dieser eine Bitte an Jahwe um Segnung Josephs, so ist v. 17, dem jeder religiöse Bezug zu fehlen scheint, eine im Nominalsatz mit Bildvergleich gehaltene Darstellung, an die sich ein daraus resultierender Wunsch im Imperf. anschließt und den Spruch volltönend beendet[48].

Somit hängt v. 17b in der Luft. Das nicht wegzuinterpretierende Nachhinken des Satzes sowie sein deutlich erklärender Tonfall, eingeleitet durch das häufig Glossen als solche kennzeichnende Personalpronomen[48a], begründen den Schluß, daß wir v. 17b als erklärenden oder korrigierenden Zusatz zu v. 17a ansprechen müssen. Immerhin aber liefert diese Glosse mit ihrer Intention, in v. 17a neben Ephraim auch Manasse erwähnt finden zu wollen, dabei aber Ephraim

---

[47a] Zu dem ganz ähnlichen Vorgang bei der Überlieferung arabischer Dichtung vgl. NÖLDEKE, 1864, S. VII.
[48] Offenbar ist v. 17 ein älterer Spruchteil, der zum Ausgleich von v. 13-16 hinzugefügt und auf das Haus Joseph ausgedehnt wurde; so konnte der Mangel, daß von Joseph keinerlei kriegerisch-politische Leistungen berichtet wurden, wettgemacht werden.
[48a] Vgl. G. R. DRIVER, Glosses in the Hebrew Text of the OT (Orientalia et Biblica Lovaniensia 1, 1957, S. 123—161), S. 124.

den militärischen Vorrang vor jenem einräumend[49], den Grund für die Vermutung, daß v. 17a von Haus aus ein Ephraim-Spruch war. Und weiter zeigt die Glosse, daß hier, was auch ohnedies aus dem Vers hervorgeht, die überragende militärische Stärke dieses Stammes gepriesen wird.

Das drückt bereits die Bezeichnung »sein (Jahwes?) Erstlingsstier« für Ephraim aus; denn schon der Stier an sich ist eine bildhafte Wendung für unbeugsame Tapferkeit und herrische Macht[50], so daß das Bild des Erstlingsstieres diese Eigenschaften in höchster Steigerung meint: der Mächtigste der Mächtigen[51]. Eine neue Seite schlägt das nächste Versglied an mit der Aussage, daß Jahwe diesem seinem Erstlingsstier Hoheit verliehen hat[52], weil das einen kriegerischen Erfolg Ephraims voraussetzt und zugleich ein Erwähltsein andeutet, wie es sich ausgesprochenermaßen in v. 16 von Joseph fand. Da der Stamm offenbar, wie dann auch das Bild der Wildstierhörner zeigt[53], über außerordentliche militärische Kräfte verfügt, ist auf diesem Boden die Herausbildung eines Herrschaftsanspruchs über alle Völker der Erde nur zu verständlich[54].

6. Der Spruch über die beiden Stämme Sebulon und Issachar ist ebenfalls von einer nicht zu ihnen gehörenden Person vorgetragen worden. An die Aufforderung im Imperativ (v. 18) schließt sich mit v. 19a die Schilderung eines Vorgangs an, die durch den mit כִּי eingeleiteten v. 19b begründet wird. Zugleich aber gibt dieser Versteil den Grund auch für die Aufforderung von v. 18 zu erkennen[55], da sich die jeweiligen Glieder im Parallelismus membrorum genau decken.

Demnach soll sich Sebulon seines »Auszugs«, der ihm den »Überfluß des Meeres[56]« einbringt, und Issachar seiner »Zelte« freuen, die ihm Anteil an den »verborgensten Schätzen[57] des Sandes« geben. In

---

[49] Das wollen die gewiß nicht buchstäblich zu verstehenden differierenden Zahlangaben ausdrücken; vgl. I Sam 18 7 21 12 29 5.
[50] Ps 22 13. — Vgl. dazu Wünsche, S. 46. 47, A. *, zum Gebrauch im Ägyptischen AOT, S. 19—21, und im Ugaritischen Løkkegard, S. 221—222; Eissfeldt, 1951, S. 56; Gray, SVT 1957, S. 117.
[51] Vgl. בְּכוֹר in Ps 89 28, aber auch in Gen 49 3.
[52] So u. a. Ps 8 6 21 6 45 4; wohl auch Ps 110 3.
[53] So vor allem Num 23 22 24 8 Ps 22 22.
[54] Beachte die hier erfolgte Ausweitung des ephraimitischen Herrschaftsanspruchs gegenüber dem Judas (Gen 49 10-12), Benjamins (Gen 49 27) oder Gads (Dtn 33 20-21).
[55] Vgl. Täubler, MGWJ 1939, S. 42—44.
[56] יַמִּים bezeichnet hier wie schon in Gen 49 13 das Mittelmeer; so u. a. auch Stade, I, 1887, S. 172; Heinisch, 1950, S. 118; Täubler, 1958, S. 127, A. 2.
[57] Das *hapax legomenon* שְׂפֻנֵי wird durch טמן als »vergraben«, »verstecken« oder »heimlich verbergen« bestimmt (Gen 35 4 Jos 2 6 7 21. 22 Jer 13 4-7). Wahrscheinlich meint diese Wendung »köstlichste, wertvollste Schätze« (vgl. Gesenius-Kautzsch,

beiden Fällen handelt es sich um beträchtliche Gewinne, die der eine aus ertragreichem Überseehandel und der andere aus einträglichem Karawanenhandel zieht, denn חוֹל in Verbindung mit אֹהֶל bezeichnet nicht den Sand an der Meeresküste[57a], sondern den der Steppe oder Wüste (Ex 2 12)[58].

Weil sich beide Stämme eines solchen Wohllebens und der mit allem wirtschaftlichen Erfolg verbundenen Hochschätzung von seiten ihrer Umgebung erfreuen können, laden[59] sie die umwohnenden Stämme (עַמִּים) zu Opferfesten ein, die, wie man heute mit Recht fast allgemein annimmt, auf dem Tabor[60] als dem auf der Grenze beider Stämme gelegenen, mit einem altehrwürdigen Heiligtum ausgestatteten Berg veranstaltet wurden. Deutlich weist der im AT noch Ps 4 6 51 21 belegte Ausdruck זִבְחֵי־צֶדֶק darauf hin, daß »richtige Opfer« die nur Jahwe dargebrachten Opfer sind[61].

Auffällig ist in diesem Zusammenhang der stark verhüllt erscheinende Hinweis auf den Berg Tabor einerseits und die kräftige Betonung der Jahwe-Opfer jenes Heiligtums anderseits, die damit als etwas Besonderes herausgestellt und mit den einträglichen Handelsgeschäften Sebulons und Issachars verbunden werden; denn von keinem anderen Stamm wird derartiges gesagt. So mag die Vermutung angebracht erscheinen, daß unser Spruch noch etwas von der für die damalige Zeit einzigartigen Wertschätzung jenes Bergheiligtums mit seinem Jahwe-Dienst durchscheinen läßt.

7. Der Spruch über den Stamm Gad fügt sich der von den meisten Sprüchen des Mose-Segens vorausgesetzten Situation leicht ein, da er wegen seines ersten Stichos als ein Preis- oder Dankgebet an Jahwe für die dem Stamm geleistete Hilfe bestimmt werden muß. Der zweite und dritte Stichos von v. 20 interpretieren den ersten Stichos[62] in

---

§ 133h), denn zu allen Zeiten war es üblich, das Kostbarste vor Räubern oder Feinden zu verbergen oder zu vergraben (z. B. Jos 7 21 II Reg 7 8).

[57a] So die gängige Annahme, kürzlich auch von W. Herrmann, S. 24.

[58] Vgl. dazu auch die gängige ägyptische Bezeichnung der Nomaden im Nordosten Ägyptens als »asiatische Sandbewohner« und ihre Heimat als »das Land der Sandbewohner« (dazu Erman-Ranke, S. 621. 623—624). — Daß in reichem Maß Karawanen durch Issachars Gebiet zogen, ist vor allem aus Jdc 5 6 (s. S. 83. 86) und den geographischen Gegebenheiten abzuleiten; denn durch die Ebene Jesreel, also mitten durch Issachars Land, führte die alte Karawanenstraße *darb el-hawārneh*; dazu vgl. u. a. Saarisalo, JPOS 1929, S. 32.

[59] Bertholet, S. 109; S. R. Driver, ³1902, S. 409; Budde, 1922, S. 39, fassen קרא als *terminus technicus* für das Einladen zu Opferfesten.

[60] So vor allem Eissfeldt, ARW 1934, S. 15, und viele andere, zuletzt v. Rad, I, ²1958, S. 30; Tournay, S. 200; Noth, 1960, S. 65, und W. Herrmann, S. 24.

[61] So u. a. wiederum Eissfeldt, ARW 1934, S. 15.

[62] Cross-Freedman, S. 195, A. 67 (S. 208).

einem Rückblick auf die jüngste Vergangenheit, der in v. 21 in Form einer Erzählung fortgeführt wird.

Aus v. 20 erfahren wir, daß Gad dank tatkräftiger Unterstützung seines Gottes Jahwe sein Gebiet in heldenmütigen, jeden Feind völlig vernichtenden Kämpfen[63] beträchtlich erweitern und danach — so der Vergleich mit einer besonders gegen Angreifer wild kämpfenden und deshalb unangreifbaren Löwin — sich einer durch seine gefürchtete Schlagkraft gesicherten Ruhe hingeben konnte[64].

v. 21 fährt im Ton eines nüchternen Berichts über die geschichtlichen Geschehnisse fort. Zu Beginn des Verses heißt es: Gad »ersah sich«, »erwählte für sich« in einer durch nichts abzuwendenden herrischen Entscheidung[65] die רֵאשִׁית. Was damit gemeint ist, kann nur von v. 21aβ.b her entschieden werden; denn dieser Versteil liefert die durch כִּי eingeführte Begründung dafür. So wird zunächst durch das zurückweisende שָׁם deutlich, daß mit רֵאשִׁית ein Land gemeint ist, und weiter zeigt die Wendung חֶלְקַת מְחֹקֵק, die eindeutig den »Feldbesitz des Stammesführers« bezeichnet[66], daß dieser Besitz ein Teil der רֵאשִׁית ist. Deshalb wird man רֵאשִׁית am zutreffendsten mit »Erstlingsland« wiedergeben und bei der Festlegung dessen, was hier speziell gemeint sein kann, bedenken müssen, daß jenes Erstlingsland für Gad deshalb so erstrebenswert war, weil es das Führerfeld in sich begriff. Obwohl die folgenden Wörter von סָפוּן bis עָם wahrscheinlich ein glossierender Zusatz mit Wörtern aus v. 5 sind[67], sind sie doch für das genaue Verständnis des »Führerfeldes« deshalb von Bedeutung, weil sie dieses als den Versammlungsort der Fürsten des Volkes noch

---

[63] Hier ist offenbar die sonst übliche Redewendung מִכַּף רֶגֶל וְעַד קָדְקֹד etwas modifiziert.

[64] Ein Teil des Vokabulars dieses Spruchs erscheint auch sonst in den Sprüchen, so שָׁכַן in Gen 49 13 Dtn 33 12 (bis!). 16 Jdc 5 17 (bis!), טֶרֶף in Gen 49 9. 27, der Vergleich כְּלָבִיא in Gen 49 9, קָדְקֹד in Gen 49 26 Dtn 33 16 und מְחֹקֵק in Gen 49 10 (Jdc 5 14).

[65] Diese Bedeutung hat רָאָה mit Acc. und לְ in Gen 22 8 und I Sam 16 1. 17.

[66] חֶלְקָה bedeutet in der Regel ein bestimmtes, fest umgrenztes Landstück, so Gen 33 19 Jos 24 32 II Sam 2 16 14 30 u. ö. — Zu מְחֹקֵק vgl. oben S. 13.

[67] Erstmalig wurde von GIESEBRECHT (ZAW 1887, S. 292—293) der Vorschlag gemacht, das סָפוּן zusammen mit v. 21bα nach LXX zu וַיִּתְאַסְּפוּן רָאשֵׁי עָם wiederherzustellen und es dann als Glosse aus v. 5 zu streichen. Erneut wurde dieses von HAYMAN (Proc. Cambridge Phil. Soc. 40, 1896, S. 8) vorgeschlagen, der aber סָפוּן mit »getäfelt« übersetzte und beibehielt. Letzteres nun korrigiert BURKITT (Encyclop. Biblica IV, 1903, Sp. 5030—5031: Art. Text and Versions), der den diese Konjektur erneut vorschlagenden GORDIS (JThSt 1933, S. 390—391) im JThSt 1934, S. 68, auf seine Vorgänger verweist, seinerseits dabei aber GIESEBRECHT übersieht.

genauer bestimmen⁶⁷ᵃ. So mag die Vermutung, daß es sich beim »Erstlingsland« um das Gebiet des Erstgeborenen Ruben⁶⁸ und beim »Führerfeld« um den Besitz des Stammesfürsten des führenden Stammes Israels handelt, als nicht völlig unbegründet erscheinen. Weil aber jenem Feldstück, wie die Glosse erkennen läßt, eine »gesamtisraelitische« Bedeutung zukam, mag es für Gad als noch erstrebenswerter erschienen sein, konnte er doch hoffen, mit dem Besitz dieser Lokalität auch die führende Rolle innerhalb der israelitischen Stämme zu erhalten.

Das kann durch das Folgende noch erhärtet werden; denn der Rest von v. 21 scheint in die gleiche Richtung zu zielen, indem er das Vorgehen und den Herrschaftsanspruch Gads rechtfertigen will mit dem Hinweis darauf, daß sein kriegerisch-brutales Einschreiten gegen Ruben auf Jahwes Geheiß hin erfolgte — deshalb unterstützte er ihn auch — und zu Israels Gunsten⁶⁹ geschah. An diesem Punkte wird die Ähnlichkeit der von unserem Spruch vorausgesetzten Situation mit der von Jdc 19—20 evident; denn hier wie dort handelt es sich um eine im Namen Jahwes und zugunsten Israels geschehene Strafexpedition gegen einen anderen israelitischen Stamm. Zugleich aber kann uns diese Parallele noch ein Stück weiter führen, weil sie mit dem als Schandtat »an Israel« gewerteten sexuellen Vergehen den Grund für ein solches richtendes Einschreiten erkennen läßt. Erwartet man etwas Ähnliches für unseren Zusammenhang, so bietet sich die gewiß ebenfalls als »Sünde an Israel« verstandene sexuelle Schandtat Rubens an Bilha (Gen 35 22a) an. Mit dem Hinweis darauf, Gad habe als Strafvollzieher Jahwes an Ruben wegen dessen ganz Israel in Mißkredit bringender Verfehlung fungiert, wird also in unserer Stelle sein herrisches Vorgehen begründet und sanktioniert. Das aber paßt wiederum gut zu der von den meisten Sprüchen des Mose-Segens vorausgesetzten Situation einer kultischen Stämmeversammlung.

8. Der Spruch über den Stamm Dan gehört formal zu den in Gen 49 mehrfach vertretenen Sprüchen, die im ersten Stichos, einem

---

⁶⁷ᵃ Überhaupt scheint, worauf Stoebe, RGG 4, Sp. 1156, hinwies, der die Sprüche umrahmende Psalm zumindest in seinem Grundstock älter zu sein, als man bislang anzunehmen bereit war. Die Anklänge an das Debora-Lied in v. 2 (dazu vgl. Bewer, ³1962, S. 20) reden eine deutliche Sprache. Sodann vereint sich die in v. 26-29 ausgedrückte Situation, daß »Israel« dank der tatkräftigen Mithilfe seines Gottes Jahwe im Lande festen Fuß gefaßt hat und nun behütet wohnt, gut mit dem von den einzelnen Sprüchen widergespiegelten Bild. Und nicht zuletzt paßt die Angabe von v. 5, derzufolge der Psalm auf einer doch wohl kultischen Stämmeversammlung erklang, ohne weiteres zu der aus den Sprüchen erschlossenen Tabor-Gemeinschaft.
⁶⁸ Vgl. רֵאשִׁית in Gen 49 3.
⁶⁹ Zu עִם in dieser Bedeutung vgl. Gen 24 12 32 10 Jos 2 12; vielleicht auch Ps 119 65.

Nominalsatz, den Stamm mit einem Tier vergleichen und von ihm in der 3. Person sprechen. Wie wir bei der Exegese der ebenfalls nur aus einem Vers bestehenden Bildersprüche (Gen 49 20. 21. 27) beobachten konnten, pflegt in der Regel der zweite Stichos die direkte Deutung des Bildes zu bringen, so daß sich v. 22b nicht, wie allgemein angenommen, auf das Löwenjunge von v. 22a, sondern auf den Stamm bezieht[70].

Das Bild eines »Löwenjungen« meint wie in Gen 49 9 ein gefräßiges, noch unter dem Schutz der großen Löwen lebendes Tier, das noch nicht stark genug ist, sich gefährlicher Gegner zu erwehren und deshalb in der Regel nicht zu eigenen Raubzügen auszieht. Übertragen wir das auf diesen Vers, so besagt er: Dan, ein zwar noch kleiner und deshalb gefahrvollen Kämpfen tunlichst aus dem Wege gehender Löwe, konnte doch, von Basan herkommend[71], in einem plötzlichen, für ihn kaum riskanten überfallartigen Handstreich einigen Erfolg erzielen[72].

9. Der Spruch redet von dem Stamm Naphtali in der 3. Person und ist ein Tristichon, dessen beide ersten Stichen Nominalsätze sind, der 3. Stichos aber die verdeutlichende Ausführung des in den voranstehenden Stichen Dargelegten enthält.

Der Spruch stellt fest, daß Naphtali gesättigt ist vom Wohlgefallen Jahwes[73] und angefüllt mit seinem Segen. Was das für den Stamm bedeutet, sagt v. 23b. Die Form יְרָשָׁה, deren gängige Erklärung als emphatischer Imperativ Qal in Pausa unbefriedigend ist[74], wird man am leichtesten mit Cross und Freedman[75] als Mischform aus dem Imperf. יִירַשׁ und dem emphatischen Imper. רְשָׁה bestimmen können, wobei der Imperativ zu dem Zweck, aus dem vorliegenden

---

[70] Man kann die Frage aufwerfen, warum der Dan-Spruch, der doch formal viel besser zu Gen 49 paßt, in Dtn 33 steht. Die Erklärung, daß dem Kompilator ein Nebeneinander des gleichen Bildes im selben Segen unpassend erschien, könnte einleuchten. Zutreffender erscheint es uns jedoch, daß dieser Dan-Spruch zusammen mit den anderen Sprüchen des Mose-Segens im Norden Palästinas kursierte und dort gesammelt wurde, unabhängig von dem mehr die südlichen Stämme berücksichtigenden Jakob-Segen. Dann müßte man die Gleichartigkeit des Bildes unter Hinweis darauf erklären, daß Juda einst der Nachbar Dans und daß Gen 49 9 bereits damals den Daniten bekannt war, ein weiterer Grund dafür, daß Gen 49 9 oder sein Grundstock älter als Dtn 33 22 ist.

[71] So wohl auch Garstang, 1931, S. 246: »The general direction of the new quest is briefly described in the Blessing of Moses«.

[72] Da זנק ein *hapax legomenon* ist, bleibt diese Deutung letztlich immer nur eine Möglichkeit, die nicht zur Wahrscheinlichkeit verdichtet werden kann.

[73] רָצוֹן wird, wie es in v. 16 ausgesprochenermaßen der Fall ist, auf Jahwe zu beziehen sein, was auch der Parallelismus membrorum fordert.

[74] So schon Olshausen, § 235a, vgl. § 234e.

[75] S. 195, A. 76 (S. 209).

Spruch einen Segensspruch Moses zu machen, neben das ursprüngliche Imperfekt getreten und schließlich mit diesem verbunden worden ist, wofür auch die Lesart des Samaritanus יירש spricht. Von der Bedeutung des Verbs ירשׁ her, das im Qal »in Besitz nehmen« mit dem im Hif. deutlich in den Vordergrund tretenden Untersinn »einen anderen dabei verdrängen« heißt, wird die Erklärung von v. 23b möglich. Offenbar konnte der Stamm sein Gebiet erweitern, worin man eine Auswirkung des auf ihm ruhenden göttlichen Wohlgefallens erblickte. Das aber befürwortet ein Verständnis von יָם und דָּרוֹם, das in beiden Wörtern Angaben für die Himmelsrichtungen »Westen« und »Süden« sieht[76], wofür ebenfalls auf das ימה des Samaritanus verwiesen werden kann[77].

10. Der Spruch über den Stamm Asser beginnt mit einem Segenswunsch, den v. 24bβ, der sich formal durch das andere Tempus — Partizip statt Jussiv — davon abhebt, begründet. Daran schließt sich mit den Nominalsätzen von v. 25 die nähere Ausführung des Wunsches an, wobei der Spruch deshalb in die Anredeform überwechselt, weil es in höchstem Maße um Asser selbst geht; denn vollmächtig werden ihm Schutz und Segen zugesprochen.

Da wir schon mehrfach in den Sprüchen des Mose-Segens auf Bildungen der beiden Wurzeln בָּרַךְ und רצה stießen — so in v. 11. 13. 16. 23 (vgl. auch v. 20) —, dürfen wir den bereits dort ermittelten Gehalt gewiß hier einsetzen. Der Wunsch geht also dahin, daß der Segen Jahwes und sein Wohlgefallen im besonderen Maße auf dem somit aus dem Kreise der Brüder herausgehobenen Stamm Asser ruhen mögen. Als Grund dafür gibt der nächste Stichos in seiner bildhaften, wohl auf eine mit kostbarem Öl vollzogene Fußwaschung anspielenden Redeweise[78] an, daß Asser in erstaunlichem Überfluß lebt. Das nun bildet zugleich auch die Voraussetzung für eine zutreffende Interpretation des folgenden Wunsches (v. 25), der offenbar, sieht man von einer Änderung des יְהִי von v. 24 ab[79], auf v. 24 zurückweist, indem er näher ausführt, wie sich für Asser die Zusage des göttlichen Segens und Wohlgefallens auswirken möchte. Denn eindeutig handelt es sich hier, mögen auch im einzelnen dem klaren

---

[76] So auch BODENHEIMER, S. 65; CASSUTO, S. 248; SAARISALO, 1927, S. 94; CROSS-FREEDMAN, S. 195, A. 75 (S. 208).

[77] Zu דָּרוֹם in dieser Bedeutung vgl. M. BURROWS, S. 142, und dazu MONTGOMERY, S. 130—131. — Leider ist das ugaritische *drm* (s. GORDON, III, Nr. 511; Text 13, rev 4; 98, 1—2) nicht sicher zu deuten und muß deshalb außer Betracht bleiben.

[78] MEYER, 1906, S. 542.

[79] CROSS-FREEDMAN, S. 196, A. 77 (S. 209), lesen das יְהִי als יִהְיֶה, und STEUERNAGEL, ²1923, S. 180, punktiert das ויהי des Samaritanus als וַיְהִי. Beides ergäbe einen besseren Aufbau: Zuerst Schilderung des Zustandes als Gesegneter (v. 24), dann v. 25 der Wunsch, diesen materiellen Reichtum in Zukunft erhalten zu können.

Verständnis mancherlei Schwierigkeiten im Wege stehen[80], um die Sicherung des erworbenen überreichen Besitztums Assers[81]. Weil Glück und Wohlstand immer Gefahr mit sich bringen, sollen die Riegel seiner Städte unzerbrechlich wie Eisen und Erz sein, und soll seine Kraft seinen Tagen gleichen, d. h. so andauernd wie sein eigenes Leben sein.

III. DIE SPRÜCHE IM DEBORA-LIED, JDC 5 14-15a. 15b-17. 18

1)

14 Von Ephraim (zogen) die, die in Amalek eingewurzelt,
    hinter dir, Benjamin, mit deinen Aufgeboten her.   4+3
   Von Makir stiegen zu Tal Führer
    und von Sebulon die mit dem Stammesszepter ' '.   4+3
15 Und meine Fürsten in Issachar (zogen) mit Debora,
   und wie 'Naphtali' so Barak,
    in das Tal entboten ihm auf dem Fuß.   3+3+3

2)

15b In den Sippen Rubens
    waren groß die Herzens'erwägungen'.   2+2
16 Warum hast du dich zwischen den Hürden niedergelassen,
    auf das Herdenzischen zu hören? ' '   3+3
17 Gilead hat sich jenseits des Jordan niedergelassen.
   ' ' Dan ' ' weilt als Fremder auf Schiffen.   4+3
   Asser hat sich in Richtung auf die Küste des Meeres angesiedelt
    und zu dessen Buchten hin niedergelassen.   4+3

3)

18 Sebulon ist ein Stamm, der sein Leben dem Tod preisgibt,
    auch Naphtali, auf den Höhen des Gebirges.   5+4?

1. In die Exegese der Stammessprüche werden auch die v. 14-15a des Debora-Liedes mit einbezogen, weil sie, obwohl keine Stammessprüche, sondern eine Liste der am Kampf beteiligten israelitischen

---

[80] Sowohl מִנְעָל als auch דֹּבֶא sind *hapax legom.*. Wird man ersteres nach dem verwandten מַנְעוּל als »Riegel« bestimmen dürfen (so u. a. Budde, 1922, S. 43; Steuernagel, ²1923, S. 181; Cassuto, S. 248), so kann für die Festlegung des letzteren auf die LXX mit ihrem ἰσχύς wie auch auf das ugaritische *db'atk* (IV AB II, 21—22) verwiesen werden; vgl. dazu Gordon, Ug. Grammar, 1940, S. 36, A. 4, der das *db'at* von Dtn 33 25 her versteht, während Jirku, FuF 1958, S. 212, von dem Ugaritischen her unser דֹּבֶא deutet, und E. Kutsch, Salbung (BZAW 87), 1963, S. 8, A. 45.

[81] So eigentlich nur Keil, 1862, S. 574, und König, 1917, S. 233.

III. Die Sprüche im Debora-Lied

Stämme[1], als Quellen für deren frühe Geschichte von hervorragender Bedeutung sind.

Die Aufzählung beginnt mit dem Stamm Ephraim. Da der Eingang des schwierigen v. 14a dem des klaren v. 14b entspricht, wird man ihn von dorther interpretieren müssen. So kann es nicht zweifelhaft sein, daß, durch מִנִּי ausgedrückt, lediglich ein bestimmter Teil Ephraims gemeint ist. Die nähere Bezeichnung dieses Trupps kann nur in den beiden folgenden Wörtern שָׁרְשָׁם בַּעֲמָלֵק gefunden werden. Das Nomen שֹׁרֶשׁ, im AT weithin in übertragenem Sinn gebraucht[2], drückt einigemale auch »Festigkeit«, »Bestand« aus[3]. Demnach bezeichnet diese Wendung den Teil Ephraims, der sich »in Amalek« festsetzen konnte. Was hier mit »in Amalek« gemeint ist, ist deshalb so schwer zu bestimmen, weil das AT die Amalekiter als ein uraltes (Num 24 20), südlich von Israel im Negeb wohnendes (Gen 14 7 Ex 17 8-16 Num 13—14) und mit Israel in Erbfehde lebendes Volk (Ex 17 16) kennt. Immerhin gibt es noch einige Nachrichten, die sich mit diesem Bild nicht vereinen lassen[4]. So erwähnt Jdc 6 3. 33 7 12 die Amalekiter zusammen mit den Midianitern und den »Östlichen« bei Überfällen auf die Ebene Jesreel, und nach Jdc 3 13 treffen wir diese im Bunde mit Ammon und Moab bei Raubzügen im Westjordanland in der Höhe Jerichos an. Setzen diese Nachrichten voraus, daß die Amalekiter nicht nur südlich, sondern auch östlich von Israel lebten und von dorther aufs Kulturland übergriffen, so mag es als durchaus begreiflich erscheinen, wenn zumindest kleine Teile von ihnen sich im Laufe der Zeit im mittelpalästinischen Raum festsetzen konnten, und das noch viel eher, weil ja unser Amalek ein vor den Israeliten erfolgtes Eindringen erwarten läßt.

Bestätigt werden diese Vermutungen einmal durch den offenbar ähnlichen Vorgang bei den ebenfalls von Haus aus im Negeb beheimateten Kenitern, deren zwei Vertreter wir Jdc 5 24 im Norden Palästinas und dabei, wenn nicht gar auf Seiten Israels, so doch auf alle Fälle wie diese in Gegnerschaft zu den einheimischen Herren finden, und zum anderen durch die Nachricht, daß Saul gegen die Amalekiter gekämpft hat (I Sam 14 48 15 1ff. 28 18), denn das ist bei der vorauszusetzenden geringen

---

[1] Anders jüngst WEISER, ZAW 1959, S. 84—86, und ihm folgend SCHUNCK, S. 52, die Jdc 5 wegen v. 31 als Jahwe-Hymnus, deshalb auch v. 14-15a und v. 15b-17 als Liste der an dieser Jahwe-Feier teilnehmenden bzw. fehlenden Stämme bestimmen. Erst mit v. 18 beginne die Erinnerung an den Kampf. Daran ist auf alle Fälle die Loslösung des v. 18 von v. 15b-17 richtig. Zur Art von Jdc 5 als eines typisch nomadischen Kriegsliedes vgl. auch SEALE, JBL 1962, S. 343—347.
[2] So bei 24 von insgesamt 33 Belegen.
[3] Hos 14 6 Prov 12 3. 12 u. ö.; so auch die Wurzel שׁרשׁ etwa Jes 27 6 Jer 12 2 Ps 80 10, Jes 40 24 sogar mit בְּ konstruiert.
[4] Vgl. ROBINSON, 1932, S. 100—101, und VAN ZYL, S. 126.

Ausdehnung seines Königtums[5] nur dann voll verständlich, wenn es sich nicht um die für Saul im fernen Süden befindlichen Amalekiter handelte, sondern um solche, die in nächster Nähe Benjamins lebten und erst dadurch für ihn ein Dorn im Auge waren[6]. Auf diesem Hintergrund erschließt sich die Nachricht II Sam 1 8.13, daß — offenbar nach Einverleibung ihres Gebietes — auch ein Amalekiter in Sauls Diensten stand. Von daher fällt auf die Notiz über den kleinen Richter Abdon, er sei in Pirathon auf dem Gebirge Ephraim am Berg des Amalekiters begraben worden (Jdc 12 15), einiges Licht, so daß sie ihrerseits die angestellten Erwägungen zu erhärten vermag. Denn sie setzt voraus, daß in Mittelpalästina, vielleicht sogar in Sichems näherer Umgebung[7], ein Bergzug nach einem gewiß dort ansässigen Amalekiter benannt worden ist[8].

Damit ist deutlich geworden, was v. 14a ausdrückt. Ephraimiten, die in dieser Gegend auf den mittelpaläſtinischen Gebirgszügen festen Fuß gefaßt hatten, folgten dem Aufruf der Debora zum Kampf gegen die kanaanäischen Herren im Norden und schlossen sich dem voranziehenden benjaminitischen Heerbannaufgebot an. Das letztere sagt unmißverständlich der nächste Stichos aus, in dem das partitive מִן fehlt, in dem der Plural עֲמָמִים den sich aus den verschiedenen Klans zusammensetzenden Heerbann bezeichnet[9] und in dem sowohl die Anrede des Stammes Benjamin als auch das אַחֲרֶיךָ keine andere Erklärung zulassen[10]. Diese Erhebungen können durch Erwägungen anderer Art noch verdeutlicht werden.

Schon immer ist es aufgefallen, daß bei der Aufzählung der am Kampf beteiligten Stämme von Süd nach Nord Benjamin, aber nicht Ephraim als der südlichste Stamm nun auch als erster hätte genannt werden müssen. Schließt sich, wie wir feststellten, der genannte Trupp Ephraimiten dem voranziehenden Stamm Benjamin an, ist auch dies eine erneute Bestätigung unserer Annahme.

Weiter ist in diesem Zusammenhang die Tatsache, daß nur von Benjamin ausdrücklich Kampfscharen, aber keine Führer erwähnt

---

[5] So auch jüngst S. HERRMANN, Sp. 570; vgl. dazu I Sam 22 7-8 u. G. WALLIS, Die Anfänge des Königtums in Israel (WZ Halle 12, 1963, S. 239—247), S. 245. — Anders SCHUNCK, S. 114. Aber gerade die von ihm S. 114—115 zu Recht erschlossene kriegerische Aktion Sauls gegen das kanaanäische Gibeon legt es nahe, daß Saul lediglich um Bereinigung seiner allernächsten Umgebung bemüht war.

[6] Daß dieser Feldzug zu Anfang von Sauls Regierungszeit stattfand (so STADE, I, 1887, S. 223), könnte die Vermutung stützen, daß sich Saul zuerst gegen seinen nächsten Gegner, darauf gegen die Philister wandte.

[7] Pirathon, das heutige farʿata, liegt 10 km sw von Sichem.

[8] Immerhin ist es auch möglich, daß nur noch der Name Amalek an dieser vom eigentlichen Gebiet der Amalekiter entfernten Lokalität haftete, ohne daß sie selbst dort lebten. Vgl. auch die Bezeichnung »Wald Ephraims« (II Sam 18 6) im Ostjordanland.   [9] Vgl. ALBRIGHT, JPOS 1922, S. 82.

[10] Vgl. die ausführlichen Darlegungen zu v. 14a von TÄUBLER, 1958, S. 136—141, und SCHUNCK, S. 54—55.

werden, auffällig und bedarf einer Erklärung. Jdc 4 4ff. berichtet, daß Debora »zwischen ha-Rama und Bethel auf dem Gebirge Ephraim« die Fackel des Widerstandes anzündete, indem sie den Naphtaliten Barak mit den entsprechenden nördlichen Stammeskontingenten zum Tabor beorderte und ihm gleichzeitig ihre Hilfe zusagte. Nun kann es nicht fraglich sein, daß es sich bei der Ortsangabe um rein benjaminitisches Land handelt, Debora also im geistigen und politischen Zentrum Benjamins aufgetreten ist.

In der Regel betrachtet man Debora unter Hinweis auf Jdc 5 15 als Issacharitin[11]. Dann müßte man aber einleuchtend erklären können, warum sie sich zur Vorbereitung des Kampfes auf benjaminitischen Boden begibt. Gewiß wäre dabei auf die kriegerische Bedeutung jenes Stammes zu verweisen. Aber gerade dann wäre noch unverständlicher, warum Jdc 5 14 keinen Führer aus ihm nennt. Abgesehen von der Unsicherheit des Textes von Jdc 5 15, der zur Begründung einer solchen These wahrhaft nicht geeignet ist, löst sich bei der Annahme, Debora habe dem Stamm Benjamin angehört, alles am besten auf: Debora, die ihren Sitz deshalb auch im benjaminitischen Landesteil hatte, ruft von dort die anderen Stämme zum Kampf auf und führt als Erste des ersten Stammes dessen darum auch besonders zu erwähnendes Kontingent an, dem sich die anderen Stämme anschließen.

Weiter in der Aufzählung nach Norden fortschreitend wird der offensichtlich nördlich Ephraims, aber südlich Issachars, also im Gebiet Manasses ansässige Makir mit dem Hinweis, daß von ihm die Führer, gewiß mit ihrer militärischen Gefolgschaft[12], sich am Aufgebot beteiligten und ins Tal hinabstiegen, erwähnt.

Von den nördlich des Schlachtfeldes wohnenden Stämmen ist Sebulon, von dem ebenfalls die Stammesfürsten[13] mit ihrer Mannschaft herbeikamen, dem Aufruf der Debora gefolgt.

Ein hinlänglich gesichertes Verständnis des v. 15a zu erreichen, ist außerordentlich schwer. Lassen wir alle fraglichen Punkte zunächst außer Betracht, so steht fest, daß Issachars Fürsten am Kampf teilnahmen. Will man שָׂרַי nicht unter gleichzeitiger Tilgung des folgenden בְּ zu שָׂרֵי ändern[14], kann der Text nur lauten: »meine Fürsten in[15] Issachar«, wobei das Suffix auf den Dichter bzw. Sprecher des

---

[11] So u. a. LODS, 1932, S. 338; AUERBACH, ²1938, S. 111; TÄUBLER, 1958, S. 114. 139.
[12] Vgl. dazu Jdc 5 19, wo ebenfalls nur »die Könige Kanaans« als am Kampf teilnehmend genannt werden, gewiß aber ihr Heer mitgemeint ist.
[13] סֹפֵר ist wohl Glosse; s. die treffliche Begründung bei GRETHER, 1941, S. 44.
[14] Das taten u. a. zuletzt HERTZBERG, 1957, S. 171, und WEISER, ZAW 1959, S. 87.
[15] בְּ dient hier möglicherweise zur Umschreibung des Genitivs; vgl. dazu AUG. GRÄFENHAN, Die Präposition ב als Bezeichnung des hebräischen Genitiv (Jahres-Bericht über das Königl. Gymnasium zu Eisleben), 1870.

Liedes bezogen werden muß, für den nach Auskunft des Liedes selbst weder Debora noch Barak in Frage kommen (Jdc 5 7. 12[16]). Wenn v. 15a so gedeutet werden darf, müßte man an einen Angehörigen des Stammes Issachar denken. Dazu könnte passen, daß gerade dieser Stamm vom siegreichen Ausgang des Kampfes am meisten profitiert hat[17], und daß deshalb, weil der Stamm zu den Mitbegründern der Tabor-Gemeinschaft gehörte (vgl. Dtn 33 18-19), einer seiner Angehörigen gut als Dichter des Liedes vorstellbar ist.

Der andere gesicherte Punkt des Verses ist die Beteiligung und Nennung Baraks. Er ist durch v. 12b so fest mit dem Kampf und dem Lied verbunden, daß seine Erwähnung in v. 15a durchaus sinnvoll ist. Zugleich zeigt v. 12b, daß dieser Kampf für Barak ein willkommener Anlaß war, eine persönliche Rechnung zu begleichen: Er will die niederschlagen, die ihm nach dem Leben trachten[18]. Damit verweist v. 12b auf Jdc 4*, wo von dem vor der Debora-Schlacht liegenden erfolgreichen Kampf Sebulons und Naphtalis gegen Jabin von Hazor unter Führung Baraks berichtet wird. Daß andere kanaanäische Herren aus der Umgebung Hazors diesen ihnen durch den Sieg zu mächtig gewordenen Feind auszuschalten trachteten, leuchtet ohnehin ein, aber auch, daß Debora dem bereits im Kampf gegen die Kanaanäer bewährten Barak diese neue militärische Aufgabe überträgt. Dann darf hier aber, da Sebulon bereits v. 14 genannt ist, eine Erwähnung des zu Barak gehörenden Stammes Naphtali mit Recht erwartet werden. Der Grund für sein Fehlen muß in der erneuten Nennung Naphtalis in dem wahrscheinlich erst später hinzugefügten v. 18 gesehen werden.

Ist zwar damit das sachliche Verständnis von v. 15a einigermaßen geklärt, so bleibt doch der diesem entsprechende Wortlaut, vor allem des zweiten Stichos, unsicher; am wahrscheinlichsten ist die Ersetzung des zweiten »Issachar« durch »Naphtali«[19], so daß dieser Stichos lautet: »und wie Naphtali so Barak«, wobei das vergleichende כְּ vor Naphtali fehlt wie etwa auch Ez 22 20.

Der dritte Stichos schließlich — Tristicha finden sich noch v. 3. 4. 10. 11, also deshalb keineswegs verdächtig — drückt aus, daß die Stämme ihm, Barak, als ihrem Führer auf dem Fuße folgten; er bezieht sich also dem Sinn nach auf alle zuvorgenannten Stämme.

2. Fast allgemein sieht man in den auf die Liste der am Kampf beteiligten Stämme folgenden Versen (v. 15b-17) eine Aufzählung der

---

[16] שַׁקַּמְתִּי (v. 7) ist eine alte Form der 2. f. sing. des Perfekts, und שִׁיר (v. 12) bedeutet hier »Spruch« oder ähnliches, bezieht sich also nicht auf das Lied.

[17] So u. a. MEYER, 1906, S. 536; AUERBACH, ²1938, S. 113; BRIGHT, 1959, S. 158.

[18] v. 12b ist mit WELLHAUSEN, ³1899, S. 217, zu übersetzen: »Wohlan, Barak! Fange deine Fänger, Sohn Abinoams!«

[19] So zuletzt VINCENT, S. 54, und MOWINCKEL, ²1961, S. 137, A. 15.

Stämme, die dem Aufruf zur gemeinsamen Tat gegen die Kanaanäer nicht Folge leisteten. Das wird auch zutreffen, obwohl die zwischen beiden Abschnitten bestehenden inhaltlichen und formalen Unterschiede dabei nicht verwischt werden dürfen. Denn während v. 14-15a eine Aufzählung ist, in der deutlich das Hinabsteigen der Stämme zum Kampf ausgedrückt wird, fehlt in v. 15b-17 eine entsprechende, etwa die Ablehnung des Aufrufs oder ähnliches enthaltende klare Aussage[20]. Statt dessen stößt man auf Feststellungen, die keinen direkten Bezug auf das eigentliche Geschehen, dafür aber vor allem in ihrer Thematik — Ansiedlung im Kulturland —, dann auch in ihrer Form — Aussagen im Verbalsatz über den jeweiligen Stamm mit dessen Namen an der Spitze des Satzes — eine nicht zu übersehende Verwandtschaft mit den uns bekannten Sprüchen des Jakob- und Mose-Segens erkennen lassen. So trifft die von GRETHER[21] ausgesprochene Erkenntnis, daß »das Wort über Ascher... und die Worte über Gilead, Sebulon und Naphtali im Anklang an uns verlorene Stammessprüche formuliert oder die zuletzt genannten als fertige Stammessprüche direkt übernommen« worden seien, durchaus das Richtige und ist vermutlich noch auf die Sprüche über Ruben und Dan auszudehnen.

Der Spruch über den Stamm Ruben beginnt in v. 15b[22] als »reine Feststellung«[23]. Da פְּלַגּוֹת am ehesten die Unterabteilungen eines Stammes bezeichnet[24], sagt der Vers über Ruben aus, daß dort der Aufruf zur Teilnahme am Kampf als verpflichtend empfunden wurde und große Überlegungen auslöste, ob man sich beteiligen solle oder nicht. Man erwartet daraufhin, daß das Folgende die möglicherweise mit einer diesbezüglichen Begründung versehene Entscheidung Rubens mitteile. Statt dessen folgt ein direkt an ihn in der 2. Person gerichteter Fragesatz[25], der zudem im Perfekt steht und von etwas anderem spricht; denn ישׁב ist hier wie in v. 17, wo es parallel zu שׁכן gebraucht wird, ein *terminus technicus* für die Ansiedlung eines Stammes. מִשְׁפְּתַיִם bezeichnet die auch archäologisch nachgewiesene, dem Schutz der Weidetiere vor Angreifern dienende Gabelhürde des Ost-

---

[20] Eine ähnliche Beobachtung bei SMEND, 1963, S. 16, A. 26. — Zu v. 15b-16a und dem לָמָה von v. 17aβ vgl. unten die Exegese.
[21] 1941, S. 55.
[22] v. 16b scheint eine den Schreibfehler חִקְקֵי in v. 15b zu חִקְרֵי korrigierende Glosse zu sein, der dabei aber das andere Versehen, לִפְלַגּוֹת statt בִּפְלַגּוֹת, unterlief.
[23] WEISER, ZAW 1959, S. 88.
[24] So u. a. auch NYSTRÖM, S. 45. — In dieser Richtung versteht SEGOND, S. 41, unter Hinweis auf eine sich bei RENAN, Mission de Phénicie, Paris 1864, S. 712, findende Inschrift das einfache פֶּלֶג.
[25] Anders WINCKLER, II, 1900, S. 131, A. 25 (S. 134), der unser לָמָה dem phöniz. *lam* gleichsetzt; vgl. auch unten S. 51, A. 33.

jordanlandes[26] und עֲדָרִים [27]שְׁרִקוֹת das Zischen der Hirten, durch das die verstreut weidenden Herden bei drohender Gefahr angetrieben werden[28]. Der Vers erhebt also gegen Ruben den Vorwurf, daß er sich zwischen den Hürden, d. h. im Ostjordanland[29], niedergelassen hat und nun in ständiger Bereitschaft leben muß, räuberischen Feinden sogleich entgegenzutreten.

Daraus erhellt, daß v. 16a die »historische« Begründung der »Herzenserwägungen« von v. 15b ist. Nur deshalb, weil jener Vers die durch den Aufruf zur Teilnahme ausgelöste Reaktion schildert, mag aus v. 15b-16a auch der Grund für Rubens Fernbleiben ersichtlich sein. Denn weil er sich im Ostjordanland zur Viehzucht niederließ, war ihm eine die Entblößung seines Gebiets an wehrfähigen Männern bedingende Teilnahme am Kampf im Westjordanland unmöglich. Daraus eine bereits eingetretene Schwächung Rubens zu folgern[30], geht nicht an, da obendrein kein einziger ostjordanischer Stamm sich am Kampf beteiligte. Offenbar lagen ihnen die ganz anders gearteten Probleme des Westjordanlandes zu fern.

Auch wenn nicht eindeutig zu beantworten, muß doch angesichts des folgenden v. 17(. 18) die Frage gestellt werden, ob nicht schon in v. 15b-16a Spuren eines alten Stammesspruches festzustellen sind. Von vornherein scheidet dafür v. 15b aus, da er den Zustand im Stamm Ruben z. Z. der Vorbereitung der Schlacht schildert, also sehr gut vom Dichter des Debora-Liedes selbst geschaffen sein kann. Hingegen scheint v. 16a wegen seiner inhaltlichen Berührung etwa mit Gen 49 13. 14. 19 Jdc 5 17aα.b zumindest im Anklang an einen solchen alten Spruch formuliert worden sein, der etwa: »Ruben hat sich zwischen den Hürden niedergelassen etc.« gelautet haben mag[31].

Der nächste Vers (v. 17) nennt die drei Stämme Gilead, Dan und Asser. Er beginnt im ersten Stichos mit einer historischen Feststellung: »Gilead hat sich jenseits des Jordan niedergelassen«. Dabei ist Gilead hier unzweifelhaft Stammesname[32]. Das Perfekt verweist den Landnahmevorgang Gileads deutlich in die Zeit vor dem Debora-Lied.

Der Inhalt dieses Versteils, der somit keinen direkten Bezug zum eigentlichen Geschehen erkennen läßt, wie auch seine Form — Aussage mit dem Stammesnamen an der Spitze — weisen ihn als Anfang

---

[26] Dazu vgl. oben S. 16.
[27] Daß שׁרק nie von Tieren gebraucht wird, hatte bereits BISSINGER, S. 51, beobachtet.
[28] So die ansprechende Erklärung EISSFELDTS, FuF 1949, S. 9—10; ib. 1954, S. 54—56.
[29] S. oben S. 16, A. 74.
[30] Z. B. SEGOND, S. 79, und OLMSTEAD, S. 278.
[31] Anders BLENKINSOPP, Bibl 1961, S. 72.
[32] So unlängst auch HOFTIJZER, S. 244—252. — Anders u. a. GUTHE, S. 55, und NOTH, 1930, S. 36.

eines alten Stammesspruches aus, den der Dichter des Debora-Liedes heranzog, um auf diesem Wege das Fehlen des Stammes auszudrücken.

In gleicher Weise ist auch der zweite Stichos mit seiner Aussage[33] über den Stamm Dan zu verstehen. Mit אֳנִיּוֹת sind hier wie fast durchweg[34] die auf den Weltmeeren verkehrenden großen Handels- oder Kriegsschiffe gemeint, und יָגוּר drückt aus, daß es fremde Schiffe waren[35], auf denen Dan Dienstleistungen versah. Er braucht also nicht unbedingt an der Küste gewohnt zu haben, sondern kann sich genausogut von binnenländischen Wohnsitzen aus dazu verdungen haben.

Wie der Spruch über Gilead ist nun auch der über den Stamm Asser zu verstehen. Er enthält eine Aussage über die Tatsache und den Ort seiner bereits abgeschlossenen[36] Ansiedlung. Beide Stichen von v. 17b sind einander parallel, so auch חוֹף יַמִּים und מִפְרָצָיו, dessen Singularsuffix sich deutlich auf יַמִּים bezieht und dieses als Flächenplural »das große Meer« ausweist[37].

Die Aussage, daß sich Asser in der Nähe der nördlicheren Mittelmeerküste hat niederlassen können, zeigt in jeder Hinsicht starke Ähnlichkeit zum Sebulon-Spruch des Jakob-Segens. Indes werden alle Versuche, nur einen der beiden Sprüche als ursprünglich gelten zu lassen[38], unter Hinweis auf das den Stammessprüchen eigene und vom behandelten Gegenstand her bestimmte eng umgrenzte, geprägte Repertoire an Wörtern und Wendungen abzuweisen sein.

3. Bleibt noch der Spruch über Sebulon und Naphtali (v. 18). Daß dieser ein Stammesspruch ist, hat GRETHER[39] richtig beobachtet; denn mit je einem Stammesnamen beginnt jeder der beiden Stichen, die in der Aussageform stehen und obendrein Nominalsätze sind.

Von beiden Stämmen gilt die Feststellung, daß sie sich todesmutig in den Streit warfen; als Ort des Kampfes werden »die Höhen des Gefildes« oder besser: »des Gebirges[40]« angegeben. Das aber paßt schwerlich zum Kampf in der Jesreel-Ebene (Jdc 5; 4*). Die verschiedenen Versuche zum Ausgleich beider Angaben können nicht über-

---

[33] לָמָה von v. 17aβ ist offenbar in Anlehnung an das von v. 16a hier eingefügt worden, denn es stößt sich empfindlich mit der 3. Person des Verbs und stört obendrein das Metrum. — Versuche, es von dem phöniz. *lam* »nicht« bzw. dem *lami* »nicht mehr« der Amarna-Briefe herzuleiten, vgl. bei WINCKLER, II, 1900, S. 131 u. A. 25 (S. 134), bzw. RIESSLER, BZ 1909, S. 270.

[34] Anders nur Hi 9 26.   [35] HAUPT, BZAW 1914, S. 205, A. 47.

[36] Zum Imperfekt, das auf ein Perfekt folgt, vgl. oben S. 31, A. 15.

[37] Zu diesem wie auch zur Deutung von חוֹף vgl. oben S. 15.

[38] Für die Ursprünglichkeit von Jdc 5 17b traten ein u. a. MEYER, 1906, S. 537, und RIESSLER, ThQ 1908, S. 495; das Umgekehrte nahm jüngst VAWTER, S. 7, an.

[39] A. a. O. (s. S. 49, A. 21).

[40] So PETERS, Hebr 1886—87, S. 115—116; BATTEN, S. 37, A. 9; RIESSLER, BZ 1909, S. 270, und HAUPT, ZAW 1909, S. 286 u. A. 3.

zeugen⁴¹, zumal diese inhaltliche Differenz nicht der einzige Grund des Anstoßes in v. 18 ist. Denn zu jeder Zeit ist aufgefallen, daß zumindest Sebulon, wahrscheinlich aber auch Naphtali als einzige Stämme im Debora-Lied zweimal genannt werden, wobei der allerdings nur formale Unterschied, daß v. 14 die Stammesführer, v. 18 dagegen den ganzen Stamm ohne diese nennt, für unseren Zusammenhang bedeutsam ist⁴².

Zu diesen Schwierigkeiten treten noch die mit der strophischen Gliederung des Liedes zusammenhängenden hinzu. In der Regel legt man die erste Zäsur im Abschnitt v. 14-18 hinter v. 15a. Mit der Liste der am Kampf beteiligten Stämme kontrastiert gut v. 15b-17, wo die dem Streit ferngebliebenen genannt werden. Mit v. 19 beginnt dann die Schilderung der Schlacht. Demnach hängt v. 18 in der Luft. Das hat zur Folge, daß dieser Vers entweder anders erklärt oder umgestellt⁴³ oder gar der ganze Abschnitt v. 14-18 verschieden unterteilt wird⁴⁴, wobei Einhelligkeit auch nur weniger Stimmen nicht erzielt werden konnte. Hinzu kommen noch die metrischen Unterschiede, die, ganz gleich, ob man v. 18 als $5+4$ oder $6+3$ bestimmt, unseren Vers deutlich vom Vorhergehenden abheben.

Daraus kann nur der eine Schluß gezogen werden, daß v. 18 von Haus aus dem Debora-Lied nicht angehört hat. Die Zusammenstellung von Sebulon und Naphtali sowie die Angabe, daß sie todesmutig im Bergland kämpften, befürwortet eine Verbindung dieses Verses mit dem Jdc 4*⁴⁵ und Jos 11 1-9(10-12) genannten Kampf der beiden Stämme unter Führung Baraks gegen Jabin von Hazor, der, wie Jdc 5 12 mit der Aufforderung an Barak, seine Fänger zu fangen⁴⁶, zeigt, der Auseinandersetzung von Jdc 5 vorausging. Die Aufnahme von v. 18 in das Debora-Lied wurde einerseits dadurch ermöglicht, daß zu den Resten von Stammessprüchen (v. 15b-17) leicht noch ein solcher hinzuwachsen konnte, und anderseits dadurch, daß in beiden Kämpfen Barak der militärische Führer war und daß sich die genannten Stämme an beiden Schlachten beteiligten. Und das nun mag seinerseits erst das Zusammenwachsen beider Kampferzählungen in Jdc 4 erleichtert oder sogar bewirkt haben; denn das Lied ist älter als der Prosabericht.

---

⁴¹ Vgl. etwa LAGRANGE, 1903, S. 96—97; S. R. DRIVER, Exp 1912, S. 38; SELLIN, Fs-Procksch 1934, S. 160; LUSSEAU, Pe Cat 1948, 8, S. 68, und WEISER, ZAW 1959, S. 89—90, die jeder für eine andere Deutung plädieren.

⁴² Vgl. GRAETZ, MGWJ 1882, S. 202.   ⁴³ Hinter v. 14: MARQUART, S. 6; RUDOLPH, S. 199—200. Hinter v. 15a: GRETHER, 1941, S. 47—49.

⁴⁴ In v. 15b-18: RUBEN, JQR 1898, S. 541 u. ö.; LAGRANGE, 1903, S. 94; GERLEMAN, VT 1951, S. 172—173. — In v. 15b-16. 17-18: MEIER, 1856, S. 83—84 u. ö.; PIATTI, S. 166; BLENKINSOPP, Bibl 1961, S. 71. — In v. 15b-17. 18-22: LAGRANGE, RB 1900, S. 220—224, und in v. 15b-16. 17. 18: RICH, S. 57.

⁴⁵ So schon MORGENSTERN, JQR 1918—19, S. 368, A. 10. — Zur Analyse von Jos 11 und Jdc 4 vgl. EISSFELDT, 1922 u. 1925.   ⁴⁶ Dazu s. oben S. 48, A. 18.

2. KAPITEL:
FORM- UND GATTUNGSGESCHICHTLICHE ERWÄGUNGEN

Die Exegese von Gen 49, Dtn 33 und Jdc 5 15b-18 hat die Annahme, daß diese Gebilde Kompositionen von ursprünglich selbständig umlaufenden Einzelsprüchen sind, bestätigt. Es konnte dabei festgestellt werden, daß den Sprüchen ein begrenzter geprägter Schatz an Wörtern und Wendungen, der auf einer ihnen gemeinsamen Gedanken- und Vorstellungswelt beruht, sowie eine deutliche Formensprache, in der sie sich äußern, eigen ist[1]. Diese handgreiflichen Übereinstimmungen lassen sich am besten bei Annahme einer sie alle umfassenden Gattung erklären.

Es soll hier die schon bei RENAN[2] anklingende, aber erst durch GRESSMANN[3] eindeutig definierte Bezeichnung der Gattung »Stammesspruch« übernommen, dabei aber nicht weiter geprüft werden, ob die von GRESSMANN skizzierte, von HANS-JOACHIM KITTEL jüngst aufgenommene, dabei aber z. T. stark modifizierte Bestimmung der Grundformen dieser Gattung wie auch ihre von ihm erstmalig ausgeführte Traditionsgeschichte in allen Punkten zu Recht besteht oder nicht[4]. Diese Probleme sind für unsere Fragestellung nach dem geschichtlichen Gehalt der Sprüche weithin belanglos.

Im folgenden sollen lediglich einige aus der Form- und Gattungsgeschichte der Sprüche sich ergebende Überlegungen, die der Festlegung des geschichtlichen Gehalts der Sprüche förderlich sein können, angestellt werden[5].

---

[1] Vgl. GUNKEL, ²1925, S. 109.

[2] S. oben S. 1, A. 4.

[3] A. a. O. (S. 2, A. 6).

[4] KITTEL, 1959. — Die von ihm vorgenommene Bestimmung der Grundformen als »Vergleiche« und »Beschreibungen« scheint deshalb fraglich zu sein, weil Vergleiche selbst in die Beschreibungen eingebaut sind. Obendrein sind es keine ausgesprochenen Vergleiche mit »wie«, sondern Bildworte, bei denen »zwei nicht zusammengehörige Dinge ... unvermittelt ... zueinander gestellt« werden (JOLLES, S. 137), nicht aber ein Zug der Sache mit dem entsprechenden des Bildes verglichen wird. So mag es ratsamer erscheinen, unter der Voraussetzung, daß der kurze, ein- oder zweizeilige Spruch die Keimzelle einer Gattung bildet (dazu vgl. JACOB, ²1897, S. 194; GRESSMANN, ZAW 1924, S. 289; DE GOEJE, S. 155; GUNKEL, ²1925, S. 55), von Aussage oder Darstellung (JOLLES, S. 134—135), deren Stilmittel zunächst Bildworte im Nominalsatz, dann aber Verbalsätze sein können, und von Wunsch zu reden. Diese Grundformen wurden im Zuge der Tradition erweitert und »jahwesiert«.

[5] Es sei ausdrücklich darauf hingewiesen, daß die folgenden Ausführungen auch nicht der Versuch zu einer Traditionsgeschichte der Stammessprüche sein wollen.

Bevor wir jedoch in eine mehr die speziellen Einzelheiten der Sprüche ins Auge fassende Erörterung eintreten, erscheinen einige grundsätzliche Erwägungen angebracht, die es ermöglichen, den geschichtlichen Ort der Stammessprüche näher zu kennzeichnen. Dabei muß ihr Inhalt an erster Stelle stehen. Durchweg ist in ihnen, wie die Exegese zeigte, von Ereignissen die Rede, die für den jeweiligen Stamm von Bedeutung waren und die um die Themen kriegerische oder friedliche Erfolge bei der Landnahme, Wohlstand und reiche Fülle des Lebens oder Macht und Ansehen kreisen. Stets stehen der Stamm und sein Ergehen im Mittelpunkt des Interesses.

Daraus erhellt, daß die Entstehung solcher Sprüche nur innerhalb der Zeit des lebendigen Stammesbewußtseins denkbar ist. Das bestätigt ein Blick auf ähnliche Erscheinungen der arabischen Poesie[6], denn auch dort ist »der eigentliche Zweck (sc. der alten Gedichte) die Verherrlichung des eignen Stammes oder die Verspottung eines anderen«, wie es DE GOEJE prägnant formulierte[7]. Das legt aber zugleich die andere Feststellung nahe, daß wir in den Stammessprüchen ein echtes Erbe aus der nomadischen Vergangenheit der israelitischen Stämme vor uns haben, wie es nach ihrem Überwechseln ins Kulturland noch geraume Zeit weiterlebte, aber auch weitergeformt und fortentwickelt wurde, bis es schließlich den Folgen der veränderten soziologischen und politischen Struktur zum Opfer fiel.

Denn es kann keine Frage sein, daß zuerst im Zuge des Seßhaftwerdens der nach Palästina eingedrungenen Stämme, dann aber vor allem infolge der Herausbildung eines israelitischen Königtums Größen ganz anderer Art, zunächst etwa die der Stadtgemeinschaft, dann aber die der Nation, in den Vordergrund traten, das Stammesleben unterhöhlten und schließlich, mit einer zunehmenden Individualisierung Hand in Hand gehend, ganz in den Hintergrund dräng-

---

[6] So auch LODS, 1932, S. 206, und NYSTRÖM, S. 40. — Vgl. die von SANGUINETTI (JA 1853) auszugsweise veröffentlichte und übersetzte Leydener Handschrift mit ihren meist satirischen Sprüchen über arabische Stämme, die von Haus aus frei umlaufende Sprüche zusammenstellt und sie mit einem erzählenden Rahmen versieht. Diese Sprüche sind für uns noch insofern von Belang, als sie überwiegend in der Aussageform gehalten sind und nirgends die Personifizierung eines Stammes in seinem fiktiven Ahnherren aufweisen einerseits und anderseits zur Adab-Literatur, einer Art profaner Unterhaltungsliteratur, gehören. Das nun wieder verbindet sie mit den allerdings nur blasse Ähnlichkeiten damit aufweisenden, nach ihrem Inhalt als Ortsneckereien anzusprechenden griechischen Sprichwörtern, die MAXIMILIAN GÖBEL, Ethnica. Pars prima: De Graecarum civitatum proprietatibus proverbia notatis (Diss. phil. Breslau), 1915, gesammelt und untersucht hat. Zu den gleichartigen lateinischen Sprichwörtern vgl. AUGUST OTTO, Die historischen und geographischen Sprichwörter (Archiv für lateinische Lexikographie und Grammatik 3, Leipzig 1886, S. 355—384) und die dort genannte Literatur.

[7] S. 146. — So auch BROCKELMANN, 1939, S. 10; 1937, Suppl. I, S. 26.

ten⁸, ein Vorgang, der, natürlich mit entsprechenden Unterschieden, auch in Ugarit zu beobachten ist⁹.

So haben wir mit der Zeit Davids und Salomos¹⁰, vielleicht auch schon mit der Sauls¹¹, den Endpunkt des lebendigen, eben auch dichterisch hervortretenden Stammesbewußtseins erreicht. Daß wir dann aber mit den Dichtungen, die wenigstens zum großen Teil keinesfalls wie der Grabgesang des Stammesstolzes anmuten, nicht an das Ende, sondern eher in die Blütezeit des Eigenlebens der Stämme, also in die Richter-Zeit, hinaufgehen müssen, liegt nahe, zumal die Stämme in den Sprüchen »selbständige politische Größen«¹² sind. Das wird im einzelnen noch unterstrichen werden können.

I. DIE PROFANEN SPRÜCHE

Eine schon öfters für die Festlegung des höheren Datums von Gen 49 gegenüber Dtn 33 herangezogene Beobachtung ist auch für unsere Zwecke von Belang. Denn eine Anzahl von Sprüchen, die sich vorwiegend in Gen 49 findet, trägt ganz profanen Charakter, während die anderen, nun hauptsächlich in Dtn 33 enthaltenen Sprüche deutlich theologisch geprägt sind. Da davon in Jdc 5 15b-18 noch nichts festzustellen ist, werden wir alle profanen Sprüche bis zu einer genaueren Klärung der Zeit vor der Debora-Schlacht zuweisen können.

1. Innerhalb dieser Gruppe finden sich nun auch die kürzesten Sprüche, in denen wir die Grundform der Gattung vermuten dürfen.

Die Keimzelle der Stammessprüche sind gewiß die Bildworte gewesen; dazu gehören Gen 49 9. 14. 17. 21. 22. 27 (Dtn 33 22). Wie WÜNSCHE¹³ richtig feststellte, zeigt die Wahl der Bilder, wo ein Dichter lebt, da er die Bilder aus seiner Umgebung wählt. Schon HERDER¹⁴ und DIESTEL¹⁵ hatten erkannt, daß es dem Nomadenleben entnommene Bilder der Hirten sind. Daß in der Tat solche Tiere wie Löwe, Wolf oder Schlange im Leben von Hirten eine große Rolle spielen, lassen u. a. arabische Gedichte wie auch die safatenischen Inschriften erkennen¹⁶. Einen negativen, indirekten Beweis dafür

---

[8] Vgl. dazu NYSTRÖM, S. 24—70; SCHARBERT, 1958, S. 9—10. 76—87, und DE VAUX, I, S. 34—35. 115. 223 u. ö.
[9] Vgl. GORDON, 1949, S. 124; 1956, S. 95—96.
[10] So u. a. EISSFELDT, FRLANT 1923 (I), S. 75; KITTEL, II, 1925, S. 9, A. 5; GORDON, 1956, S. 180, und jüngst S. HERRMANN, Sp. 563.
[11] ALT, II (1930), S. 19—20.
[12] EISSFELDT, SVT 1957, S. 141.
[13] WÜNSCHE, S. 11—12.
[14] Briefe, Nr. 5 (Bd X, S. 51—52).
[15] S. 20. 109.
[16] Zu letzterem vgl. EISSFELDT, ZDMG 1954. S. 105—106.

können wir der Tatsache entnehmen, daß im AT manche Vergleiche mit wilden Tieren nicht zum Ausdruck eines Lobs, sondern eher eines Tadels herangezogen werden[17]. In viel stärkerem Maße hat das der Verfasser der Test XII Patr empfunden, wenn er meint, er müsse die Bilder aus Gen 49 entweder gewaltsam ins Positive umbiegen oder die Tiere umbenennen oder aber, wo beides nicht geht, eine dem negativ beurteilten Bild entsprechende Beziehung zu Epochen der Geschichte Israels herstellen, die von einer späteren Rückschau wegen ihres Abfalls von Jahwe negativ beurteilt wurden. So finden sich denn auch in diesen nachalttestamentlichen Schriften anstelle der Bilder aus einer rauhen Vergangenheit, die den Staub des Nomadentums kaum abgeschüttelt hatte, bildhafte Vergleiche mit Erscheinungen des idyllischen Kulturlandes wie Weinstock, Pflanzgrube, Lilie, Bach, Taube (IV Esra 5 23-30), Wald, Quelle, Zeder (syr. Baruch 36—37), Rind, Hirsch, Ziege, Lamm, Hund (gr. Baruch 2—4).

Diese etwas grobe Nebeneinanderstellung verhilft immerhin zu der Erkenntnis, daß wir für die Bildersprüche eine Zeit annehmen müssen, die von der nomadischen bzw. halbnomadischen Tradition noch deutlich geprägt war. Aber schon der Spruch über Ephraim-Joseph (Gen 49 22), der zwar noch die Form des Bildwortes aufweist, aber ein völlig anderes Bild enthält, läßt damit ein deutliches Abrücken von der alten Zeit und ein festes Eingewurzeltsein im Kulturland erkennen.

Einige einzeilige und deshalb mit zur Grundform zu zählende Sprüche (Gen 49 13. 16. 19) weisen als beherrschendes Stilelement ein mit dem Stammesnamen korrespondierendes Wortspiel auf. Von den ihnen ähnlichen Namenserklärungen sind sie insofern abzuheben, als sie nicht den Namen erklären[18], sondern umgekehrt aus dem Namen das Geschick seines Trägers in einer bestimmten historischen Situation herleiten wollen.

Etymologisierende Wortspiele sind offenbar bei allen Völkern beliebt gewesen[19], so daß sie nicht unbedingt als Zeichen einer genau bestimmbaren soziologischen Struktur gewertet werden können. Jedoch sind sie eng mit dem volkstümlichen Erzählen verbunden, wie der Überblick über den Bestand an hebräischen Wortspielen, den Fichtner[20] gibt, anschaulich zeigt. Das Ergebnis, daß zahlreiche Belege in den Büchern Gen, Ex und Num, vorab aber der Gen, bedeutend weniger in der Tradition über die Landnahme und die vorstaat-

---

[17] Vgl. dazu oben S. 25.
[18] S. dazu Gunkel, ⁴1917, S. XX—XXII.
[19] Vgl. etwa Erman-Ranke, S. 473—474; Morenz, Akten 1959, S. 91—92; Fs-Jahn 1958, S. 23—29, bzw. Wellhausen, Reste ²1897, S. 22. 29; Kindermann, S. 528 —530, oder Gordon, 1949, S. 7.
[20] VT 1956, S. 373—378.

liche Zeit, verschwindend wenige in der Königs-Zeit zu finden sind, kann einen Hinweis auf die Blütezeit dieses Stilmittels geben. Dabei ist beachtlich, daß etwa 54 Belege auf L und J, 12 auf E und höchstens 4 auf P entfallen, EISSFELDTs Quellenanalyse einmal vorausgesetzt.

Damit haben wir eine erste Möglichkeit gewonnen, den Zeitraum dieser Sprüche abzustecken. Denn wenn wir, wiederum nach EISSFELDT[21], L in der Regierungszeit Davids und Salomos, J um die Mitte des 9. Jh. und E um 800 oder 750 v. Chr. ansetzen dürfen, haben wir den *terminus ad quem* für das Wachsen solcher Etymologien ermittelt. Nun zeigt es sich aber, daß sich die in den Stammessprüchen enthaltenen Etymologien etwa von den völlig in die familiäre Atmosphäre hineingezogenen, weithin auf das Ergehen der Mütter abzielenden Namenserklärungen in Gen 29—30 (J + E) deutlich unterscheiden[22], weil sie von Stämmen und deren Ergehen handeln. Ist auch sonst zu beobachten, daß die Einkleidung in ein familienhaft-novellistisches Gewand im Vergleich zu einer Erzählform, die Völker und Stämme noch unverkürzt handeln läßt, ein jüngeres Entwicklungsstadium darstellt[23], so wird das in unserem Fall nicht anders sein. Jedenfalls werden wir gut daran tun, den *terminus ad quem* noch vor das 8. oder 9. Jh. v. Chr. hinaufzuverlegen.

Auf der anderen Seite ist aber nicht zu verkennen, daß die etymologisierenden Sprüche mit ihren Verbalsätzen sich in mancher Hinsicht deutlich von den urwüchsigen, im Nominalsatz[24] gehaltenen Bildworten abheben. Deshalb kann es kaum verwunderlich sein, daß wir unter den in Jdc 5 15b-18 zitierten Sprüchen nicht eine einzige etymologische Anspielung finden. Offenbar sind sie jünger als etwa die Mitte des 12. Jh. v. Chr. Innerhalb der damit abgesteckten Grenzen, von der Mitte des 12. Jh. bis etwa zum Beginn des 10. Jh., werden wir die etymologisierenden Sprüche unterzubringen haben.

2. Der nächsten Gruppe sind die Sprüche zuzuweisen, die zwar noch deutlich in der Kurzform gehalten sind, deren Satzbau ebenfalls den alten Gesetzen entspricht, die aber bereits an Stelle des Bildes eine direkte Aussage über den Stamm aufweisen. Dazu gehört vor allem Gen 49 20, dann aber auch Jdc 5 15b-18. Sie alle werden dadurch gekennzeichnet, daß sie Aussagen über die jeweiligen Stämme sind, wie das auch bei der vorhergehenden Gruppe der Fall war[25].

---

[21] ²1961, S. 26—32.
[22] Vgl. dazu FICHTNER, VT 1956, S. 383—385.
[23] S. EISSFELDT, FRLANT 1923 (I), S. 56—77.
[24] Vgl. etwa GORDON, I, S. 91—92. 108 ff.
[25] Vielleicht stellen die Spruchreste von Jdc 5 17 die Vorform der etymologisierenden Sprüche dar, weil sie wie auch jene als Verbalsätze gehalten sind.

Da nun aber bereits jene Sprüche als vom Autor des Debora-Liedes benutzte Zitate angesprochen werden mußten, also ihm bereits vorlagen, kann von hier aus die Zeit der anderen Sprüche als ebenfalls vor Jdc 5 liegend wahrscheinlich gemacht werden.

3. Ehe wir uns der nächsten Klasse zuwenden, müssen wir noch einige Verse kurz ins Auge fassen, die wegen ihres rein profanen Charakters noch deutlich zur vorliegenden Klasse gehören: Gen 49 10-12. 15. 23-24. Diese Verse werden gewiß von Haus aus nie selbständig umgelaufen sein. Sie werden als ausmalende und deutende Erweiterungen der Bilder anzusprechen sein, die eine vorhandene Aussage in eine bestimmte Richtung drängen, wobei stets das Bild verlassen und zur direkten Schilderung übergewechselt wird.

II. DIE »JAHWESIERTEN« SPRÜCHE

Alle bisher herangezogenen Sprüche bewegten sich streng im profanen Raum. Die im folgenden zu beleuchtenden Sprüche werden davon beherrscht, daß sie entweder ein theophores Element enthalten oder gar von diesem völlig geprägt worden sind. Aus der Darstellung eines erreichten Zustandes ist der Preis für die dank göttlicher Hilfe erworbene Position, aus dem profanen Wunsch das an Jahwe gerichtete Gebet um Hilfe und Beistand geworden.

Daß wir mit dieser zeitlichen Hintereinanderstellung im Recht sind, daß also die profanen Sprüche ein älteres Entwicklungsstadium repräsentieren, kann ein Blick auf die Geburtsgeschichte der 12 Jakob-Söhne (Gen 29—30) beweisen, wo, wie SMEND deutlich erkannt hat[26], profane Namenserklärungen bei J durch religiöse bei E ersetzt worden sind (Issachar: 30 16. 18; Sebulon: 30 20aβb. 20aα); dazu gehört z. B. auch Gen 31 48. 50, wo L die Ortsnamenerklärung »dieser Steinhaufe sei heute Zeuge zwischen mir und dir« bietet, was bei E zu dem »Elohim ist Zeuge zwischen mir und dir« abgewandelt ist[27]. Ganz ähnlich liegen die Dinge auch in der altarabischen Literatur, wobei in der vorislamischen Poesie religiöse Gedanken zugunsten rein profanen Gutes völlig zurücktreten[28].

Damit haben wir ein weiteres Argument für eine zeitliche Klassifikation der Stammessprüche gewonnen; denn weil solche theophoren Elemente in den Sprüchen von Jdc 5 nicht auftauchen, wird diese

---

[26] 1912, S. 73.

[27] Hierher gehören auch Gen 25 29-34 und Gen 27 1-40, die die Übertragung der Erstgeburt auf Jakob einmal aus der Überlassung des Linsengerichts, zum anderen aus der Wirkung von Segen und Fluch herleiten.

[28] Vgl. dazu JACOB, ²1897, S. XVIII; DE GOEJE, S. 146; NYSTRÖM, S. 16—18; vor allem aber BLOCH, Anthropos 1942—45, S. 186 sowie die dort angeführte reiche Literatur.

Gruppe ihrer Form nach jünger als die Mitte des 12. Jh. v. Chr. sein. Im einzelnen lassen sich vielleicht folgende Klassifizierungen vornehmen:

1. Einmal finden wir Sprüche, die zwar noch die alte Grundform der einfachen Darstellung erhalten haben, in die aber bereits theophore Elemente eingedrungen sind. Dazu würden etwa Dtn 33 8-10. 12. 13-15. 17. 23 gehören.

2. Daneben stehen deutlich die Gebetsformen, nämlich das Preis- und Dankgebet, wie es in Dtn 33 18-19. 20-21. 24-25 vorliegt, und das Bittgebet an Jahwe um Hilfe und Beistand aus Dtn 33 7. 11. 16[29].

III. DIE AUFLÖSUNGSERSCHEINUNGEN

Zum Schluß muß noch ein Wort über die Form einiger Sprüche gesagt werden, die sich in diese Ordnung nicht einfügen. War bisher trotz aller Formenwandlung stets die Tatsache, daß die Adressaten der Sprüche Stämme sind, zu beobachten gewesen, so ist das bei den nun folgenden Sprüchen nicht mehr oder nicht mehr ganz der Fall.

Bei einigen von ihnen ist es in der Tat schwierig festzustellen, ob dort von einem Stamm oder einer Einzelperson geredet wird. So fällt im Simeon- und Lewi-Spruch von Gen 49 das אַחִים auf, das beide als Brüder vorstellt, ebenso in Dtn 33 13-16 (= Gen 49 25-26) das »Erwählter seiner Brüder« und Dtn 33 24 רְצוּי אֶחָיו. Klingt bei all diesen Wendungen bereits die Vorstellung Israels als einer sich von 12 Ahnherren herleitenden zwölfstämmigen Familie an, so ist bei den genannten Sprüchen der Eindruck, daß für den Ahnherren der entsprechende Stamm gesetzt werden muß, nicht gänzlich verwischt worden. Es handelt sich eben doch noch um Stämme, auch wenn sich schon die ersten Anzeichen einer Individualisierung zu Stammvätern geltend machen[30].

1. Davon heben sich nun aber zwei Sprüche ab, bei denen die Fiktion, daß dort Einzelpersonen und nicht etwa Stämme angeredet sind, vollendet vorliegt. Gen 49 3-4 spricht von Ruben, dem Erstgeborenen, und seiner Verfehlung so, daß keiner auf den Gedanken kommen könnte, hiermit wäre der gleichnamige Stamm gemeint. Ebenso zeichnet Gen 49 8 von Juda ein Bild, nach dem die 11 Brüder ihm als ihrem Herren die nötige Huldigung erweisen.

---

[29] Hierher wird man auch Dtn 33 6 stellen müssen, da der Vers einer gottesdienstähnlichen Versammlung der Stämme entstammt (s. S. 28. 65).

[30] Vgl. dazu die auch unser Gebiet mit berührenden trefflichen Ausführungen Bräunlichs, S. 94—95.

2. Kapitel: Form- und gattungsgeschichtliche Erwägungen

Beiden Sprüchen ist nun auch das gemeinsam, daß sie ihre Adressaten anreden, eine Form, die nur noch in der aus Dtn 33 13-16 herausgeflossenen sekundären Erweiterung Gen 49 25-26 vorliegt[31].

Bezüglich der zeitlichen Einordnung kann es wiederum nicht zweifelhaft sein, daß die individualisierenden Sprüche gegenüber den eigentlichen Stammessprüchen die jüngeren sind, ist doch auch in der israelitischen Literaturgeschichte noch deutlich der Entwicklungsgang von Erzählungen über Stämme zu solchen stammesgeschichtlichen Inhalts in der Form des Lebens der jeweiligen Eponymen bis hin zu den Erzählungen, deren Helden Personen von Fleisch und Blut sind, und die deshalb eigentlich zur Gattung der Novellen gezählt werden müßten[32], deutlich erkennbar.

Dieses Ergebnis wird durch die sich von den übrigen Stammessprüchen klar abhebende Form der fraglichen Gedichte oder Sprüche bestätigt. Denn eindeutig liegt in Gen 49 3-4 ein Fluchspruch über den Erstgeborenen vor, von dem aus Gen 49 8 wie auch Gen 49 25-26 nicht anders denn als Segensworte angesprochen werden können[33].

2. Haben wir im Segens- und Fluchspruch des Vaters über seinen Sohn die konsequente Weiterentwicklung des Bittgebets zugunsten oder zuungunsten eines Stammes und damit zugleich den Übergang in die andere Gattung von Erzväter-Segen und -Fluch[34] zu sehen, so bildet offenbar wiederum der zwar ebenfalls als Fluch zu verstehende, aber von einem Gottesmann oder gar von Gott selbst gesprochene[35] und schließlich doch wohl die Stämme und nicht die Eponymen betreffende Spruch über Simeon und Lewi ein Mittelglied zwischen Stammesspruch und Erzväter-Segen und -Fluch insofern, als hier der beginnende Übergang zu einer anderen Gattung, den prophetischen Fluchorakeln, vorzuliegen scheint.

Über die Entstehungszeit dieser letzten in Gen 49 und Dtn 33 enthaltenen Stücke kann man nicht in Zweifel sein. Deutlich tritt in ihnen die zunehmende Individualisierung und die Herausbildung des bekannten Zwölf-Stämme-Schemas in den Vordergrund. Sahen wir schon oben (s. S. 54 f.), daß mit dem Aufkommen des Königtums die Stämme ihr Eigenleben verlieren, so mag man gewiß dieser Epoche die Verdünnung der Stämme zu bloßen Einzelpersonen und damit die Schaffung eines Schemas zuweisen, in dem die als Nation zusam-

---

[31] Zur Anrede in Dtn 33 18. 25 s. unten S. 84. 103 f.
[32] Vgl. dazu vor allem EISSFELDT, a. a. O. (S. 57, A. 23).
[33] So auch ORELLI, 1882, S. 131—132, und GORDON, Bibl Arch 1940, S. 8, für Gen 49 8 und EISSFELDT, a. a. O. (A. 32), S. 70, A. 1, für den Joseph-Spruch sowie für beides FRANKENBERG, GGA 1901, S. 703. Vgl. dazu auch STOEBE, RGG 3, Sp. 524.
[34] Vgl. dazu SCHARBERT, 1958, S. 139—141.
[35] v. RAD, ⁵1958, S. 370.

III. Die Auflösungserscheinungen

mengefaßten Stämme nun auch durch die Herleitung ihrer Stammväter von einem gemeinsamen Vater genealogisch miteinander verknüpft werden. Damit dürften die uns bekannten zwei Formen des Zwölfer-Schemas kaum vor die Königs-Zeit hinaufreichen[36]; wahrscheinlich aber sind sie noch jünger[37].

Ein solches Schema liegt der Zusammenstellung der Sprüche in Gen 49, gewiß auch in Dtn 33, zugrunde. Da aber das Ordnungsprinzip von Gen 49 mit dem vollständigen Zwölfer-Schema fast übereinstimmt, werden wir die Endredaktion des »Segens Jakobs« der Zeit nach der Reichstrennung zuweisen müssen. Im Gegensatz dazu ist in Dtn 33 zwar die Zwölfzahl der Stämme, nicht aber die Gleichheit in der Reihenfolge der genannten Namen mit einer der uns bekannten Listen festzustellen. Da eine solche Abweichung von einem fest geprägten Schema in der späteren Zeit nicht denkbar ist, wird man wohl für die Sammlung des »Mose-Segens« ein höheres Datum annehmen dürfen.

Somit haben wir auch unter der notwendigen Einschränkung, daß sich das Alter der Form keineswegs mit dem des Inhalts zu decken braucht, eine Grundlage gewonnen, auf der die Festlegung des geschichtlichen Gehalts der Stammessprüche unternommen werden kann.

---

[36] S. dazu jüngst HOFTIJZER, S. 241—263.

[37] KAISER, S. 4—5, findet die Endgestalt der Liste mit Ruben an der Spitze erstmalig in der Joseph-Geschichte des E belegt. — Anders JEPSEN, S. 268.

3. KAPITEL:

DIE GESCHICHTLICHEN AUSSAGEN DER STAMMESSPRÜCHE

Nachdem die Exegese den Inhalt der Sprüche klären, die form- und gattungsgeschichtliche Überlegung eine relative Chronologie der verschiedenartigen Sprüche liefern konnte, werden im Folgenden, auf dieser Grundlage aufbauend, die den Stammessprüchen zu entnehmenden Angaben über Ereignisse und Zustände im damaligen »Israel« erhoben und zu einem skizzenhaften Abriß frühisraelitischer Stammesgeschichte zusammengestellt.

I. RUBEN

Die Exegese ergab eine inhaltliche Übereinstimmung der Ruben betreffenden Verse von Gen 49 und Dtn 33, während es die Formgeschichte nahelegte, daß Jdc 5 wohl die älteste, Dtn 33 6 eine jüngere, Gen 49 3-4 dagegen die jüngste Aussage darstellt. Diesem Resultat entspricht der geschichtliche Gehalt, den wir Jdc 5 15b-16 und Dtn 33 6 (= Gen 49 3-4) entnehmen können.

1. Jdc 5 15b-16

Wenn wir mit unserer Vermutung über den ursprünglichen, vom Dichter des Debora-Liedes dann für seine Zwecke leicht abgewandelten Wortlaut des Ruben-Spruches im Recht sind, sagt dieser aus, daß sich Ruben im Ostjordanland niedergelassen hat, und zwar in der vor dem Debora-Lied liegenden Zeit, wohl dem Beginn des 12. Jh. v. Chr. Dabei an die ihm von der alttestamentlichen Überlieferung im südlichen Ostjordanland zugewiesenen Wohnsitze (Jos 13 Num 32 u. ö.) zu denken, liegt am nächsten.

Weiter hören wir aus Jdc 5, daß Ruben Viehzucht betreibt, also etwa auf der Stufe der am Rande des Kulturlandes lebenden Halbnomaden stehengeblieben ist. Das bestätigt die Nachrichten über sein für Weidewirtschaft gut geeignetes Land und macht auf die beständig den weitverstreuten Siedlungen Rubens drohenden Gefahren aufmerksam.

Schließlich zeigt Jdc 5, daß Ruben von den westjordanischen Stämmen als zu ihnen gehörig angesehen wird. In der Sprache der Genealogie hieße das, daß er ihr Bruder ist. Ob die vom Autor des Debora-Liedes herrührende Anordnung der am Kampfe nicht beteiligten Stämme mit ihrer Voranstellung Rubens im Sinne des ihm sonst durchweg zuerkannten Ranges des Erstgeborenen der Zwölf verstanden werden kann, ist nicht deutlich auszumachen. Da aber, wie Dtn 33 21 zeigt (s. S. 40 f.), immerhin für den Ausgang der Richter-Zeit diese genealogische Position Rubens belegt ist, mag solches auch hier anzunehmen wahrscheinlich sein[1].

Nichts hören wir dagegen im Ruben-Spruch des Debora-Liedes über die politische Machtposition des Stammes. Die vom Autor herrührenden Abänderungen lassen lediglich erkennen, daß der Ruf zur Hilfe im Westjordanland bei den Rubeniten Überlegungen auslöste, die letzten Endes negativ ausfielen, und daß dem Ferngebliebenen deshalb seine Ansiedlung im Ostjordanland zum Vorwurf gemacht wurde. Das kann nur so verstanden werden, daß Ruben, bedingt durch die andersgearteten, sich vom Westen weithin unbeeinflußt entwickelnden Verhältnisse Ostjordaniens, an den ihn kaum berührenden westjordanischen Belangen desinteressiert war, mußte er doch sein Hauptaugenmerk auf die Abwehr jederzeit zu befürchtender Razzien aus der östlichen Nachbarschaft richten. Das band seine Kampfkraft; es braucht aber nicht mit militärischer Schwäche zusammenzufallen[2].

2. Dtn 33 6

Völlig anders ist indes das Bild, das Dtn 33 6 von Ruben zeichnet. Zwar wird er noch als selbständiger Stamm aufgeführt; jedoch zählt er nur noch wenige Mannen, so daß für seinen Fortbestand ein Wunsch vorgetragen wird.

Ein diesen Niedergang verursachendes Ereignis muß in der Zwischenzeit eingetreten sein. Um welches es sich handelt und in welcher Zeit wir uns mit dem von Dtn 33 6 vorausgesetzten Geschehen befinden, steht zur Frage.

Dabei ist von Gen 49 3-4 keine Antwort zu erhalten. Zwar im Gewande einer jüngeren Form deckt es sich doch inhaltlich mit Dtn 33 6: Ruben, ein einst recht ansehnlicher, weil vor allem wohl der zahlreichste Stamm (der Erstgeborene[3]), jetzt zwar noch vorhanden, aber so stark dezimiert (Fluch als Aberkennung des Erstgeborenen-

---

[1] Hiermit sind die ersten Anfänge eines genealogischen Systems gemeint, dessen Endgestalt Kaiser, a. a. O. (S. 61, A. 37) auf Grund der Beobachtungen an der Joseph-Geschichte zeitlich richtig fixiert hat.
[2] So auch Meyer, 1906, S. 532; Skinner, S. 515; Gressmann, ²1922, S. 175.
[3] Es mag fraglich erscheinen, wie man die genealogische Aussage vom Erstgeborenen stammesgeschichtlich deuten kann. Da der Jüngstgeborene, Benjamin, I Sam 9 21 zugleich der zahlenmäßig kleinste und deshalb unbedeutendste Stamm ist, müßte im Gegensatz dazu dem Erstgeborenen vor allem die größte Zahl an Männern, besser: Kriegern entsprechen, womit er seinen gewichtigen Einfluß begründen kann.

ranges), daß er, in Unbedeutendheit versinkend, bald aussterben wird. Die überschießende Motivierung ist ein erzählerisches, für diesen Zweck geformtes Moment, dem deshalb zur Aufhellung der historischen Ursache für Rubens Niedergang zumindest nichts Direktes entnommen werden kann[4]. So sind wir auf allgemeine Erwägungen angewiesen.

Weithin dachte man an Ereignisse der späteren Königszeit. Ist es schon von den formgeschichtlichen Überlegungen her höchst unwahrscheinlich, in Dtn 33 6 ein Produkt dieser Spätzeit zu erblicken, so werden wir in unserem Urteil dadurch bestärkt, daß weder in den Samuelis-, noch in den Königsbüchern und den späteren Schriften des AT, noch in der Mesa-Inschrift eine glaubhafte Erwähnung Rubens zu finden ist[5]. Daß aber außer Jdc 5 auch im Richter-Buch jeder Hinweis auf die Existenz Rubens fehlt, läßt andere Forscher an Ereignisse der mosaischen Zeit denken[6]. Abgesehen davon, daß die Verknüpfung von Dathan und Abiram mit dem Stamm Ruben äußerst fraglich ist[7], hätte das die Vorordnung von Dtn 33 6 vor Jdc 5 zur Folge, was einen kaum glaubhaften Geschichtsablauf ergäbe: Während der Wüstenzeit noch ungebrochen, träfe ihn vor der Landnahme ein ihn stark schwächendes Ereignis, von dem er sich zur Zeit der Ansiedlung bereits wieder erholt hätte, um danach fast spurlos zu verschwinden[8].

Daß wir uns in der Richter-Zeit selbst umsehen müssen, ist nach alledem am wahrscheinlichsten. Häufig hat man denn auf Jdc 3 und die Tatsache verwiesen, daß die Übergriffe der Moabiter auf benjaminitisches Gebiet die Bewältigung des genau östlich Benjamins lebenden Ruben voraussetzten[9]. Jedoch erheben sich dagegen von Jdc 5 her starke Bedenken. Mit Recht hat TÄUBLER[10] geltend gemacht, daß sich die Führerrolle Benjamins im Debora-Kampf auf den in der Zurückweisung der moabitischen Übergriffe gipfelnden Erfolg gründet. Dann könnte aber unser zeitlich Jdc 5 folgender Spruch nicht Ereignisse widerspiegeln, die vor Jdc 5 liegen.

Daß die Versuche der Moabiter, wie ihre Vorgänger, die Israeliten, im Westjordanland Fuß zu fassen, Ruben berührt und gewiß auch geschwächt haben, kann nicht von der Hand gewiesen werden. Nun zeigen aber unsere Quellen keinesfalls, wie SELLIN annimmt[11], ein Aufgehen Rubens in Moab, sondern in dem nördlich benachbarten Gad[12]. Das macht die Annahme einer voraufgegangenen kriegerischen

---

[4] So u. a. STADE, I, 1887, S. 151, und MEYER, 1906, S. 531—532. S. auch oben S. 6 f.
[5] Zu I Chr 11 42 vgl. RUDOLPH, zSt; II Reg 10 33 wird von EISSFELDT bei KAUTZSCH⁴ mit »Ch« bezeichnet.
[6] So vor allem DIESTEL, S. 36; neuerlich wieder MEEK, 1950, S. 42.
[7] Vgl. EISSFELDT, 1922, S. 277*; NOTH, 1948, S. 138—139 u. A. 356.
[8] Obendrein könnte man mit MEYER, 1906, S. 531—532, fragen, ob nicht die »Erzählung von den Rubeniten Datan und Abîram ... gleichfalls den Untergang Rubens darstellen soll«.
[9] So zuletzt DE KONING, 1940, S. 419. 421; BRIGHT, 1959, S. 157.
[10] 1958, S. 41—42. — Vgl. dazu auch VAN ZYL, S. 14. 125—130.
[11] I, 1924, S. 120.
[12] Vgl. die Ortslisten, in denen einst rubenitische Siedlungen nun als gaditischer Besitz erscheinen: Jos 13 15-23 mit Num 32 34-38 Jos 21 39 I Chr 6 66. — Das setzt

Auseinandersetzung zwischen Ruben und Gad, derzufolge Ruben als der Unterlegene von Gad vereinnahmt wurde, notwendig.

Von dieser für Gad so erfolgreichen Stammesfehde mit Ruben zeugt Dtn 33 20-21: Der Gott des Stammes Gad wird für seine Hilfe bei der erfolgreichen Gebietserweiterung, die dem Stamm das Erstlingsgebiet Rubens einbrachte und Hoffnung auf Führerschaft über ganz Israel erweckte — daraus kann man indirekt die Führerstellung des Erstgeborenen Ruben erschließen —, gepriesen (s. S. 99 f.).

Diese Vermutung macht nun ihrerseits die eigenartige Form des Ruben-Spruches Dtn 33 6 erst voll verständlich. Ein Dritter spricht jene Bitte zugunsten Rubens in einer Versammlung von Stämmen aus, bei der vielleicht sogar Gad selbst anwesend war. An ihn könnte der Wunsch gerichtet sein: Laß Ruben leben, wenn auch nur wenige Männer! Dahinter stünde eine ähnliche Vorstellung, wie wir sie Jdc 21 3 antreffen: Es darf keiner der 12 Stämme völlig verschwinden.

3. Somit liefern diese beiden Quellen den Rahmen für eine Geschichte des Stammes Ruben. Einst ein zahlreicher und starker Stamm, bewohnte er das südliche Ostjordanland, bis er um die Mitte des 11. Jh. v. Chr. von Gad aufgesogen wurde. Daß die Überreste sich schließlich auch ins Westjordanland begeben haben, ist möglich. Ob aber darauf der »Stein Bohans« (Jos 15 6 18 17) zurückzuführen ist[13], ist äußerst fraglich. Keinesfalls aber darf auf diese völlig unsichere Notiz oder gar auf das *argumentum e silentio*, Jdc 5 setze, da erst mit v. 17 das Ostjordanland genannt werde, solches voraus, die These von einem vormals westjordanischen Aufenthalt Rubens gegründet werden[14].

II. SIMEON

Auffällig ist das Schweigen über Simeon sowohl in Jdc 5 als auch in Dtn 33. Die verschiedenen Deutungen, die dieser Sachverhalt erfahren hat, können erst dann kritisch gesichtet werden, wenn wir die anderen Belege auf ihre Bedeutung für die Geschichte Simeons geprüft haben.

Gen 49 5-7

An erster Stelle bietet sich dafür das Wort aus Gen 49 an. Aber auch dieserhalb mußten wir feststellen, daß es kein Stammesspruch, sondern ein prophetisches Fluchorakel ist, wodurch einer direkten

---

auch der Mesa-Stein (Z. 10) voraus, denn demnach ist Moabs nördlicher Nachbar nicht Ruben, sondern »seit Menschengedenken« Gad. So zuletzt Tournay, S. 191.

[13] S. Jepsen, S. 272—273.
[14] So seit Steuernagel, 1901, S. 15—20, viele andere.

Herleitung geschichtlicher Nachrichten aus ihm Schwierigkeiten im Wege stehen. Indirekt ist ihm zu entnehmen, daß zu jener Zeit Simeon sein Eigenleben als Stamm verloren hatte und in »Israel« verstreut war. Wann das der Fall war und wodurch es geschah, ist aus dem Wort nicht unmittelbar zu gewinnen.

Der Spruch selbst verweist zur Begründung des Fluchs auf ein Geschehen, das uns aus Gen 34 bekannt ist. So naheliegend es auch erscheinen mag, dieses Kapitel ungebrochen in Stammesgeschichte umzumünzen und von dorther die Antwort auf beide Fragen zu gewinnen, so erheben sich doch dagegen vielfältige Bedenken, nicht zuletzt aus Gen 49 5-7 selbst.

Hier werden Überfall und Fluch in ein kausales Verhältnis zueinander gebracht, und nicht Überfall und Zerstreuung. Der Überfall dient dabei lediglich der Begründung eines prophetischen Fluches, ist also vorab ein theologisch bestimmtes Argument, das man nicht profanisieren darf, um Geschichte daraus herzuleiten.

Das bedeutet aber zugleich, daß Gen 49 5-7 über die geschichtlichen Ursachen des Unterganges Simeons schweigt. Abgesehen von jener Stelle gibt Gen 34 zu erkennen, daß Simeoniten sich einst in Sichem (*tell balāṭa*)[14a] und dessen Umgebung zeitweilig niedergelassen, dann aber nach einem Überfall auf die Bewohner der Stadt jenes Gebiet verlassen und sich nach Süden gewendet haben.

Dabei ist beachtlich, daß Gen 35 5 ihren ungestörten Abzug vorauszusetzen scheint. Da zu diesem Zeitpunkt beide Stämme noch intakt sind, muß also in der Folgezeit[15] eine Katastrophe über sie hereingebrochen sein, die möglicherweise auf die Rache der Kanaanäer zurückzuführen ist. Damit kann vor allem über den Zeitpunkt jenes verheerenden Ereignisses nichts ausgesagt werden.

So sind wir auf Rückschlüsse aus den sonst noch vorhandenen, überaus spärlichen Nachrichten über Simeon angewiesen.

Dabei zeigt sich deutlich, daß von Simeon in der von der alttestamentlichen Tradition erfaßten Zeit eigentlich nichts berichtet wird[16], eine Tatsache, die in bester Übereinstimmung mit dem Fehlen eines Stammesspruches über Simeon steht und nur so erklärt werden kann, daß es einen selbständigen Stamm Simeon in der fraglichen Zeit nicht oder nicht mehr gab. Denn wir hören aus Jos 19 1. 9, daß Simeon inmitten Judas wohnte, und aus Jdc 1 3. 17, daß Simeon unter Judas Schutz und Führung sein Land einnahm. Letztere Notiz könnte man auch so verstehen, daß sie den späteren Zustand des Wohnens in Juda fälschlicherweise auf eine gemeinsam vollbrachte Eroberungstat zurückführt[17]. Eine Bestätigung dafür, daß diese Stellen im Sinne einer Zerstreuung Simeons und eines Aufgehens seiner Reste in Juda,

---

[14a] Zu Sichems Geschichte und den Ausgrabungsergebnissen auf dem *tell balāṭa* vgl. Bibl Arch, 1957, S. 2—32.
[15] S. S. 71, A. 36.
[16] Zu II Chr 15 9 34 6 vgl. RUDOLPH, zSt.
[17] Doch vgl. auch die andere Möglichkeit unten S. 74.

was mit dem Verlust der Stammesexistenz gleichbedeutend ist, zu verstehen sind, liefern die Stellen, an denen simeonitische Ortschaften als judäischer Besitz erscheinen[18].

An welche Zeit dabei zu denken ist, geht aus diesen wenigen Andeutungen nicht einhellig hervor. Immerhin macht es Jdc 5 wahrscheinlich, daß jener Zustand des Zerstreutseins schon geraume Zeit zuvor bestand[19]. Dadurch werden wir genötigt, in die Zeit vor der Landnahme des Gros der israelitischen Stämme zu Ausgang des 13. Jh. v. Chr. hinaufzugehen[20]. Dagegen erheben sich von Gen 34 her keine Bedenken, denn dort wird das Ereignis an das Ende der Patriarchenzeit, vor den Ägypten-Aufenthalt verlegt[21].

Ehe wir in die Erörterung weiterer Einzelheiten eintreten, soll die Richtigkeit dieser Vermutung durch einen Blick auf das mit Simeons Geschick in Gen 49 wie auch in Gen 34 eng verquickte Ergehen Lewis in seiner Frühzeit erhärtet werden, dessen Gleichartigkeit ein Beweis für die Richtigkeit unserer Vermutungen sein kann.

III. LEWI

Das Material, das uns für die Rekonstruktion der Geschichte Lewis zur Verfügung steht, ist gering und im Wert seiner geschichtlichen Aussagen recht unterschiedlich. Jdc 5 schweigt über Lewi; Gen 49 5-7 ist ein Propheten-Orakel; nur in Dtn 33 8-11 liegt ein, wenn auch verhältnismäßig junger Stammesspruch vor. So ist es methodisch ratsam, diesen Spruch als Ausgangspunkt der Darstellung zu wählen.

1. Dtn 33 8-11

Der Spruch ist eine geschichtlich begründete Bitte um Segnung Lewis, enthält also Wünsche für die Zukunft und Aussagen über gegenwärtige Zustände wie auch vergangene Ereignisse der lewitischen Geschichte.

Das, was der Spruch über die z. Z. seiner Entstehung herrschenden Zustände in Lewi erkennen läßt, findet sich in v. 10. Aber auch

---

[18] Vgl. Jos 19 2-8 und I Chr 4 28-33 mit Jos 15 26-32. 42 I Sam 27 6 30 30 und I Reg 19 3. Zu Jos 19 vgl. vor allem NOTH, zSt. — REUSS, 1881, S. 63, macht obendrein darauf aufmerksam, daß Serach Num 26 13 zu Simeon, Gen 46 12 und Num 26 20 aber zu Juda gestellt wird.
[19] So u. a. DESNOYERS, 1922, S. 141, A. 3.
[20] Das tut als einziger überzeugend ROWLEY, ExpT 1938—39, S. 506—507; JBL 1939, S. 116, A. 15 (S. 116—117); JNESt 1944, S. 73—76; 1952, S. 8. 43—44. 113—115; Fs-Nyberg 1954, S. 197; ZAW 1957, S. 16, A. 85, der dabei an die Amarna-Zeit denkt; vgl. jüngst auch MOWINCKEL, Fs-Eißfeldt 1961, S. 146. Alle anderen haben spätere oder sehr viel spätere Zeiten im Auge.
[21] ROWLEY, JNESt 1944, S. 75; 1952, S. 8; ZAW 1957, S. 16, A. 85.

v. 11 kann, da das von der Zukunft Erwartete auf Abänderung des gegenwärtigen Status hinausläuft, gut als Ergänzung zu v. 10 gestellt werden.

Nun gibt dieser zu erkennen, 1. daß die Lewiten Priester an Heiligtümern sind, wir uns also auf alle Fälle in der Zeit nach der Landnahme, mithin der Richter- oder auch der Königszeit befinden, 2. daß diese Priester ausschließlich das göttliche Recht verwalten und Gottes Willen in Belehrung und Beantwortung von speziellen kultisch-rechtlichen Fragen weitergeben, 3. daß sie, freilich in ihrer Bedeutung gegenüber dem vorigen stark zurücktretend[22], zwar Jahwe Brandopfer darbringen, aber das priesterliche Opfermonopol noch keineswegs durchgesetzt haben und 4. daß sie (v. 11) Feinde oder Konkurrenten haben, die ihrem Ausschließlichkeitsanspruch im Wege stehen und von deren völliger Ausschaltung sie sich beträchtlichen Gewinn an Einkommen und Ansehen versprechen.

Demnach kommt innerhalb der vorsichtig abgesteckten zeitlichen Grenzen eine solche Periode in Frage, in der die Lewiten zwar schon in mancher Hinsicht als Priester bevorzugt werden, die ihnen aber die von ihnen erwartete achtbare Stellung innerhalb des Volkes noch vorenthält, die, mit anderen Worten, da Besitz und Ansehen, Gewinn und Macht gewöhnlich in einem Wechselverhältnis zueinander stehen, ihnen noch nicht reichlichen materiellen Nutzen zufließen läßt. Da die Einkünfte der Priester sich aber vorrangig von den Opfern herleiten[23], werden wir in unserer unter 3. gegebenen Bemerkung bestätigt.

Nach diesen Erwägungen ist die Möglichkeit, dabei an die Königszeit mit ihren staatlich subventionierten Heiligtümern zu denken, ausgeschlossen. Dagegen bietet sich geradezu die spätere Richter-Zeit an[24]; denn damals gab es Lewiten, die als Priester nach Anstellung und Brot im Lande umherzogen, also in keiner überaus glücklichen Lage waren, dann aber doch den mit dem Priesteramt betrauten Familienangehörigen vorgezogen wurden, weil sie sich schon eines gewissen Ansehens erfreuen konnten, und nun die Verwaltung eines Heiligtums zu besorgen sowie Gottesauskunft auf ihnen gestellte Fragen zu erteilen hatten[25]. Zugleich aber hören wir von dem noch in hohem Schwange stehenden, keinesfalls als anstößig empfundenen priesterlichen Gebaren von Nichtlewiten, Laien (Jdc 6 18ff. 8 25ff. 13 19-20 17—18).

---

[22] So mit vollem Recht GRESSMANN, ²1922, S. 176, u. EICHRODT, ⁵1957, S. 266.

[23] So WELLHAUSEN, 1914, S. 91, für die Königszeit.

[24] Vgl. dazu die treffliche Schilderung der Geschichte Lewis zur Richter- und zu Beginn der Königszeit bei WELLHAUSEN, 1927, S. 122—125, der allerdings auf S. 129 unseren Spruch der Zeit Jerobeams zuweist.

[25] Jdc 17—18. 19. — KITTEL, II, 1925, S. 195, A. 4, denkt etwa an die Zeit Elis.

III. Lewi

Über die die davorliegende Geschichte Lewis konstituierenden und bestimmenden Ereignisse erfahren wir einiges aus v. 8-9. Danach verstehen sich die Lewiten wahrscheinlich als Abkömmlinge ihres eponymen Ahnherren Lewi und lassen damit einen, den späteren Stammesgenealogien gleichen Aufbau erkennen, obwohl sie ja keineswegs ein Stamm, sondern etwas Stammähnliches, eine Berufsgenossenschaft oder Zunft, sind[26]. Daraus eine zeitliche Festlegung herzuleiten, ist sehr schwierig, zumal die wesentlich älteren Beispiele aus Ugarit vorliegen. Immerhin scheint sich das streng genealogische Denken jedenfalls in Israel erst mit Davids alle 12 Stämme zusammenfassendem Königtum so herausgebildet zu haben, wie wir es vor allem aus dem Hexateuch kennen. Daß dabei aber ein längerer Entstehungsprozeß anzunehmen ist, versteht sich von selbst. Deshalb kann daraus kein Argument gegen die oben versuchte zeitliche Fixierung des Spruches, sondern eher ein erneuter Beweis für deren Richtigkeit gewonnen werden[27]. Sodann ist beachtlich, daß Jahwe selbst durch Verleihung des Orakel-Geräts der Urim und Tummim[28] die Lewiten-Zunft ins Leben rief, und daß er ihr, wie v. 9b zeigt, einen Bund[29] für ihre in der Entscheidung zu bewährende Treue zusagte. Die Lewiten haben diese Bewährungsprobe bestanden. Auffällig ist dabei, daß jene Tat als eine alles götzendienerische Treiben mit Feuer und Schwert ausrottende, auch die nächsten verwandtschaftlichen Bande mißachtende kriegerische Aktion verstanden wird, deren unabdingbare Voraussetzungen eine entsprechende militärische Ausbildung und Organisation sind.

Dieser Vorgang wird, wie die Exegese zeigte (s. S. 32-34), in oder zumindest in der Nähe von Kades[30] lokalisiert. Von Mose[31] oder gar Aron ist mit keinem Wort die Rede.

---

[26] Vgl. dazu die offenbar der Schmiedezunft angehörenden Keniter (Gen 4 22 Jdc 5 26; vgl. Num 24 21) und die Zunftgenossenschaften der Priester und Handwerker in Ugarit; vgl. ferner DE VAUX, I, S. 50. 128—130.   [27] Vgl. S. 59-61

[28] Vgl. dazu das interessante Material über vorislamische Los- und Pfeilorakel bei FAHD, S. 55—79. Daraus geht hervor, daß eine solche Gottesbefragung stets im Heiligtum vor dem Idol geschah. Gleiches wird man für Israel annehmen dürfen. An die Handhabung dieses Geräts denkt offenbar auch Jdc 18 5, da die Bedingungen — Heiligtum mit Gottesbild — erfüllt sind und die Wendung שָׁאַל בֵּאלֹהִים bzw. שָׁאַל בַּיהוָה *terminus technicus* für das Werfen des Losorakels zu sein scheint.

[29] ALT, II (1951), S. 133: »Dagegen bildet Jahwes Bund mit Levi eine gute Analogie zu dem mit David... In beiden Fällen hat Jahwes Bund den Sinn einer ständigen und darum von vornherein erblich gedachten Betrauung eines größeren oder kleineren Menschenkreises mit einer dann nur diesem zukommenden Funktion im Gesamtleben des Volkes.« — Vgl. NOTH, Ges. Stud., S. 122—123.

[30] Dazu vgl. MOWINCKEL, Kadesj, Sinai og Jahwe (Norsk Geografisk Tidsskrift 9, 1942, S. 1—32).   [31] So zuletzt AUERBACH, ²1938, S. 71—74.

Die historische Treue wenigstens in dem Hauptpunkt dieser Überlieferung vorausgesetzt, verlangt die Nennung des für die weitere Geschichte Lewis entscheidenden Kades, daß wir mit der historischen Ansetzung weit in die Zeit vor der Landnahme der mittelpalästinischen Stämme hinaufgehen müssen. Daß jene Oasensiedlung die Heimat der Lewiten war, ist wahrscheinlich und auch, daß die am Exodus beteiligten Stämme schon vor diesem Ereignis mit den Lewiten Berührung hatten, denn nach der alttestamentlichen Überlieferung war Lewi oder doch ein Teil Lewis am Exodus beteiligt. Das würde bedeuten, daß die Lewiten von den nach Ägypten übersiedelnden Gruppen gegen Ende des 14. Jh. v. Chr.[32] in Kades angetroffen wurden[33].

2. Gen 49 5-7

Ein äußerst schwer zu deutendes Glied in der Kette der Textstellen für eine Geschichte Lewis haben wir bisher übergangen: Gen 49 5-7, schwierig deshalb, weil damit die Fragen nach den noch weiter zurückreichenden Anfängen Lewis verbunden sind, Fragen, die um das Problem der einstigen Existenz eines gleich Simeon weltlichen Stammes Lewi wie um die dann mögliche Verbindung zwischen diesem und jenen geistlichen Nachfahren kreisen.

Nun läßt Gen 49 5-7 erkennen, daß z. Z. seines Autors Lewi »zerstreut« war. Da wir den Autor aber frühestens ans Ende der Richter-Zeit, wahrscheinlich aber in eine noch spätere Epoche setzen müssen, kann mit dieser Aussage nur der ohne eigenes Stammesland, also über ganz Israel verstreut lebende »geistliche Stamm« gemeint sein, bestätigt also das, was wir ohnehin wußten.

Damit scheidet Gen 49 als Beweis für die Existenz eines vormals weltlichen Stammes Lewi aus[34].

Wiederum müssen wir wie bei Simeon auf die in 49 5-7 dafür gebotene Begründung eingehen, die in ihrer Art auf Gen 34 verweist. Jene Erzählung aber läßt keinen Zweifel daran aufkommen, daß Simeon und Lewi weltliche Stämme waren. Sowohl diese wie auch die andere Tatsache, daß, billigt man Gen 34 einen ihm zugrunde liegenden historischen Kern zu, jenes Ereignis einige Jahrhunderte von dem Autor des Spruches 49 5-7 getrennt ist, unterstreicht die Feststellung, daß zwischen den von Gen 49 5-7 und Gen 34 vorausgesetzten Zu-

---

[32] Vgl. dazu Noth, 1960, S. 109, A. 1.
[33] Das könnte auch den Grund für das Fehlen einer Erwähnung Moses oder Arons liefern; denn erst im Zuge der Tradition wurden beide mit diesen »vormosaischen« Ereignissen Lewis verbunden.
[34] So u. a. Baudissin, 1889, S. 262—271; Gunkel, ⁴1917, S. 480; Hoftijzer, S. 258, A. 3; vgl. auch Hölscher, PWRE 1925, Sp. 2171, und die interessanten Überlegungen von Strauss (S. 113—126) zu Gen 49 5-7 und Gen 34.

ständen und Geschehnissen kein inhaltlich-sachlicher, sondern lediglich ein literarisch-theologischer Zusammenhang besteht; denn Gen 34 wird dazu benutzt, die Argumente für die theologische Begründung des Zerstreutlebens der priesterlichen Lewiten herzugeben[35].

Sehen wir darum von Gen 49 5-7 ab, so vermag anderseits Gen 34 doch etwas Wesentliches über die noch hinter Kades zurückreichende Geschichte der Lewiten auszusagen[36].

Stellten wir schon bei Simeon fest, daß dessen Zerstreuung und Untergang als Folge einer für ihn mit einer furchtbaren Niederlage endenden kriegerischen Auseinandersetzung sehr gut verständlich wird und daß dieses für ihn letzten Endes tödliche Geschehen als spätere Konsequenz des gewiß zuvor glimpflich ausgegangenen Überfalls auf Sichem angenommen werden muß, so nötigt uns die enge Verflechtung Lewis mit dem Geschick Simeons — irgendwelche Anzeichen zum Herausbrechen Lewis aus Gen 34 oder gar Gen 49 liegen nicht vor[37] —, für ihn das gleiche anzunehmen. Dazu paßt, daß wir außerhalb der Genesis von einem weltlichen Stamm Lewi nichts hören.

Das würde dann bedeuten, daß die zerstreuten Reste Lewis und Simeons sich in die südlichen Randgebiete Palästinas begeben haben. Während die Überbleibsel Simeons auch noch später dort anzutreffen waren, haben sich die der Katastrophe entronnenen Lewiten weiter südwärts nach Kades begeben, wo sie schließlich zu Priestern wurden[38].

Da wir die Kades-Erlebnisse Lewis in der 2. Hälfte des 14. Jh. v. Chr. ansetzten, müßten die Geschehnisse in und um Sichem sowie die später folgende Niederlage etwa 1—2 Menschenalter vorher, also um 1400 v. Chr., datiert werden. Damit kämen wir in die Amarna-Zeit mit ihren Sichem besonders berührenden Ereignissen hinein[39].

---

[35] Das stellt von anderen Voraussetzungen her auch NOTH, 1948, S. 94, fest.
[36] So zuletzt DE VAUX, II, S. 203—205; MOWINCKEL, Fs-Eißfeldt 1961, S. 146, und EISSFELDT, ²1961, S. 61. — GRESSMANN, ZAW 1910, S. 29—30, und EISSFELDT, 1922, S. 28, A. 1, betonen mit Recht, daß die Vernichtung beider Stämme nicht sogleich in Sichem, sondern erst später erfolgte.
[37] Gg. FLINDERS PETRIE, Exp 1905, S. 240, u. WATERMAN, AJSL 1938, S. 34—38.
[38] Vor allem WELLHAUSEN, 1927, S. 137—138, aber auch STEUERNAGEL, 1901, S. 101, haben dagegen geltend gemacht, daß der der David-Zeit angehörende Fluch über Lewi nur den weltlichen Stamm, der mit dem gleichnamigen Priesterorden keinerlei Verbindung habe, meinen könne, da ein Fluch über den anderen zu jener Zeit undenkbar wäre. Weil aber Dtn 33 8-11 von Gen 49 5-7 zeitlich nicht sehr weit entfernt ist, mag der Schluß nahe liegen, daß beidemale der gleiche Lewi gemeint ist, aber von verschiedenen Standpunkten aus beurteilt wird. Daß Lewi Feinde hatte, verschweigt auch Dtn 33 nicht. Vgl. dazu die Erwägungen EISSFELDTS, ³1964, S. 305.
[39] So vor allem ROWLEY, a. a. O. (S. 67, A. 20), dem wir in den Hauptzügen folgen; jüngst auch BRIGHT, 1959, S. 122.

3. Demnach sähe eine Geschichte dieser beiden Stämme etwa so aus: Simeon und Lewi zogen nach vorübergehendem Aufenthalt und einer heftigen Auseinandersetzung[40] in Mittelpalästina nach Süden, wurden unterwegs aber von einem sie beide sehr stark in Mitleidenschaft ziehenden Verhängnis ereilt, demzufolge die Reste Simeons in Juda aufgingen, während die überlebenden Lewiten bis nach Kades weiterzogen und dort um die Mitte des 14. Jh. v. Chr. Priester wurden. Wenigstens ein beträchtlicher Teil von ihnen, wenn nicht sogar alle, schloß sich den aus Nahrungssorgen nach Ägypten übertretenden israelitischen Gruppen an[41], erlebte zu Ende des 13. Jh. Exodus und Landnahme mit diesen und trat schließlich gegen Ende der Richter-Zeit (Mitte des 11. Jh.) als eine durch ihren zunehmenden Einfluß begehrte Priesterschaft des Landes, die Mose als ihren prominentesten Ahn verehrte und sich dann auch von ihm herleitete[42], in Erscheinung.

IV. JUDA

Die Exegese sowie die sich daraus ergebenden formgeschichtlichen Erwägungen ließen deutlich werden, daß von den für die Nachzeichnung der frühen Geschichte Judas zur Verfügung stehenden beiden Stammessprüchen, Gen 49 8-12 und Dtn 33 7, nur der letzte eine ursprüngliche Einheit darstellt, während der erste ein aus Elementen ganz verschiedenen Alters zusammengesetztes Gedicht ist.

Wenn es erlaubt ist, diese Komposition in ihre ursprünglichen Bestandteile zu zerlegen und jeden Teil gesondert zu betrachten, ergäbe sich folgendes Bild: Der formal älteste Spruch liegt in Gen 49 9, der jüngste in Gen 49 8 vor. Dazwischen stehen die profane Erweiterung Gen 49 10-12 und der als Bittgebet jüngere Spruch Dtn 33 7, bei dessen Exegese eine nun geschichtlich näher zu umreißende inhaltliche Ähnlichkeit zu Gen 49 10-12 festgestellt wurde. Vor allem aus diesem Grunde ist es methodisch ratsam, sich an dem Werdegang der Sprüche entlangzutasten und mit Gen 49 9 einzusetzen.

---

[40] Vermutungen über die noch weiter zurückreichende Geschichte Lewis finden sich bei ROWLEY, a. a. O. (A. 39), aber auch bei ASMUSSEN, ZWTh 1893, S. 403—413; MEYER, 1905, S. 646—647; WELLHAUSEN, 1914, S. 34; MOWINCKEL, Fs-Eißfeldt 1961, S. 146; MAUCHLINE, S. 20—21; v. RAD, I, ²1958, S. 22. — Zur Frage einer Verbindung der Lewiten mit den minäischen Trägern dieses Namens vgl. jüngst ROLAND DE VAUX, 'Lévites' minéens et lévites israélites (Fs-Junker, Trier 1961, S. 265—273).

[41] So u. a. MEEK, AJSL 1939, S. 113—120; v. RAD, a. a. O. (A. 40); EISSFELDT, ²1961, S. 62.

[42] Es ist wahrscheinlich, daß Mose Angehöriger des Stammes Lewi war (Ex 2 1), denn dadurch wird sein nachträgliches Hineinwachsen auch in die »vormosaischen« Kades-Überlieferungen am ehesten verständlich.

IV. Juda

1. Gen 49 9

Dieser alte Stammesspruch ließ erkennen, daß Juda nach erfolgreichen Kämpfen in der Niederung sich auf die Berge hinaufbegeben hat (עלה)[43], wo er sich zu gemächlicher, andauernder Ruhe niederließ, und weiter, daß Juda völlig auf sich selbst gestellt handelte, sich also damit in eine selbstgewählte Isolation hineinbegab, die für ihn immerhin die Möglichkeit großer Gefahren in sich barg, wie der Wunschsatz deutlich macht[44]. Das letzte spiegelt offenbar den bedenklichen Zustand Judas zur Entstehungszeit des Spruches wider, während in dem zuvor Bemerkten Begebenheiten aus seiner weiter zurückliegenden Geschichte anklingen.

Wiederum erhebt sich die Frage, wie diese Vorgänge auf Grund der alttestamentlichen Überlieferungen näher gekennzeichnet und vor allem zeitlich festgelegt werden können.

Der vorliegende Tatbestand wie auch die gerade in den alten Stücken dieser Gattung anzutreffende Vorliebe für die Schilderung des Seßhaftwerdens der betreffenden Stämme[45] legen es nahe, hier an den gleichen Vorgang bei Juda zu denken[46]. Verschiedene Beobachtungen vermögen diese Vermutung zu erhärten. Einerseits ist Judas Land weithin mit dem »Gebirge Juda« identisch und erklärt somit das notwendige Hinaufziehen, wie es auch aus Jdc 1 1-20[47] deutlich hervorgeht: עלה v. 1-4 (. 16). Anderseits läßt gerade Jdc 1 erkennen, daß Juda erst nach für ihn siegreichen Auseinandersetzungen mit der Vorbevölkerung (Jdc 1 4) sich auf dem Gebirge niederlassen konnte und daß er schließlich in die Ebenen, den Negeb und die Schephela, vorzudringen versuchte, was offenbar nach Jdc 1 9 von Erfolg war. Nun findet sich aber Jdc 1 19 die gegenteilige Notiz: Judas Versuche wären ergebnislos geblieben, weil die Kanaanäerstädte der Niederungen besser als die Judäer gerüstet waren.

EISSFELDT[48] weist den letzten Vers der jüngeren Darstellung des J und nicht wie Jdc 1 9 dem L zu und unterstreicht damit die Tatsache, daß dieser Vers offenbar in Anlehnung an Jos 17 16. 18 (Konj.), von EISSFELDT ebenfalls zu J gestellt[49], geschaffen wurde, nur mit

---

[43] S. dazu ORELLI, 1882, S. 132.
[44] Die oben S. 11 herangezogene Stelle Ez 19 1-9 vermag indirekt diese Deutung zu bestätigen; denn dort wird im Bild der gerade zu Kephiren herangewachsenen Löwenjungen »selbstgewähltes und selbstmächtiges politisches Handeln« zweier Könige gegeißelt, das deren Gegner auf den Plan ruft, »den Würger abzuwehren und unschädlich zu machen« (FOHRER-GALLING, Ezechiel, 1955, S. 106).
[45] Vgl. die oben S. 55 angeführten Sprüche.
[46] So BAUR, S. 230—231; SELLIN, ZAW 1944, S. 59-60, u. a.
[47] Doch s. WRIGHT, JNESt 1946, S. 105—114.
[48] 1925, S. 1*—2*.
[49] 1922, S. 236*.

dem Unterschied, daß dort diese Nachricht am Platze ist (s. S. 116), hier dagegen sich nicht nur mit v. 9, sondern auch mit dem sonst über Judas frühe Geschichte Bekannten stößt. Nun läßt sich aber diese Notiz von den eisernen Streitwagen der Kanaanäer zeitlich ziemlich genau bestimmen, so daß von daher der Schluß, daß die in Jdc 1 9 wie auch in Gen 49 9 berührten Geschehnisse vor dem genannten Zeitpunkt anzusetzen sind, auf der Hand liegt. Erst mit Jdc 4 3. 13 sind solche Kriegsgeräte bei der Israel feindlichen Vorbevölkerung zeitlich sicher belegt. Beide Verse aber gehören zu der das gleiche Ereignis wie Jdc 5 darstellenden Erzählung[50], geben also ein Faktum aus der Mitte des 12. Jh. v. Chr. wieder. Das stimmt völlig mit den archäologischen Ergebnissen überein, wonach im Laufe des 12. Jh. v. Chr. das Eisen, zuerst zur Herstellung von Kriegsgerät, nach Palästina kam (s. S. 103).

Schließlich geht aus Jdc 1 1-20 hervor, daß Juda sein Gebiet als erster israelitischer Stamm überhaupt erobert[51] und daß sich seine Landnahme getrennt von den anderen Israeliten vollzogen hat[52].

Darauf verweist gleichermaßen Gen 38 mit seiner Juda als Einzelgänger zeichnenden Darstellung. Obendrein bestätigt dieses Kapitel teilweise unsere bisher getroffenen Feststellungen[53] und ergänzt sie in einer bestimmten Richtung.

Wie MEYER[54], SELLIN[55] und NOTH[56] betont haben, ist das Vordringen Judas nach Westen hinab, das nicht kriegerisch, sondern friedlich und freundschaftlich unter Vermengung mit einheimischen Elementen vor sich ging, der stammesgeschichtliche Hintergrund von Gen 38. Daß diese friedliche Expansion erst dem gewaltsamen Eindringen folgte, schließt MEYER mit Recht[57].

Damit würde Gen 38 weithin Ereignisse im Auge haben, die auf die in Gen 49 9 als Vergangenheit geschilderten folgten, also wohl der Entstehungszeit des Spruches angehörten. Die Schlußfolgerung daraus liegt auf der Hand: Gen 38 bietet den sachlichen Hintergrund für die Gen 49 9bβ ausgesprochene Befürchtung, Juda möge nicht an der Behäbigkeit und Ruhe, die das Aufgehen des israelitischen Stammes in kanaanäischem Wesen zur Folge hat, zugrunde gehen.

---

[50] EISSFELDT, 1925, S. 9*—10*.
[51] Darauf machte STADE, ZAW 1881, S. 146, aufmerksam.
[52] Bezüglich Jdc 1 3. 17 vgl. S. 66.
[53] Dem widerspräche allerdings das Hinabsteigen Judas von v. 1. Indes scheint dieser Ausdruck auf das die Einzelgeschichten von Jakob und seinen Söhnen sekundär verknüpfende Itinerar zurückzugehen.
[54] 1906, S. 434—436.
[55] I, 1924, S. 46.
[56] PJB 1934, S. 44, A. 3.
[57] 1906, S. 441.

Aus alledem geht hervor, daß die von Gen 49 9 widergespiegelte Geschichte vor das 12. Jh., vielleicht sogar in das 13. oder gar 14. Jh. v. Chr. gehört, wie ja auch Gen 38 in der Patriarchenzeit spielen will[58].

2. *Gen 49 10-12*

Das nächste Glied in der Kette der Geschichte Judas ist Gen 49 10-12. Die Exegese hat gezeigt, daß Juda den Anspruch erhebt, seine Stammesherrschaft solle ihre Vollendung und Krönung in der Herrschaft über alle Silo als ihren Mittelpunkt ansehenden Stämme finden[59].

Das setzt aber voraus, daß Judas Herrschaft über seinen eigenen Stamm derzeit so gefestigt war, daß ein solcher Wunsch Platz greifen konnte[60], und weiter, daß Silo selbst, außerhalb des Einflußbereichs Judas gelegen, wohl auf dem Höhepunkt seiner Geschichte stand und als »Symbol höchster national-religiöser Führung in Israel«[61] galt. Wenn auch gesagt wird, daß die von Juda nachdrücklich gewünschte Ausweitung seines Machtbereiches nicht auf kriegerische, sondern friedliche Weise durch freiwillige Unterordnung des Heerbanns der anderen Stämme unter Judas Führung geschehen solle, so ist doch eine Unterordnung solcher Art keine freiwillige Akklamation, sondern eher die notgedrungene Fügung und Beugung des Schwächeren unter die militärisch fundierte Autorität des Stärkeren[62].

Aus diesen Hinweisen läßt sich unschwer die betreffende Zeit ermitteln; denn der Zeitraum, innerhalb dessen jene Worte überhaupt möglich sind, wird durch die Geschichte Silos abgesteckt.

Als *terminus ad quem* kommt die Zerstörung dieses zentralen Kultortes in Frage[63]. Obgleich uns kein alttestamentlicher Bericht darüber vorliegt, kann es doch nach Jer 7 12-14 26 6. 9 Ps 78 60 nicht zweifelhaft sein, daß die Philister um die Mitte des 11. Jh. v. Chr. Silo zerstörten[64], nachdem sie die Lade an sich gebracht (I Sam 4—6) hatten.

---

[58] MEEK, 1950, S. 41.
[59] Ähnliche Ansprüche begegnen Jdc 8 1-3 12 1-6 Mi 5 1-3 u. ö. — S. unten S. 99f. 107.
[60] Vgl. das herrische Gebaren des fürstlich geschilderten Juda v. 11-12.
[61] EISSFELDT, SVT 1957, S. 141.   [62] Das gibt יְקָהָה ohne weiteres her.
[63] Wenn OESTREICHER, Reichstempel und Ortsheiligtümer in Israel (BFchrTh 33, 3), Gütersloh 1930, S. 14—15, mit seiner Feststellung, הֵיכָל hätte wegen des zu beobachtenden Bedeutungswandels vom Tempel zum Königspalast von Haus aus »neben der rein religiösen eine politische Bedeutung« gehabt, sei also eine Bezeichnung für das »religiös-politische Zentrum« einer Gemeinschaft, im Recht ist, könnte gleiches auch für Silo zutreffen (I Sam 1 9 3 3) und unsere Bemerkungen stützen.
[64] Vgl. damit die archäologischen Ergebnisse der dänischen Ausgrabungen auf der *chirbet sēlūn*, wonach Silo I bis ins 11. Jh. v. Chr. existierte: KJAER, PEFQSt 1927, S. 202—213; ALBRIGHT, ib., S. 158; EISSFELDT, PWRE 1938, Sp. 2396.

Das liefert nun auch die entscheidenden Gründe für die Festsetzung des *terminus a quo*. Offenbar hat Silo seine Bedeutung als kultische und politische Metropole des Hauses Joseph der Gegenwart der Lade zu verdanken gehabt. Wie wir aber der Geschichte Benjamins und Ephraims entnehmen können, ist dieses hochwichtige Kultobjekt nach einer heftigen Auseinandersetzung zwischen Ephraim und Benjamin, die für letzteren negativ auslief, von dem einst benjaminitischen Bethel nach Silo gebracht worden, ein Ereignis, das erst nach der Debora-Schlacht angesetzt werden kann (s. S. 118f.).

Damit wird die fragliche Zeit unseres Spruches zwischen 1125 und 1050, etwa um die Wende vom 12. zum 11. Jh. v. Chr., zu suchen sein[65].

Zugleich wirft diese Ansetzung ein Licht auf die Motive Judas. Erst nachdem er von dem kriegerischen Erfolg der zu dieser Tat vereinten mittel- und nordpalästinischen Stämme und von der dafür grundlegenden Bedeutung der Lade gehört hatte, ist für ihn das Verlangen, ihrer Herr zu werden, brennend geworden.

Diese Erwägungen zusammen mit denen über Gen 49 9 vermögen nun auch den Grund für das bisher ganz verschieden gedeutete Schweigen des Debora-Liedes über Juda zu liefern. Sahen wir, daß Judas frühe Geschichte ohne Kontakt zu anderen Stämmen verlief, so können wir Entsprechendes von Gen 49 10-12 her auch für die Folgezeit annehmen[65a], denn nur auf dem Boden dieser Tatsache ist der Wunsch, nach Silo zu kommen, verständlich. Soweit wir wissen, ist Judas Wunsch nicht in Erfüllung gegangen. Bald waren die Philister auf dem Plan und banden bereits Judas Macht, als Silo sich noch eines ungestörten Lebens erfreuen konnte. Das läßt deutlich werden, daß letztlich die Philister Judas Streben nach einer Verbindung zunichte machten, daß, anders ausgedrückt, der sog. kanaanäische Städtegürtel ihn nicht daran hätte hindern können[66]. Das aber macht es nun auch wahrscheinlich, daß Judas Geschichte bis zum Aufkommen des Königtums unter Saul, der sich als erster gegen die Philister wandte, außer gelegentlichen Kontakten ohne nachweisbare und nachhaltige Verbindung zu den nördlich von Juda ansässigen Stämmen verlaufen ist.

---

[65] Zuletzt hat sich EISSFELDT, SVT 1957, S. 141, nachdrücklich für eine Ansetzung des Spruchs während der Blütezeit Silos eingesetzt.

[65a] Immerhin darf man die andere Möglichkeit, Judas mit Gen 49 10-12 belegter Herrschaftsanspruch stamme schon aus der Zeit vor der Debora-Schlacht, nicht ganz außer Betracht lassen. Dann müßte sein Fehlen in Jdc 5 so erklärt werden, daß man ihn gerade deshalb beim Aufruf zum Kampf geflissentlich überging.

[66] Vgl. auch Jdc 19 10ff. und vielleicht II Sam 2 1ff. 5 1ff.

3. Dtn 33 7

Die nächstjüngere Periode in Judas Geschichte vermag Dtn 33 7 zu beleuchten. In Form eines Gebets an Jahwe, er möge die Bitte Judas erhören, werden wir mit dem Inhalt bekannt gemacht. Judas Wunsch geht dahin, zu der Gemeinschaft zu gehören, mit der er blutsmäßig verbunden und deren Gott Jahwe ist.

Auf die Ähnlichkeit dieser Bitte zum Text von Gen 49 10-12 — hier wie dort findet sich der Wunsch, aus der geschichtlich bedingten Isolierung herauszukommen und Anschluß an das übrige Israel zu gewinnen — wurde bereits oben (s. S. 29) hingewiesen wie auch auf die deutlichen Unterschiede, daß einerseits das herrisch-stolze judäische Streben nach Vorherrschaft über die nördlich von ihm lebenden israelitischen Stämme einer Bitte Judas um Gemeinschaft mit diesen gewichen und daß anderseits von Silo in diesem Spruch keine Spur mehr zu finden ist. Die veränderten Stammesverhältnisse bedingen die Annahme von Ereignissen, die Juda empfindlich geschwächt, nicht aber ausgelöscht haben. Dabei vornehmlich an die Philister zu denken, die Juda bedrängt und schließlich Teile seines Landes annektiert haben[67], liegt auch insofern nahe, als auf der anderen Seite die Eingliederung des Satellitenstaates Juda in den philistäischen Bereich doch nur eine recht lose war[68], so daß den Judäern noch Bewegungsfreiheit genug verblieb.

Muß schon durch die Voraussetzung einer verwandtschaftlichen Beziehung zu den eigentlich ihrer Herkunft und Geschichte nach von Juda deutlich unterschiedenen nördlichen Stämmen, die die Annahme wenigstens der Anfänge einer sie genealogisch miteinander verbindenden Familiengeschichte unumgänglich macht, eine Epoche ins Auge gefaßt werden, die in deutlicher Nähe zur Königszeit steht (s. S. 60 f.), so wird unsere Vermutung durch die Nichterwähnung Silos erhärtet. Wahrscheinlich befinden wir uns in den zwischen der Zerstörung dieses Ortes und dem Beginn des Königtums verbleibenden Jahrzehnten, etwa knapp ein Jahrhundert nach Gen 49 10-12[69].

Nun verweist der Spruch mit v. 7b auf Ereignisse der Vergangenheit, um damit die Bitte Judas vor Jahwe zu begründen und ihre Erfüllung zu gewährleisten. Dabei hören wir, daß Juda sich durch kriegerische Erfolge zugunsten dieser Gemeinschaft ein gewisses Anrecht auf Zugehörigkeit zu ihr erworben und daß ihm Jahwe schon

---
[67] Eissfeldt, PWRE 1938, Sp. 2396.
[68] Alt, II (1930), S. 40.
[69] So Gressmann, ²1922, S. 177; Kittel, II, 1925, S. 16, A. 4; Cross-Freedman, S. 193, A. 27 (S. 203); Wallis, Diss. theol. 1954, S. 185. Von Reichstrennung und judäischem Wunsch nach Wiedervereinigung mit Israel kann bezüglich unseres Spruchs nicht die Rede sein.

damals beigestanden habe, was er, so hofft man, auch diesmal tun und Judas Bitte erfüllen werde[69a].

An welches Ereignis wir dabei zu denken haben, muß, da unsere Quellen darüber schweigen, unklar bleiben. Passend wäre es, würde von einem »Richter« Entsprechendes ausgesagt, weil die Wendung, »Jahwe ließ den Israeliten einen Retter erstehen, der sie rettete« (Jdc 3 9 u. ö.), genau das wiedergibt, was von unserem Vers vorausgesetzt wird: das Handeln eines einzelnen Stammes, das Jahwes Beistand findet und einer größeren Gemeinschaft zugute kommt. Aber bei Othniel (Jdc 3 7-11), an den DE KONING gedacht hat[70], wird nicht gesagt, daß er Judäer, sondern Kenisiter oder bestenfalls Kalibiter war, und bei Ibzan, der wohl aus Bethlehem-Juda stammte, fehlt wiederum alles, was über sein Handeln Aufschluß geben könnte (Jdc 12 8-10). Schließlich könnte man auf Samgar (Jdc 3 21) verweisen, der zwar kein Judäer war, wohl aber in einem Strauß gegen die Juda und den Norden bedrückenden Philister siegreich blieb[71]. So muß die Frage letztlich offen bleiben, wobei die andere Möglichkeit, daß es sich um eine formelhafte Wendung handelt, die gar nicht so genau in der Geschichte lokalisiert werden will, durch den Hinweis auf das Verständnis des Spruches an Wahrscheinlichkeit gewinnt. Auch wenn mit dieser Erklärung des v. 7b die Möglichkeit entfällt, die oben vermutete zeitliche Ansetzung noch exakter zu umreißen, so bahnt sich doch zugleich damit eine andere wichtige Erkenntnis an.

Wie wir sahen, wird der Spruch voll verständlich, wenn wir ihn uns von einer dritten Person gesprochen denken. Die Tatsache, daß er ein Bittgebet um Bewilligung der Aufnahme Judas in eine durch gemeinsame Abstammung und gemeinsamen Kult gekennzeichnete Gemeinschaft von Israeliten darstellt, läßt an eine zumindest gottesdienstähnliche Versammlung aller Vertreter aus den verschiedenen in dieser Art zusammengeschlossenen Stämmen denken, deren Sprecher ein Priester oder wenigstens eine mit priesterlichen Funktionen betraute Person ist. In dieser kultischen Stämmegemeinschaft eine der von NOTH erschlossenen Amphiktyonie ähnliche Institution und in Dtn 33 7 den judäischen Aufnahmeantrag zu erblicken, ist auch insofern wahrscheinlich, als immerhin der Ruben-Spruch des Mose-Segens, wie wir oben S. 65 vorsichtig andeuteten, in der gleichen Versammlung gut denkbar ist.

[69a] Ob dieser Spruch damit zugleich den Anschluß Judas an die sog. 10-Stämme-Amphiktyonie aussagt, wie SCHUNCK, S. 72. 127, meint, wagen wir nicht zu entscheiden. Auf alle Fälle darf man gelegentliche Kontakte zwischen Juda und den anderen Stämmen annehmen.

[70] 1940, S. 421.

[71] Vgl. CROSS-FREEDMAN, S. 193, A. 27 (S. 203).

4. Gen 49 8

Bleibt als letzter Vers für Judas Geschichte Gen 49 8. Wie wir oben (s. S. 15. 59 f.) feststellten, handelt es sich um ein die Aussagen von Gen 49 9-12 zusammenfassendes und zugleich zuspitzendes, im Anschluß an v. 3-7 gestaltetes väterliches Segenswort über Juda.

Als Lohn für die Niederwerfung nichtisraelitischer Feinde wird dem Jakob-Sohn Juda die Huldigung seiner israelitischen Brüder verheißen. Die Ähnlichkeit dieses Motivs mit dem der Träume Josephs, vor dem seine Brüder niederfallen sollten, ist auffällig und legt es nahe, wie dort so auch hier mit der Abfassung an die glänzende judäische Königszeit zu denken[72].

Aber auch ohnedies muß diese Zeit in Anschlag gebracht werden. Denn der Segensspruch über Juda ist ein *vaticinium ex eventu*, das einen bestehenden Zustand aus einem entsprechenden Segen über den Stammvater in grauer Vorzeit herleiten will. Der Zustand nun, daß sich dem Stamm Juda die anderen israelitischen Stämme deshalb beugen, weil dieser eine glanzvolle jüngste Geschichte aufzuweisen hat, ist nur während Davids Regierungszeit aufweisbar[73]. Daß v. 8 zur Verherrlichung dieses Königs gedichtet ist und damit dem ganzen Juda-Spruch das spezielle Gepräge gegeben hat[74], ist nicht ohne weiteres von der Hand zu weisen, ebensowenig auch, daß der Juda-Spruch, vielleicht sogar der erste Teil des Jakob-Segens mit der deutlichen Abzweckung, das Überwechseln des Vorranges von Ruben über Simeon und Lewi auf Juda zu erweisen, beim Thronbesteigungsfest Davids in Jerusalem erklang[75].

5. Wir fassen zusammen. Mit Hilfe der Stammessprüche haben wir die Geschichte Judas von seinem Seßhaftwerden bis in Davids Tage hinein verfolgen und dabei einen Zeitraum von nahezu vier Jahrhunderten überschauen können. Wenn auch über die davorliegende Zeit nichts Weiteres ermittelt werden konnte[76], sind doch in

---

[72] Vgl. v. Rad, Die Josephsgeschichte, ³1959, S. 8—14. 22, u. Ges. Stud., 1958, S, 272 ff.

[73] Vgl. auch Num 23—24.

[74] Vor allem die Umkehrung des Verständnisses von v. 9bβ gehört hierher.

[75] Das erklärt, warum die Ansetzung des ganzen Segens oder doch wenigstens einzelner Stücke desselben in Davids Zeit seit alters sich so weit verbreiteter Beliebtheit erfreute.

[76] Vgl. die verschiedenen Erwägungen und Vorschläge bei Asmussen, ZWTh 1893, S. 403—412; Wellhausen, ³1899, S. 321; 1914, S. 34; Steuernagel, 1901, S. 79—80; Curtis, S. 20—21; Sellin, 1917, S. 62—68. 78—79; Burney, 1921, S. 30—32; Robinson, Am Cor 1933, S. 267—272; Noth, PJB 1934, S. 32—47; Rowley, ExpT 1938—39, S. 507—508; JNESt 1944, S. 73—74; 1952, S. 115; Bright, 1959, S. 77; aber auch bei Meyer, 1906, S. 248; Gesch. d. Altertums, II, 2, ²1931 (³1953), S. 427—428, u. Astour, Semitica 1959, S. 14—17.

der so dargestellten Geschichte Judas, die in ihrer Frühzeit wohl die Aufnahme manches fremden kanaanäischen Gutes aufzuweisen hat und die trotz des allerdings stets politisch gemeinten Wunsches bis auf Davids Zeit ohne andauernde Verbindung mit dem eigentlichen Israel verlief, bereits die Anzeichen enthalten, die sowohl Davids dynastisch gebundene Reichsgründung als auch die nachsalomonische Reichstrennung besser verstehen lassen[77].

V. SEBULON

Die exegetischen und formgeschichtlichen Überlegungen haben ergeben, daß Jdc 5 18 das älteste, dagegen Dtn 33 18-19 das jüngste Stück ist. Zwischen beiden steht Gen 49 13. Erscheint es schon von daher geboten, mit Jdc 5 18 einzusetzen, so wird das dadurch unterstrichen, daß Jdc 5 zugleich die zeitlich am sichersten datierbare Nachricht darstellt.

1. Jdc 5 18

Sebulons besondere Tapferkeit bei einem mit Naphtali gemeinsamen Kampf im Gebirge wird rühmend hervorgehoben. Daß dieser Vers in Jdc 5 ein Fremdkörper ist, vielmehr auf den Jdc 4* und Jos 11 zugrunde liegenden Kampf gegen Jabin von Hazor an den Wassern von Merom mit nachfolgender Zerstörung Hazors zu beziehen ist, wurde oben S. 51 f. wahrscheinlich gemacht.

Wir haben hier den seltenen Fall, daß wir den geschichtlichen Hintergrund eines Stammesspruches auf Grund sowohl guter biblischer Nachrichten als auch archäologischer Feststellungen außerordentlich genau bestimmen können. Danach fand der Kampf Sebulons und Naphtalis unter Führung Baraks aus Kedes-Naphtali gegen Jabin, den Stadtherren von Hazor, bei den Wassern von Merom statt, hatte die Niederlage Jabins, die Zerstörung seiner Residenzstadt und die Niederlassung beider Stämme zur Folge[77a].

Die Wasser von Merom wird man mit dem gleichnamigen *wādi mērōn*[78] in Verbindung bringen dürfen. Kedes-Naphtali ist mit dem etwa 10 km nordöstlich vom

---

[77] Vgl. dazu vor allem ALT, II (1951), S. 116—134. — Zur Akklamation bei arab. Stämmen vgl. W. MONTGOMERY WATT, Art. Badw (Encyclopaedia of Islam, New Ed., Vol. I, Fasc. 14, 1958, S. 889—892), S. 891.

[77a] Dem entspricht es, daß in Galiläa zu Ausgang des 13. Jh. v. Chr. »zahlreiche kleinere Ansiedlungen neu angelegt wurden« (SCHUNCK, S. 28, A. 68 u. die dort genannte Literatur). Das aber spricht wohl eher gegen die verallgemeinernde These SCHUNCKS (S. 27—28), daß die »galiläischen Stämme« bereits vor der Zerstörung Hazors »in einem Abhängigkeits- oder gar Untertanenverhältnis zu den Kanaanäerstädten der Umgebung« gestanden hätten. Indes wird das für Asser zutreffen.

[78] Vgl. dazu ALT, II (1937—1940), S. 372, A. 2; NOTH, Josua, ²1953, S. 67; MAASS, S. 109.

Hule-See entfernten *ḳedes* zu identifizieren, und das Hazor des AT ist in dem *tell waḳḳāṣ* am *wādi waḳḳāṣ*, reichlich 10 km südwestlich vom Hule-See, wiedergefunden worden.

Damit ist der Schauplatz des Geschehens im westlich bis südwestlich vom Hule-See gelegenen obergaliläischen Gebirge einigermaßen fest bestimmt. Es handelt sich um ein Gebiet, das zwar vorwiegend der spätere Besitz Naphtalis war; aber gewiß wird ebenfalls Sebulon für seine eigene Ansiedlung aus der Niederwerfung Hazors profitiert haben. Denn wenn es auch nicht mit Bestimmtheit gesagt werden kann, wie groß der Einflußbereich Hazors war, so können wir doch aus einem ganz ähnlichen Fall, nämlich der Tatsache, daß Siseras Residenzstadt Haroschet durch den Zusatz Gojim nach Galiläa, dem *gᵉlîl hag-gôjim*, gehört, also vom eigentlichen Kampfschauplatz am Südrand der Jesreel-Ebene weit entfernt war[79], auf eine entsprechende Größe Hazors schließen. Demnach wäre es gut denkbar, wenn dieser Stadtstaat ganz Obergaliläa beherrscht hat, im Westen und Nordwesten an die phönizischen Stadtreiche grenzte und im Süden an ähnliche Herrschaftsgebilde der Ebenen, vielleicht sogar vornehmlich an das Siseras stieß.

Nun haben die Ausgrabungen auf dem *tell waḳḳāṣ*[80] ergeben, daß das dort gelegene Hazor um 1200 v. Chr. erobert, zerstört und bald darauf neu besiedelt wurde. Die von uns auf exegetischem Wege erschlossene Datierung, derzufolge Jdc 4* und Jos 11 vor Jdc 5 gehören, daß also der Sieg im obergaliläischen Bergland den konzentrischen Ansturm gegen die Jesreel-Ebene erst ermöglichte, ist dadurch glänzend bestätigt worden[81].

2. Gen 49 13

Gen 49 13 führt die weiteren Folgen des Sieges über Hazor für die Landnahme des Stammes Sebulon aus[82].

Auf dem Hintergrund seiner rühmenswerten Tapferkeit, die ihm den Zugang zum Land öffnete, wird dieser Vers mit seiner Aussage, Sebulon sei im Begriff, sich in Richtung auf das Mittelmeer hin niederzulassen, verständlich.

Dabei wird hervorgehoben, daß jenes Meer wegen seiner Hafenbuchten für ihn besonders anziehend sei und daß die äußerste Grenze seines Gebietes beinahe die von Phönizien berühre, was wegen der zu vermutenden Größe des Jabin-Reiches keineswegs unglaubhaft erscheint.

---

[79] Deshalb befriedigt die gängige Ansetzung nicht: SIMONS, The Geographical and Topographical Texts of the OT, 1959, § 548, S. 288—289.
[80] Zum folgenden vgl. zuletzt MAASS, S. 106. 109—112.
[81] Auch MAASS billigt diesem Geschichtsablauf »viel Wahrscheinlichkeit« zu (S. 112).
[82] So auch PROCKSCH, 1924, S. 279, u. TÄUBLER, MGWJ 1939, S. 46; 1958, S. 124.

Für die zeitliche Fixierung des Geschehens ergibt sich daraus folgendes: Die Ansiedlung Sebulons ist noch in vollem Gang. Von einer Dienstbarkeit den Kanaanäern oder Phöniziern gegenüber ist nicht das geringste zu spüren. Wir werden uns von dem unter *1.* genannten Zeitpunkt nicht allzuweit entfernen dürfen.

Näheren Aufschluß vermag die Beteiligung Sebulons an der Debora-Schlacht zu geben. Nach diesem Ereignis waren die Kanaanäer des südlichen Galiläa wie auch der angrenzenden Ebenen offenbar so geschwächt, daß die Israeliten, so auch die Sebuloniten Raum, aber die Philister gut ein Jahrhundert später die Oberhand gewinnen konnten. Die von diesem Spruch widergespiegelten Ereignisse finden in der Zeit, die durch die letztlich aus der Debora-Schlacht resultierende Umschichtung der Herrschaftsverhältnisse gekennzeichnet ist, ihre befriedigendste Erklärung.

3. Dtn 33 18-19

Ganz anders sieht dagegen das Bild aus, das Dtn 33 von Sebulon und Issachar[83] zeichnet.

Beide Stämme haben sich, offenbar schon seit geraumer Zeit, dem Handel ergeben. Während Issachar Karawanenhandel betreibt und dadurch das Kostbarste des auf dem Wege über die Wüste zu ihm und durch sein Gebiet kommenden Gutes für sich hat, zieht Sebulon aus dem Überseehandel so reichen Nutzen, daß er die Raritäten ferner Länder sein eigen nennen kann.

Diese Schilderung ihres satten Wohllebens dient jedoch dem Spruch nur als Begründung einer wichtigen Tatsache: Weil sie reich und hochgeachtet sind, laden sie die umwohnenden Bruderstämme zu Opferfesten auf den ihnen beiden gemeinsamen Berg Tabor (*dschebel eṭ-ṭôr*)[84] ein. Dabei liegt der Ton darauf, daß die Opfer nicht irgendeiner fremden Gottheit, sondern Jahwe dargebracht werden. Die besondere Hervorhebung Jahwes in Verbindung mit dem Tabor kann nicht von ungefähr sein. Sie macht den Eindruck, als solle hiermit betont werden, daß der Tabor-Kult Sebulons und Issachars nun vornehmlich ihrem Gott Jahwe gilt[85] und daß ihr in unserem Vers als allen Beteiligten bekannt vorausgesetzter Berg der Mittelpunkt eines größeren Verehrerkreises geworden ist. Aus den wenigen Andeutungen läßt sich die Zeitspanne, die für die Abfassung des Spruchs in Frage kommt, einigermaßen umreißen.

---

[83] Im folgenden wird Issachar mit abgehandelt, so daß unten hierauf verwiesen werden kann.
[84] Nach Jos 19 12. 22. 34 stoßen am Tabor die Grenzen Sebulons, Issachars und Naphtalis zusammen.
[85] Zur vorisraelitischen Gottheit des Tabor vgl. EISSFELDT, ARW 1934, S. 14ff.

Zunächst bestätigt Jdc 5 6 mit der Feststellung vom Aufhören oder zumindest von der Erschwerung des Handels und Wandels in dieser zentralen Landschaft indirekt, daß die dort lebenden Stämme in ruhigeren Zeiten daraus einen Teil ihres Unterhalts zogen. Sodann geht aus Jdc 4 6. 12. 14 hervor, daß der Tabor mit der Debora-Schlacht etwas zu tun hatte. Der Berg war der Sammelpunkt für die verschiedenen Stammeskontingente. Von dort zog, wie v. 14 sagt, »Jahwe vor ihnen her«; wahrscheinlich fanden dort auch die vor und nach der Schlacht anzunehmenden Kulthandlungen statt[86]. Können wir daraus schließen, daß mindestens seit Jdc 5 die alte Tabor-Kultstätte auch oder sogar ausschließlich Jahwe geheiligt war, so setzt doch unser Spruch eine Zeit ruhigen Handels, behäbigen Wohllebens, im umfassenderen Kreise gefeierter Kultfeste und vor allem eine »politisch-sakrale Verbundenheit«[87] Sebulons und Issachars voraus, was ein Abrücken von dem frühen Zeitpunkt erfordert[87a]. Auf der anderen Seite aber kann mit einem so gekennzeichneten ruhigen Leben nach dem Übergreifen der Philisterherrschaft auf den Raum der Jesreel- und Saron-Ebene kaum noch gerechnet werden. Wann nun im Laufe des 11. Jh. v. Chr. der philistäische Expansionsdrang diese Gebiete annektierte, ist nicht sicher zu sagen. Jedenfalls sind die Philister gegen Ende des 11. Jh. im Besitz jener Landstriche. Immerhin scheint es möglich, daß sie sich diese erst nach der Zerstörung des ihnen viel näher gelegenen Silo einverleibten.

Daß die zuletzt genannten Jahrzehnte zwischen 1050 und 1000 v. Chr. in Frage kommen, wird auch von anderer Seite nahegelegt.

---

[86] Vgl. den sowohl Jdc 4* als auch Jdc 5 hervortretenden Zug der unmittelbaren Teilnahme Jahwes am Kampf.

[87] TÄUBLER, MGWJ 1939, S. 35.

[87a] W. HERRMANN, S. 23—24, leitet unseren Spruch aus der Zeit David-Salomos her. Abgesehen davon, daß Form und Inhalt des vorliegenden Stammesspruches gegen diese Spätdatierung sprechen, ist HERRMANNS unter Hinweis auf ALT, Kl. Schr. II, S. 84, A. 2, vorgetragenes Argument, der in der Liste der Salomonischen Gaue fehlende Sebulon sei im Gau Issachars mitgenannt, also für jene Zeit eine Verbindung von Sebulon mit Issachar bezeugt, nicht stichhaltig; denn dann müßte man für Sebulon eine ähnliche Erklärung bereithalten, wie sie ALT (S. 88) für die anderen außer Juda noch fehlenden Stämme gibt. Indes vernehmen wir vom Aufhören einer selbständigen politischen Existenz Sebulons oder — wie im Falle Dans — von einem extrem kleinen Gebietsteil in Dtn 33 18-19 nichts. Eher das Gegenteil — Sebulon wird an erster Stelle genannt — ist der Fall. Wenn es richtig ist, daß der Mose-Segen eine politisch-kultische Verbindung Sebulons und Issachars im 11. Jh. v. Chr. bezeugt, so läßt sich auf Grund der Überlegung, daß der westlich Issachars lebende und Seehandel betreibende Sebulon von Einbruch und Ausbreitung der Philister besonders hart betroffen wurde, die Einbeziehung seiner danach übriggebliebenen Sippen in den Gau Issachars hinreichend erklären. S. dazu auch S. 85, A. 96.

Der Kreis der am Tabor-Fest teilnehmenden Stämme wird etwa der gleiche wie der von der Debora-Schlacht gewesen sein, der Inhalt vielleicht sogar die Feier der Wiederkehr[88] dieses triumphalen Sieges für Israel und seinen Gott[89].

Darauf verweist wiederum die von dritter Person gesprochene Aufforderung an Sebulon und Issachar, sich der durch dieses Ereignis gewonnenen Bewegungsfreiheit und des daraus resultierenden Wohlstands zu freuen. Eine solche Aufforderung erscheint nur im Rahmen einer größeren Zahl Anwesender sinnvoll.

Verbindet diese Stämme gemeinsames Blut und ein gemeinsames Heiligtum, so liegt es auf der Hand, an eine amphiktyonieähnliche Gemeinschaft[90] zu denken sowie daran, daß die zwar schon geraume Zeit vor Silo bestehende Tabor-Gemeinschaft[91] dann auch die Heimstätte der Silonischen nach deren Zerstörung hätte gewesen sein können.

Diese Andeutungen finden durch Ps 68 eine willkommene Bereicherung. Anregungen MOWINCKELS von 1953 aufnehmend, findet KRAUS[92] im Kern des Psalms »Kultvorgänge und Kulttraditionen des altisraelitischen Heiligtums auf dem Thabor« wieder. Das geht deutlich aus v. 28 mit seiner Erwähnung Sebulons und Naphtalis neben Benjamin[93] und aus der starken Bezugnahme auf das Debora-Lied hervor. Für die zeitliche Ansetzung aber gilt beiden, MOWINCKEL und KRAUS, die in v. 28 hervortretende Suprematie Benjamins als durchschlagend, so daß sie an die Zeit Sauls denken. Aber das hat seine Schwierigkeiten. Wie MOWINCKEL richtig gesehen hat[94], ist in v. 2 mit der Anspielung auf Num 10 35-36 die Lade erwähnt. In Anbetracht der zeitlichen Fixierung des Psalms nötigt das MOWINCKEL zur Annahme von mehreren Exemplaren jenes Kultgegenstandes zu Zeiten Sauls. Bedenken wir aber, daß z. Z. von Jdc 5 die Führerschaft Benjamins festgestellt und auch die Beteiligung der Lade an der Debora-Schlacht wahrscheinlich gemacht werden kann (s. S. 110), so liegt der Ansetzung dieses Psalms kurz nach der kriegerischen Auseinandersetzung nichts mehr im Wege, würde auch das Postulat von mehreren Laden unnötig machen.

Damit können wir Ps 68 den Hinweis auf ein nach der Debora-Schlacht auf dem Tabor existierendes amphiktyonisches Zentrum,

---

[88] Vom Jahresfest auf dem Tabor sprechen auch TÄUBLER, 1958, S. 125f., u. W. HERRMANN, S. 24.

[89] Vom Tabor-Baal erwartete man Abwendung von Not und Gefahren; seine Betätigung liegt auf politisch-sozialem Gebiet, wo er ein mächtiger und hilfreicher Gott war (so EISSFELDT, ARW 1934, S. 38—39). Diese Charakteristica passen gut hierher und haben gewiß die Übernahme jenes Kults durch Jahwe erleichtert.

[90] v. RAD, I, ²1958, S. 30, nennt es »ein kleines amphiktyonisches Zentrum, das seinen angestammten Verehrerkreis hatte«. — Vgl. auch ALT, II (1937), S. 404, A. 4.

[91] So auch Ps 68 28, wo die Führerschaft Benjamins sich widerspiegelt.

[92] Psalmen, I, 1960, S. 471.

[93] Daß die Erwähnung Judas auf die spätere Übernahme dieses Psalms in den jerusalemischen Kult zurückzuführen ist, haben MOWINCKEL, 1953, S. 54, und KRAUS, a. a. O., S. 471, überzeugend darlegen können.

[94] 1953, S. 72.

dessen bestimmendes Fest die Feier der Wiederkehr des durch Jahwe erwirkten Sieges über die Kanaanäer war und zu dem nicht nur die allernächsten, sondern wie Benjamin auch entferntere Stämme kamen, entnehmen.

4. Mit Hilfe der Stammessprüche war es möglich, die Geschichte Sebulons etwa zwei Jahrhunderte hindurch zu verfolgen. Da dieser Stamm in dem Augenblick ins Licht der Geschichte tritt, als er, mit Naphtali verbündet, einen beachtlichen militärischen Erfolg auf palästinensischem Boden für sich buchen kann, wie er am ehesten aus dem ungestümen Vordringen eines keine Gefahr scheuenden, weil sie noch nicht hinreichend kennenden Stammes erklärbar wird, mag man seinen Übertritt ins Kulturland mit diesem Ereignis eng verbinden[95]. Was aus dem Stamm Sebulon nach den Geschehnissen um die Wende zum 1. Jt. v. Chr. geworden ist, läßt sich schwer sagen. Auffällig ist sein Fehlen bei der Aufzählung der Salomonischen Gaue[95a]. Will man nicht annehmen, daß er, der doch bereits zuvor mit Issachar eine politische und kultische Einheit bildete, in dem issacharitischen Gau mitgenannt sei, so verdient die Erklärung ALTS[96], die Sebulon auf andere Weise in der Liste eine ihm gebührende Rolle zuerkennen will, volle Beachtung.

VI. ISSACHAR

Exegese samt Formgeschichte gibt die Reihenfolge Gen 49 14-15 und Dtn 33 18-19 an die Hand.

1. Gen 49 14-15

Die geschichtliche Aussage von v. 14 muß dem Bild entnommen werden. Danach wird Issachar als starker, freier Stamm (Esel im Ostjordanland) geschildert, der aber des unruhigen Lebens jenseits des Kulturlandes[93a] müde ist. Er meint klug zu handeln, wenn er das rauhe Halbnomadentum mit dem bequemeren Los im diesseitigen Teil Palästinas vertauscht. v. 15 zeigt, wie jene Aktion auslief. Nachdem er die außerordentlich fruchtbare Landschaft sah, verzichtet er um den Preis, sich dort niederlassen zu können, auf seine Freiheit und begibt sich in die Abhängigkeit von den Herren des Landes. Der genannte Sklavendienst kann sich angesichts des ertragreichen Landes nur auf Feldbearbeitung erstrecken[97], wie das Land selbst kein

---

[95] Damit scheidet die ohnehin kaum zu begründende These STEUERNAGELS (1901, S. 13—14) von vormals südlicheren Wohnsitzen, westlich des ephraimitischen Berglands, aus.
[95a] Vgl. ALT, II (1913), S. 84.
[96] II (1913), S. 84, A. 1.
[96a] Vgl. Gen 49 19 und Jdc 5 16.
[97] So MEYER, 1906, S. 536, und AUERBACH, ²1938, S. 87. 108.

anderes als das bekannte Siedlungsgebiet Issachars in der Ebene Jesreel ist (Jos 19 17ff.).

Aus diesen Andeutungen gilt es die zeitliche Ansetzung der genannten Tatsachen zu ermitteln. Dabei kommt uns ein glücklicher Umstand zu Hilfe.

Zunächst geht aus dem Debora-Lied deutlich hervor, daß Issachars Stammesgebiet der Kampfschauplatz war. Das kann nur so gedeutet werden, daß schließlich Issachar selbst vom Erfolg des Kampfes am meisten profitierte, was für ihn gleichbedeutend mit völliger Freiheit war[98].

Daß wir mit dieser Feststellung auf dem richtigen Weg sind, bestätigen die Angaben des Liedes selbst über die zuvor in der betreffenden zentralen Landschaft herrschenden Zustände: Jdc 5 6-7 läßt erkennen, daß Handel und Wandel wegen der Unsicherheit der gerade durch Issachars Gebiet führenden Verkehrsadern fast zum Erliegen gekommen waren und daß die israelitischen Bauern wegen der wirren Verhältnisse ihre Felder nicht mehr bestellen konnten; alles in allem das Bild einer chaotischen Zeit, die wohl vornehmlich durch die Übergriffe und Rivalitäten der einzelnen Stadtkönige bestimmt wurde und Issachar am härtesten traf. Daß er zu der Zeit bereits ein freier Stamm war, wird dadurch so gut wie ausgeschlossen.

Gleichzeitig aber haben, wie wir sahen (s. S. 80 f.), zwei Stämme nördlich von Issachar den Kanaanäern hart mitgespielt und damit das Signal zur Erhebung der anderen, z. T. geknechteten Stämme gegeben.

Diese beiden Aspekte, der Niedergang und Zerfall der alten Herrschaftsformen und das damit verbundene Durcheinander, können die Tatsache, daß der noch keineswegs freie Issachar schon mit Fürsten und Kriegsvolk wie ein anderer freier Stamm am Kampf teilnimmt, erklären. In gleicher Weise kann auch die Erwähnung des kleinen Richters Tola aus Issachar, der in Samir auf dem Gebirge Ephraim lebte (Jdc 10 1-2), verstanden werden. Wenn sie in die Zeit vor Jdc 5 gehört, wofür die Lage des Ortes auf dem Gebirge Ephraim spricht, dann setzt sie einen die Zeichen der Zeit nützenden und nach Freiheit strebenden Stamm voraus, dessen führende Vertreter sich außerhalb der unmittelbaren Gefahrenzone aufhalten und von dort die Geschicke ihres Stammesvolkes lenken[99]. Ebenso wird das Fehlen einer Grenzbeschreibung für Issachar im Josua-Buch[100] und das Schweigen des negativen Landnahmeberichts

---

[98] S. oben S. 48.

[99] Anders KUTCHER, S. 17—22, der die These eines zweigeteilten, auf dem ephraimitischen Gebirge in Freiheit, aber in der Ebene in Knechtschaft lebenden Issachar vertritt, und W. HERRMANN, S. 23, der, wie es in etwa schon ALT, I (1939), S. 126, A. 4, und v. RAD, ⁵1958, S. 372—373, taten, Tola der Zeit nach Jdc 5 zuweist, wobei allerdings die Lage des Orts keine hinreichende Erklärung findet. Obendrein erscheint HERRMANNS These, Barak sei Issacharit gewesen, angesichts von Jdc 4 6 und 5 15 kaum begründbar.

[100] Vgl. dazu ALT, ZAW 1927, S. 67; I (1927), S. 194.

über diesen Stamm (Jdc 1) bei Annahme einer frühen und lang andauernden Unfreiheit verständlich.

Somit spricht alles dafür, daß der einst freie, dann aber geknechtete Issachar von Gen 49 der Zeit lange vor Jdc 5 angehört[101].

Wir verdanken Alt[102] die auf Grund einiger Amarna-Briefe gewonnene Beobachtung, daß offenbar Issachar sich in einem durch die Umtriebe Labajas von seiner Bevölkerung entblößten fruchtbaren Landstrich der Jesreel-Ebene, der Stadt Sunem (*sōlem*) und Umgebung, unter der Bedingung, die bis dahin von Fronarbeitern umliegender Ortschaften mitbewirtschafteten Ländereien des ägyptischen Kronguts zu bearbeiten, ansiedeln durfte. Alt denkt dabei an das 14. oder auch das 13. Jh. v. Chr.[103]. Da die Briefe, die den Landstrich noch unbesiedelt kennen, dem beginnenden 14. Jh. angehören, könnte man mit der Indienstnahme der Issachariten am Ende des gleichen oder dem Anfang des 13. Jh. rechnen. Somit müssen wir die Einwanderung Issachars (v. 14) früher ansetzen. Dieser Zeitpunkt aber spricht mit ziemlicher Sicherheit gegen eine Beteiligung des Stammes an der Einwanderung des Hauses Joseph[104] und erhärtet so die oben ausgesprochene Vermutung, daß Issachar direkt aus dem Ostjordanland ins Kulturland übertrat, und zwar um die Zeit herum, in der auch Simeon und Lewi in Mittelpalästina anzutreffen waren.

2. Dtn 33 18-19

Vgl. dazu das unter V. Sebulon (oben S. 82-85) Gesagte.

Dtn 33 18-19 vermag das über Issachar bisher Erarbeitete zu bestätigen. Seine mit Jdc 5 erlangte Freiheit nutzte er zu reger Handelstätigkeit, die ihm Wohlstand und Ansehen einbrachte. Damit befinden wir uns innerhalb der Zeit zwischen 1100 und etwa 1000 v. Chr., als die Nordstämme bis zur Philisterherrschaft sich eines unangefochtenen Glücks erfreuen konnten.

3. Wir haben diesen Stamm vom Beginn seiner Landnahme durch die Jahrhunderte hindurch verfolgen können. Mit dem Philister-Einfall scheint das kurze Glück Issachars für immer dahin gewesen zu sein. Nie wieder wird er erwähnt[105]. Offenbar hat er, wie vor ihm schon Makir, dem Expansionsdrang Manasses manchen Tribut zahlen

---

[101] So die Mehrzahl der Forscher, zuletzt v. Rad, ⁵1958, S. 373; Bright, 1959, S. 158; Noth, 1960, S. 76—77.

[102] A. a. O. (S. 2, A. 7).

[103] S. auch I (1939), S. 126, A. 4; S. 168, A. 2.

[104] So auch Täubler, 1958, S. 113.

[105] I Sam 31 7 berichtet, daß die Bewohner jener Gegend vor den Philistern geflohen waren; II Sam 2 9 nennt an Stelle Issachars Jesreel. — Zur weiteren Geschichte des einstigen issacharitischen Gebietsteils vgl. W. Herrmann, S. 24—26.

müssen. Jedenfalls sehen wir[106], daß Manasse u. a. issacharitisches Gebiet für sich beansprucht; das bedeutet aber letztlich, daß auch Issachar zeitweilig dem Haus Joseph eingegliedert wurde[107], um dann wenigstens als Salomonischer Gau wieder hervorzutreten.

VII. DAN

Vier Stammessprüche stehen uns für die Nachzeichnung der danitischen Geschichte zur Verfügung. Wie wir bisher ermitteln konnten, ist davon Gen 49 17 der älteste und Gen 49 16 der jüngste Spruch, während das Fragment Jdc 5 17aβ und, wie die Exegese gezeigt hatte, der bewußt antikisierende Spruch Dtn 33 22 in dieser Reihenfolge die Lücke zwischen den beiden anderen ausfüllen.

1. Gen 49 17

Dan wird im Bilde einer sandfarbenen, kleinen, aber sehr gefährlichen Schlange dargestellt. Das darf, weil davon der Erfolg der Überfälle abhängt, als Hinweis auf die Gegend, in der Dan lebt, angesehen werden. Bei der möglichen Wahl zwischen den nördlichen und südlichen Niederlassungen Dans dürfte das den Ausschlag für die letzteren geben.

Weiter hören wir, daß diese erfolgreichen Unternehmungen nicht den Städten, sondern den Straßen gelten und sich nicht gegen Karawanen[108], sondern mit Pferden bespannte Streitwagen richten. Da die Philister solche Kriegsgeräte bestenfalls erst in ihrer Spätzeit durch die Kanaanäer kennen gelernt haben[109] und anderseits der danitische Aufenthalt im Süden im wesentlichen vor dem Eindringen der Philister liegt, scheiden diese als Gegner Dans aus. So verbleibt uns die Wahl zwischen durchziehenden ägyptischen Truppen und kanaanäischen Stadtfürsten der südlichen Küstenebene, die nach Aussage der Amarna-Briefe als Vasallen des Pharao ebenfalls über solche Waffen verfügten.

Leider gibt der Text uns keine Argumente zur Entscheidung dieser Frage an die Hand. Aber trotzdem ist bereits jetzt eine grobe zeitliche Fixierung möglich, denn zwischen etwa 1550 und etwa 1225 v. Chr. war Palästina ununterbrochen ägyptische Provinz[110].

Somit ist auch entschieden, daß Gen 49 17 weder auf die den Simson-Geschichten zugrunde liegenden geschichtlichen Ereignisse[111] noch, wie es häufig getan wird, zusammen mit Dtn 33 22 auf die

---

[106] Vgl. Jos 17 10-11 mit Jdc 1 27.
[107] Eine Vermutung bei ELLIGER, S. 302.
[108] So ROBINSON, 1932, S. 79; Am Cor 1933, S. 269.
[109] Dazu ALT, II (1930), S. 10, A. 2; EISSFELDT, PWRE 1938, Sp. 2398.
[110] ALBRIGHT, 1949, S. 206.
[111] So seit alters, zuletzt KÖNIG, 1925, S. 762.

Eroberung von Lais im Norden bzw. die darauffolgende Zeit bezogen werden kann[112].

Vor allem aber setzt Gen 49 17 voraus, daß Dan Herr seiner Entscheidungen und Aktionen, d. h. ein freier, ungebundener Stamm ist, der manchen Erfolg aufweisen kann[113]. Von einer Ansiedlung ist nichts, vielleicht noch nichts zu hören.

Die gewonnenen Einsichten gilt es mit der Geschichte jenes Landesteiles, soweit sie uns bekannt ist, zu verzahnen.

Die alttestamentlichen Nachrichten über den Stamm Dan lassen erkennen, daß sich wenigstens ein Geschlecht der Daniten von einem Stammvater Manoah herleitete (Jdc 13 2 16 31), dessen Grab in der Gegend von Zorea (ṣarʿa) und Esthaol (aschuwaʿ) lokalisiert wird. In die gleiche Gegend, nämlich Zorea, wahrscheinlich sogar Zorea und Esthaol[114], führen Hinweise in I Chr 2 52 (Konj.). 54 8 6, die von zwei Hälften der Manahtiter sprechen. Diese mit Manoah in Verbindung zu bringen und als ein ursprünglich danitisches Geschlecht anzusehen, liegt am nächsten[115].

Nun taucht aber Manḫate als Name einer Stadt in einem Amarna-Brief auf. Das paßt in die oben ins Auge gefaßte Zeit und führt wahrscheinlich in den gleichen Landstrich, auf den die biblischen Aussagen über Manoah und die Manahtiter verweisen[116]. Man wird den Namen der Stadt kaum von dem biblischen Namen trennen können[117] und darin einen mit der Geschichte der Daniten eng verknüpften Ort finden müssen[118]. Damit ist die Frage nach der Geschichte und Bedeutung dieser Stadt wie auch nach ihren Beziehungen zu den Daniten gestellt.

---

[112] So u. a. SELLIN, ³1920, S. 23 = ⁹1959 (ROST), S. 48; TÄUBLER, MGWJ 1939, S. 10; 1958, S. 94—96; v. RAD, ⁵1958, S. 373; MOWINCKEL, Fs-Eißfeldt 1961 S. 137, A. 16.
[113] DE KONING, 1940, S. 419—420.
[114] NOTH, ZDPV 1932, S. 123.
[115] Vgl. dazu NOTH, a. a. O. (A. 114).
[116] Vgl. WEBER, S. 1344, der sich auf CLAUSS, Die Städte der El-Amarnabriefe und die Bibel (ZDPV 30, 1907, S. 1—79), S. 42 Nr. 69, und DHORME, RB 1908, S. 516, beruft, die den Namen mit dem biblischen verbinden und ihn im wādi el-menāch, westlich und südwestlich von ʿain-semes, wiederfinden (so auch BEA, Bibl 1940, S. 432). ABEL, Géographie de la Palestine, II, 1938, S. 28, geht noch einen Schritt weiter, wenn er die chirbet el menšiyé in der Nähe von ed-dnebbe als die fragliche Gegend ansieht. Auf alle Fälle befinden wir uns mit beiden Angaben höchstens 12 km sw von Zorea entfernt.
[117] Wenn auch die Wiedergabe palästinischer Ortsnamen in Keilschrift schwankt und kanaanäisches ע oft als ḫ in EA erscheint, so kann es doch auch für ח eintreten: Ḥinnatūna = Hannaton, Ḥazūra = Hazor u. ö. Ebenso wird häufig ein -te oder -ti an den Ortsnamen gehängt: Kielte (= Kielti), Ḥazati usw.
[118] Vgl. die Notiz von COOK, CAH II, S. 388, die sich allerdings auf eine gewiß nicht zutreffende Identifikation von Addadâni mit Dan erstreckt.

Der Brief EA 292, in dem der Ort erwähnt wird, gehört zu den drei, vielleicht sogar vier Briefen des Stadtfürsten Addadâni[119], dessen Residenzstadt wahrscheinlich Geser (*tell dschezer*) war[120]. Wie weit sich das von ihm beherrschte Gebiet erstreckte, lassen die erwähnten Städte, außer Manḫate und Geser noch Gamteti (295, RS 7) und vielleicht auch Japu (294, 20), ahnen. Auf alle Fälle verfügte dieser Stadtstaat über eine ganz ansehnliche Ausdehnung.

In dem besagten Brief führt Addadâni Klage vor dem Pharao Amenophis IV.[121], daß ihm von zwei Seiten hart zugesetzt wird. Einmal ist es Beia[122], der ihn schwer bedrängt, indem er zum Schutz nach Joppe entsandte Leute Addadânis unterwegs wegfängt (294, 16—24), ein hohes Lösegeld für sie fordert und sogar Geser plündert (292, 41—51), zum anderen werden »Leute vom Gebirge« genannt (292, 28—29), die gegen Addadâni manchen Erfolg erringen können. Daß diese Gebirgler von dem unmittelbar an den Stadtstaat Geser angrenzenden Gebirge Juda herkommen, liegt auf der Hand. Dabei an Aktionen eines benachbarten Stadtstaates, etwa des Jerusalem Abdiḫibas, zu denken, wird dadurch ausgeschlossen, weil Addadâni gewiß eine solche Gelegenheit, einen Kollegen vor dem Pharao anzuschwärzen und sich damit ins richtige Licht zu setzen, nicht ungenützt hätte verstreichen lassen.

Wir erfahren über ihre Erfolge gegen Addadâni nur das eine, daß sie ein Lösegeld für Gefangene von ihm in Höhe von 30 Silberstücken pro Mann fordern (292, 48—50). Im Gegensatz dazu verlangt Beia 100 Silberstücke (292, 50—51), was die Tatsache, daß die Gebirgler keineswegs Leute eines Stadtstaates sind, unterstreicht. Können wir dieser Nachricht entnehmen, daß die Gebirgler, ähnlich wie es z. B. Beia tat (294, 16—24), unterwegs befindliche Soldaten des Addadâni überfallen und gefangen genommen haben, so vermag eine andere Überlegung noch mehr Licht auf ihre Aktionen fallen zu lassen.

Aus 273, 20—24 geht hervor, daß zu Lebzeiten Milkilus, des Vaters Addadânis, Ajalon und Zorea zum Stadtstaat Geser gehörten und daß beide Ortschaften von Überfällen bedroht waren. Aus der gleichen Zeit — Abdiḫiba von Jerusalem ist Zeitgenosse Milkilus (z. B. 290, 6; 289, 5. 11. 25) — erfahren wir, daß eine von Abdiḫiba nach Ägypten entsandte Karawane im Felde von Ajalon abgefangen und beraubt worden ist (287, 52—59[123]). Da einerseits von beiden Orten in den Briefen der Söhne Milkilus keine Rede mehr ist, anderseits aber jene Städte zu dem Bereich der Gebirgler gehören müssen, ist es wahrscheinlich, daß diese Ajalon und Zorea erobert und sich dort niedergelassen hatten, ehe wir von ihren Reibereien mit Addadâni hören.

---

[119] Nr. 292—294. 295.

[120] 292, 43 findet sich die Wendung »Geser, die Dienerin des Königs«, die z. B. in den Briefen Abimilkis aus Tyrus von der Hauptstadt des öfteren gebraucht wird (149, 9—10. 63; 152, 6).

[121] Vgl. RIEDEL, 1920, S. 13.

[122] Daß dieser Beia, Sohn der Gulate, ein Bruder des Addadâni und des ältesten Japaḫi ist, ihre Eltern also Milkilu von Geser und dessen Frau Gulate sind, läßt sich möglicherweise ermitteln (vgl. 273, 17—24; 298, 22; 300, 22; 292, 42; 294, 24; zu Beia = Bajawa [215—216] vgl. RIEDEL, 1920, S. 13). Dann sind ihre Streitigkeiten nichts weiter als die nach dem Tode auch der Mutter ausgebrochenen Kämpfe um die Vorherrschaft in dem unter sie geteilten Stadtstaat Geser (vgl. DE KONING, 1940, S. 147).

[123] Allerdings nennt Abdiḫiba diese Feinde dort *ḫabiru*, wie er damit alle Gegner der Stadtfürsten bezeichnet.

VII. Dan

Eine andere Beobachtung vermag das Vordringen jener Fremden aus dem Gebirge Juda in das der Ebene vorgelagerte Hügelland noch mehr zu erhellen.

Die in 292, 29—33 von Addadâni gegebene Erklärung, er habe die Stadt Manḫate zur Aufnahme des Expeditionsheeres des Pharao erbaut, ist unrichtig, weil dann keinesfalls die Wegnahme der Stadt durch den ägyptischen Sonderkommissar Maia[124] und ihre direkte Unterstellung unter ägyptischen Oberbefehl, denn er setzt in sie seinen eigenen *rabiz*[125], erklärlich wird. Vielmehr wird man in dieser Aktion Maias die Ausführung eines gegen Addadâni erlassenen königlichen Strafbefehls[126] und in den Worten Addadânis eine Verschleierung des wahren Sachverhalts sehen müssen. Damit fällt die Erklärung, er habe Manḫate aufgebaut, als unzutreffend dahin. Den wirklichen Hergang vermag eine andere Beobachtung zu beleuchten. Ohne durch ein »ferner« (so 292, 41) von dem Folgenden abgehoben und deshalb damit eng zu verbinden, steht der Satz, ihm werde Feindschaft vom Gebirge zuteil (292, 28—29). Nach dem vorliegenden Zusammenhang müßte man darin eine weitere Erklärung Addadânis für den Aufbau Manḫates sehen. Da aber dieser entfällt, vielmehr die Fortnahme der Stadt die Ausführung einer Strafaktion ist, muß man sich den Hergang so zurecht legen, daß Addadâni im Kampf gegen die Gebirgler deren Stadt Manḫate eingenommen und damit, da es sich offenbar um den südlichsten Punkt seines Gebiets handelt, dieses beträchtlich nach Süden erweitert hat. Dem tritt Maia energisch und erfolgreich entgegen.

Das ergibt nun für unseren Zweck, daß wir von kriegerischen Erfolgen der Gebirgsleute z. Z. Amenophis' III. und auch zu Beginn seines Nachfolgers hören (etwa 1400—1370 v. Chr.). Ajalon, Zorea und Manḫate gehören ihnen, wahrscheinlich damit der Hügelstreifen westlich Jerusalems zum Abfall in die Küstenebene[127].

Es mag wahrscheinlich sein, daß Gen 49 17 diese oder gewiß, wie man annehmen darf, ganz ähnliche Geschehnisse jener Frühzeit zum Gegenstand hat. Da es von dem ganzen Stamm Dan spricht, wäre dessen Stammsitz in der Gegend von Zorea und Esthaol zu suchen (dafür spricht auch das Grab Manoahs), während eine Sippe sich erobernd nach Südwesten vorschob, eine Stadt einnahm und sie nach dem Namen ihres Vaters Manḫate oder ähnlich benannte.

Über die weiteren Schicksale Dans oder wenigstens der in Manḫate ansässigen Sippe können nur Vermutungen geäußert werden.

---

[124] Der Name ist ägyptisch; s. Dhorme, RB 1909, S. 66.
[125] Sie mag als reichsunmittelbare Stadt die Aufgabe gehabt haben, die Ruhe im Lande, vor allem aber die Sicherheit der Verkehrswege zu gewährleisten.
[126] Dafür spricht die ähnliche, gegen Milkilu durch den königlichen Kommissar Janḫamu z. Z. Amenophis' III. (Riedel, 1920, S. 12—13) vollstreckte Strafe wegen einer gegen den Pharao gerichteten, uns leider nicht bekannten Tat (270, 9—21). Daß aber wenigstens zu Beginn der Regierungszeit Amenophis' IV. ein schärferer Wind wehte, zeigt diese im Vergleich zu anderen wesentlich strengere Maßnahme (vgl. Riedel, 1920, S. 17; Albright, Hist Mundi 1953, S. 348).
[127] Vielleicht kann man auch die Zerstörung der ersten Periode von Beth-Semes ('ain-šems) um 1370 (Bea, Bibl 1940, S. 432—433) auf das Treiben der Gebirgler zurückführen.

Nachdem die Stadt unter ägyptische Botmäßigkeit geraten war, hätte sie mit dem Nachlassen der ägyptischen Oberherrschaft in Palästina, sicher aber nach 1225 v. Chr., wieder frei werden können, wird aber gewiß recht bald zum Zankapfel der rivalisierenden Stadtherrschaften geworden sein mit dem Endergebnis der Eingliederung in ein solches Herrschaftsgefüge, wahrscheinlich das von Geser. Dadurch war die Freiheit so gut wie ausgeschlossen. Durch Übernahme verschiedenster Dienstleistungen werden die Bewohner der Stadt ihr Leben gefristet haben.

2. Jdc 5 17aβ

Das ist dann die Situation Dans vor oder während der Debora-Schlacht um die Mitte des 12. Jh. v. Chr.

Wie wir sahen, wohnt Dan in einiger Entfernung vom Mittelmeer, hat aber bei fremden Herren Schiffsdienste übernehmen müssen.

Dabei erhebt sich die Frage, ob es sich um den südlichen oder den nördlichen Dan handelt, ob, anders ausgedrückt, der Umzug Dans von Zorea und Esthaol nach Lais vor oder nach der Debora-Schlacht geschehen ist, eine Frage, die außerordentlich schwer zu entscheiden ist.

Aus der Lage der Wohnsitze Dans und ihrer Entfernung zum Meer ist keine Klärung zu gewinnen, da Zorea und Esthaol wie auch Lais zur Mittelmeerküste etwa gleichweit entfernt sind[128].

Prüfen wir die angeführten Argumente, so wurde für die Nordthese geltend gemacht, daß Jdc 18 7[129] oder Jdc 18 28[130] eine Beziehung Lais' zu Sidon nahelege, da ja das nördliche Gebiet Dans an das phönizische stoße[131]. So einleuchtend der letzte Hinweis auch sein mag, sagen doch beide Stellen gerade das Gegenteil davon aus, wenn es v. 7. 28 heißt, daß die Bewohner von Lais »fern von den Sidoniern waren und ohne Kontakt mit 'Aram'«[132], denn das besagt, daß sie ungestört und ruhig, ohne jegliche, sei es positiv-wirtschaftliche, sei es negativ-kriegerische Berührung mit den mächtigen Nachbarn dort leben konnten.

Das andere Argument, daß Dan in der von Süd nach Nord vorgehenden, geographisch verfahrenden Aufzählung der Stämme in Jdc 5 zwischen Gilead (= Gad) und Asser zu stehen komme[133], er also bereits im Norden ansässig gedacht wäre, verfängt nicht, da ein solches Ordnungsprinzip für Jdc 5 14-18 bisher nicht einhellig nachgewiesen werden konnte[134], außerdem, wie wir bereits sahen, auch die Worte

---

[128] So mit Recht SCHMIDTKE, S. 181.
[129] Zuletzt HERTZBERG, 1957, S. 180.
[130] Zuletzt NOTH, 1960, S. 77—78.
[131] Zuletzt ALBRIGHT, 1956, S. 149.
[132] Wenn es in v. 7 heißt, die Laisiten wohnten sicher nach Art der Sidonier, so ist das nur ein Vergleich, der ihre Sicherheit unterstreichen will.
[133] Zuletzt KAUFMANN, S. 84, A. 67, u. TÄUBLER, 1958, S. 89—90.
[134] Man könnte genauso gut behaupten, daß das Ordnungsprinzip Dan im Süden ansetze, da bei den dem Kampf ferngebliebenen Stämmen von Süd nach Nord

über Dan als Zitat eines ursprünglich wohl längeren Stammesspruches angesehen werden müssen, so daß weder aus der Stellung zwischen Gilead und Asser noch aus der Nebeneinandernennung von Dan und Asser, da das für Gilead wieder nicht zutrifft, etwas für Dan gewonnen werden kann.

Das nächste Argument, z. Z. von Jdc 5 seien bereits die Philister die Herren des südlichen Küstenstreifens, die »sicher jede Teilnahme (Dans) an der Schiffsfahrt« verhinderten[135], ist ebenfalls nicht ohnehin durchschlagend. Die Philister werden im Laufe des 12. Jh. v. Chr. sich der südlichen Küstenebene bemächtigt und während dieses und des nächsten Jahrhunderts die angrenzenden Gebiete Israels annektiert haben. Setzen wir die Debora-Schlacht, wie neuerlich allgemein geschieht, etwa 1150 an[136], so kann mit dem Vorhandensein der Philister im Süden schon gerechnet werden. Da aber Dans Schiffsdienst in die Zeit vor Jdc 5 fällt, etwa 1200, ist eine Behinderung durch die Philister kaum denkbar, keinesfalls aber eine Tätigkeit im Norden damit zu begründen.

Das letzte Argument schließlich, offenbar deshalb vorgetragen, weil die anderen als nicht voll beweiskräftig empfunden wurden, stammt von ALT[137], dem der Matrosendienst Dans besser zur Ansässigkeit im Norden als zum halbnomadischen Dasein im Süden zu passen schien.

Zweifellos hat ALT damit Recht, daß der Ausdruck מַחֲנֵה־דָן (Jdc 13 25 18 12) einen nicht ansässigen Stamm voraussetzt. Aber ob dieser nun noch nicht oder nicht mehr fest angesiedelt ist, bleibt dabei offen. Von den beiden Stellen ist die erste höchstwahrscheinlich sekundärer Zusatz auf Grund von Jdc 16 31 und 18 12[138]. Und die zweite Stelle verbindet den Ort nahe Kirjat-Jearim eng mit dem bereits im Gang befindlichen Umzug nach Norden. Das würde eher für die zweite Möglichkeit sprechen.

Hinzu kommt, daß Angehörige eines Stammes, der ansässig geworden ist und seinen Leuten ein Auskommen bietet, nicht als Mietlinge zu Dienstleistungen sich zu verdingen nötig haben. Das spricht ebenfalls gegen die Nordthese.

Ein weiteres Argument, was sich dagegen, Dan sei vor Jdc 5 nach Lais umgesiedelt, richten kann, bietet sich durch die Überlegung an, daß die Daniten auf dem Kammwege des Gebirges Ephraim nach Norden zogen, also auch die Ebene Jesreel durchqueren mußten. Immerhin erscheint es wahrscheinlicher, daß der kleine Stamm jenes Gebiet nach der Niederwerfung der dort herrschenden Kanaanäer ungehinderter durchqueren konnte als vorher.

Somit spricht alles für die Annahme, daß z. Z. von Jdc 5 17 Dan noch dieselben Wohnsitze innehatte wie vorher (Gen 49 17): im Hügelland zwischen dem judäischen Gebirge und der Küstenebene. Zugleich wirft aber der Vers ein bezeichnendes Licht auf Dans Geschick. Er hat die völlige Freiheit nicht erlangen können, sondern mußte durch Übernahme untergeordneter Arbeiten sein Auskommen

---

erst zwei ostjordanische — Ruben und Gilead —, dann zwei westjordanische — Dan (Süd) und Asser (Nord) — genannt werden.

[135] Zuletzt MOWINCKEL, Fs-Eißfeldt 1961, S. 137, A. 16.
[136] Vgl. die eingehende Diskussion bei ROWLEY, ExpT 1939—40, S. 466—468; TÄUBLER, 1958, S. 164—168, und SCHUNCK, S. 49—51.
[137] I (1939), S. 160—161 u. S. 160, A. 5.
[138] S. EISSFELDT, 1925, S. 84.

suchen. Das wird am verständlichsten bei der Annahme, daß sein Wohngebiet im Bereich des Stadtstaates Geser (*tell dschezer*) lag, der wohl nach 1225 v. Chr. wiedererstarkt war, ist er doch z. Z. der ephraimitischen Landnahme der Sitz eines mächtigen Königs, den die Ephraimiten nicht vertreiben konnten (Jdc 1 29; vgl. Jos 16 10 10 33 12 12). Daraus erklären sich nun auch ungezwungen die danitischen Schiffsdienste in den nächstgelegenen Hafenorten, denn aus den Amarna-Briefen hören wir, daß Addadâni Leute nach Joppe zum Be- und Entladen königlicher Schiffe sandte[139] und daß selbst aus dem entfernten Jerusalem der Stadtfürst Abdiḫiba ein Schiff, möglicherweise ebenfalls in dem für ihn am günstigsten gelegenen Joppe, aufs Meer gesetzt hat[140]. Ein Grund, daß die Stadtfürsten in der Zeit zwischen 1225 und dem Auftreten der Philister keinen Seehandel mehr betrieben hätten, ist nicht zu finden. So ist es gut verständlich, daß die Daniten während dieser Zeit sich zum Bedienen der Schiffe wie auch zu Hafenarbeiten verdungen haben.

Wir können also festhalten, daß Jdc 5 17aβ den Stamm Dan noch in seinen Wohnsitzen westlich Jerusalems kennt, von denen er zur Arbeit bei kanaanäischen Herren oder vielleicht auch phönizischen Schiffseignern in die Küstenorte hinabging (1. Hälfte des 12. Jh. v. Chr.).

3. Dtn 33 22

Darin dürfen wir nun auch die mittelbare Ursache für die Abwanderung Dans nach dem Norden in den auf die Debora-Schlacht folgenden Jahrzehnten, wie sie Dtn 33 22 zugrunde liegt, sehen.

Dan, ein kleiner, deshalb gefahrvollen Auseinandersetzungen tunlichst aus dem Wege gehender Stamm, hat aus Richtung Basan in einem fast unblutigen, überfallartigen Handstreich den ersehnten großen Erfolg erzielen können.

Es ist nicht zu bestreiten, daß das der Jdc 18 geschilderten Situation von der gelungenen Einnahme der Stadt Lais-Dan voll entspricht[141]. Wie Jdc 18 7. 28 hervorhebt, lebten die Einwohner von Lais fern von Sidon und ʿAram', so daß sie von dort keine Hilfe erwarten konnten und der kleine Stamm Dan einen unverhofft leichten Sieg davontrug.

Für die Festlegung der Zeit des Geschehens müssen wir auf die Vorgänge eingehen, die Dan zur Abwanderung zwangen. Jdc 18 1 sagt kurz: Dan suchte sich Besitz, denn er hatte noch keinen, gibt also nur zu erkennen, daß Dan über keinen eigenen Gebietsanteil verfügte. Jos 19 47 berichtet im Anschluß an die Aufzählung dani-

---

[139] Nr. 294, 18—20; vgl. auch ALT, PJB 1924, S. 35, A. 4.
[140] Nr. 288, 32—33.
[141] Vgl. EISSFELDT, Fs-Beer 1935, S. 19; NOTH, Fs-Muilenburg 1962, S. 68—85.

tischer Städte im Süden (v. 40-46), daß Dan, weil ihm sein Gebiet verloren ging, in Richtung Norden abzog, Lais eroberte und dort ansässig wurde. Nur Jdc 1 gibt darüber näheren Aufschluß, indem v. 34 sagt: Die Amoriter drängten die Daniten aufs Gebirge. Daß die Amoriter mit den Kanaanäern identisch sind, sollte nicht bezweifelt werden[142].

Demnach kann aber die danitische Wanderung nicht direkt auf die Philister zurückgeführt werden[143], sondern nur indirekt; das Drängen der Kanaanäer wird erst durch das Sich-Ausdehnen der Philister verursacht worden sein[144]. Das nimmt auch die ältere Version der Simson-Geschichten an. Während nach Jdc 14 1 Simson eine Philisterin heiratete, wodurch ganz unmittelbar der Anlaß zu Reibereien gegeben wurde, scheint c. 16 vorauszusetzen, daß Delila im Tale Sorek (v. 4) nicht zu diesen gehörte und auch der damit gekennzeichnete Landstrich kein philistäisches Gebiet war. Das geht einmal aus v. 5 u. ö. hervor, wo gesagt wird, daß die Philister zu ihr »heraufstiegen«. Weiter könnte auf die Tatsache verwiesen werden, daß Delila sich erst nach einer ansehnlichen Bestechungssumme auf die Seite der Philister schlägt, und nicht zuletzt ist der Ruf: »Philister über dir, Simson!« (v. 9 u. ö.) nur dann voll verständlich, wenn die Anwesenheit dieser nicht der allgemein bekannte Dauerzustand, sondern etwas Unerwartetes war. Das setzt aber zugleich voraus, daß Simson, wie das kleine Lied (16 24) erkennen läßt, den Philistern bereits übel mitgespielt hatte[145]. Wenn man in Jdc 13—16 stammesgeschichtliche Erinnerungen sehen darf, dann müßte man Jdc 13—16 vor Jdc 17—18 ansetzen[146]. Damit sagen die Simson-Geschichten obendrein aus, daß die Daniten, obgleich hart bedrängt, doch ihre Freiheit infolge des durch die Philister bewirkten Niedergangs der kanaanäischen Machthaber erlangen konnten[147].

Haben wir daraufhin den Umzug Dans in die Jahrzehnte kurz nach der Mitte des 12. Jh. v. Chr. zu verlegen, so werden wir darin durch eine andere Vermutung bestärkt[148]. Wie wir unten (S. 116-119) sehen

---

[142] Vgl. dazu Meyer, ZAW 1881, S. 122; Noth, ZAW 1940—41, S. 185; PJB 1941, S. 56, A. 1; 1961, S. 27.

[143] Auf die Kanaanäerstädte verwies vor allem Alt, I (1939), S. 131—132, der allerdings S. 131, A. 5 Gen 49 17 mit Dtn 33 22 zusammenstellt.

[144] Das zeigt auch die weitere Geschichte der Stadt Geser. Die Herrschaft der Philister über sie (II Sam 5 25) wurde von der der Kanaanäer und der des Pharao abgelöst, der sie schließlich an Salomo gab (I Reg 9 16).

[145] Vgl. dazu Eissfeldt, 1925, S. 87.   [146] So auch Robinson, 1932, S. 143.

[147] Damit entfällt die Notwendigkeit, eine Teilung Dans anzunehmen und Jdc 13—16 auf den nach der Abwanderung im Süden verbliebenen Rest-Dan zu beziehen.

[148] Aus der Genealogie der danitischen Priesterschaft kann aus Mangel an wirklich festen Ausgangspunkten keine exakte Zeitbestimmung des Umzugs ermittelt wer-

werden, war Ephraim z. Z. von Jdc 5 noch keineswegs auf dem Höhepunkt seiner Macht angelangt. Erst die Auseinandersetzung mit Benjamin um 1120 v. Chr. brachte darin eine Wende. Weil wir die Daniten aber ungestört auf dem Kammwege über das Gebirge Ephraim ziehen sehen, wobei obendrein ein ephraimitischer Bürger von ihnen beraubt und bedroht werden konnte (Jdc 17), kommen vornehmlich diese Jahrzehnte zwischen 1150 und 1120 v. Chr. für die Abwanderung und Neuansiedlung des Stammes Dan im Norden Palästinas in Betracht.

4. Gen 49 16

Gen 49 16, wahrscheinlich der jüngste Spruch über Dan, bietet über das bereits Gesagte hinaus nichts Neues, vermag aber dieses zu bestätigen.

Mit dem Satz, daß Dan seinem Volk zum Recht verhilft, so daß es den anderen israelitischen Stämmen ebenbürtig ist, wird indirekt etwas über die Vergangenheit und direkt über die Gegenwart ausgesagt. Denn dem an sich ziemlich blassen Wortspiel ist mit aller Vorsicht soviel zu entnehmen, daß das Stammesvolk nicht unter fremder Oberherrschaft stand, daß es jedoch Not und Bedrängnis erleiden mußte.

Aber das liegt alles weit zurück. Aus eigener Kraft konnte sich der Stamm frei machen und kann nun unangefochten als Gleicher unter Gleichen in einer für ihn lichten Gegenwart leben.

Das spiegelt im großen und ganzen alles von uns Ermittelte wider: die Botmäßigkeit den kanaanäischen Herren gegenüber, die errungene Freiheit, zuerst infolge der mit dem Eindringen der Philister verbundenen Wirren, schließlich und endgültig durch die Aufgabe des alten und den Erwerb des neuen Besitzes im Norden Palästinas.

Weil diese Ereignisse schon geraume Zeit zurückliegen, ist eine solch summarische Darstellung möglich. Weil aber von der führenden Bedeutung des danitischen Heiligtums noch nichts erkennbar ist, wird man wohl an die Zeit um 1050 v. Chr. denken dürfen[149].

5. Es konnten den Stammessprüchen auch hier Angaben über ganz konkrete Geschehnisse der Geschichte Dans von etwa 1400 bis 1000 v. Chr. entnommen werden. Wegen des frühen Beginns der danitischen Geschichte auf dem Boden Palästinas ist es durchaus möglich,

---

den: AUERBACH, ²1938, S. 82: »kurz nach 1180«; ROWLEY, ExpT 1939—40, S. 470: »almost wholly, or even wholly, within the twelfth century B. C.«. — Immerhin würde bei einer Ansetzung Moses um 1250, Gersoms um 1200 das Datum für Jonathan um 1150 liegen und könnte deshalb nicht als Gegenargument verwendet werden.

[149] Vgl. auch BOEHMER, ZAW 1909, S. 138. 141, u. v. RAD, ⁵1958, S. 373.

daß Dan der vormosaischen Gruppe angehörte, die zu Beginn des 14. Jh. v. Chr. ins Kulturland hineinkam[150].

VIII. GILEAD UND GAD

1. *Gilead in Jdc 5* 17a

Der Sachverhalt ist deutlich: In Jdc 5 findet sich Gilead als Bezeichnung eines ostjordanischen Stammes, während Gad nicht genannt wird. Daraus resultieren die Fragen, die es vorrangig im Interesse der Geschichte Gads zu klären gilt.

So sind denn auch die Meinungen geteilt, ob unser Gilead gleich Gad gesetzt und so erklärt werden könne, daß Gad, da er in Gilead siedelte, hier ausnahmsweise Gilead genannt sei[151] oder ob im Unterschied zu dem Westmanasse kennzeichnenden Makir Gilead die dann von Gad zu trennende Bezeichnung für Ostmanasse bzw. einen seiner Klans[152] oder ob gar im Gegenteil Gilead der etwa Gad und Ostmanasse umfassende Begriff sei[153].

Was den ersten und weithin beliebten Vorschlag einer Gleichsetzung von Gad und Gilead anlangt, so lassen die Quellen noch deutlich erkennen, daß Gilead und Gad nicht das gleiche sind, sondern voneinander getrennt werden müssen. Auffällig ist aber dabei, daß abgesehen von den für unsere Frage belanglosen listenartigen Aufzählungen Gad außer Gen 49 19 und Dtn 33 20-21 erstmals sicher z. Z. Sauls, frühestens aber im 11. Jh. v. Chr. (s. S. 99) zu belegen ist, wobei z. Z. Sauls Gilead und Gad nebeneinander stehen.

In Ergänzung dazu machen es unsere Quellen wahrscheinlich, daß Gilead während der Richter-Zeit, etwa dem 12. und beginnenden 11. Jh. v. Chr., der im Ostjordanland dominierende Stamm war. Die Nachricht, daß Jair (Jdc 10 3) und Jephta (Jdc 11 1. 40 12 7) Gileaditen waren, wird am ehesten wie auch sonst im Richter-Buch als Angabe ihrer Stammeszugehörigkeit aufzufassen sein. Dann wird das auch für die Bezeichnung »die Männer von Gilead« (Jdc 12 4. 5) und »die Ältesten von Gilead« (Jdc 11 5. 7-11) anzunehmen sein, der z. B. das »die Männer von Juda« (I Sam 17 52 u. ö.) wie auch das »die Ältesten von Juda« (I Sam 30 26 u. ö.) genau entspricht und eine solche Deutung stützt[154].

Ist es somit wahrscheinlich geworden, daß wir für die Richter-Zeit mit der Existenz des Stammes Gilead im Ostjordanland zu rech-

---

[150] So auch Rowley, ExpT 1939—40, S. 470. — Anders Mowinckel, Fs-Eißfeldt 1961, S. 147—148.

[151] So neuerlich Hertzberg, 1957, S. 179; Gottwald, 1959, S. 174, u. Mowinckel, Fs-Eißfeldt 1961, S. 137.

[152] So zuletzt Vincent, S. 55, A. a (vgl. S. 54, A. c).

[153] Zuletzt Lusseau, Pe Cat 2, 1948, 8, S. 66—67; ähnlich auch Täubler, 1958, S. 230—232.

[154] Vgl. auch Jdc 21 8-12, wo mit Jabes-Gilead die Hauptstadt des Stammes gemeint und darum Gilead, wie es v. 8 voraussetzt, als Stammesbezeichnung verstanden zu sein scheint.

nen haben, so finden sich noch für die Folgezeit vereinzelte Belege, die das Fortleben jenes Stammes bis in die Königszeit hinein bezeugen. So wird II Sam 17 27 19 32 I Reg 2 7 der dem fliehenden David hilfreiche Gileadit Barsillai[155] genannt, und II Sam 24 5-6 erstreckt sich die Volkszählung Davids auch auf Gilead und Gad[156].

So dürfen wir als Ergebnis festhalten, daß z. Z. der Debora-Schlacht ein im Ostjordanland, gegenüber von Ephraim, ansässiger Stamm Gilead existierte und zu »Israel« gehörte, während von Gad zu jener Zeit noch keine Spur zu finden ist.

2. Gad

Die beiden Sprüche, die über Gads Geschichte etwas aussagen können, sind verhältnismäßig junge Gebilde. Keiner wird, wie die bisherigen Untersuchungen gezeigt haben, vor die Zeit der Debora-Schlacht zurückreichen. Wahrscheinlich ist Dtn 33 20-21 davon der jüngere Spruch.

a) Gen 49 19

Aus Gen 49 19 läßt sich folgendes entnehmen: Der Stamm Gad lebt im Ostjordanland[157] und hat an seiner halbnomadischen Lebensweise festgehalten. Das erklärt, warum er mit seinem Viehbesitz ständigen Raubüberfällen seitens beduinischer Nachbarn ausgesetzt ist. Insoweit ist das Geschick Gads dem Rubens, der ja ebenfalls im Ostjordanland lebte, ziemlich gleich. Jedoch wird von Gad rühmend hervorgehoben, daß er sich nicht dem so gearteten scheinbar unvermeidlichen Geschick eines am Rande zur Wüste lebenden Stammes ergibt, sondern daß er sich mutig zur Wehr setzt, aber nicht nur das, sondern auch den Räubern energisch nacheilt und dabei einigen Erfolg für sich verbuchen kann, was von Ruben *expressis verbis* nicht gesagt wird (vgl. Jdc 5 15b-16).

So plastisch diese Aussagen des Spruches über Gad sind, so ist es doch unmöglich, ihnen eine genaue Angabe über die Zeit jener

---

[155] Fast möchte man meinen, daß David deshalb dorthin flieht, weil alle sich gegen Ephraims Machtanspruch auflehnenden Elemente im Osten Zuflucht suchten und Gleichbetroffene deshalb besonders zuvorkommend unterstützt wurden. Das könnte für NOTHS These über die Herkunft der Gileaditen sprechen (1960, S. 61). Doch vgl. zu beidem jüngst SCHUNCK, Erwägungen zur Geschichte und Bedeutung von Mahanaim (ZDMG 113, 1963, S. 34—40), S. 35. 38—39.

[156] Ob man Ps 60 9 = 108 9: Gilead, Manasse, Ephraim, Juda hierher stellen kann, ist nicht ganz klar; immerhin spricht diese Stelle auch nicht gegen die vorgetragene These. Das gilt ebenfalls für II Sam 2 9: Isbaal wird König über Gilead, 'Asser', Jesreel, Ephraim und Benjamin, kurz: ganz Israel. — Vgl. unten S. 101, A. 161.

[157] Vgl. die gründlichen Erörterungen von NOTH, ZAW 1944, S. 12ff., und ZDPV 1959, S. 14ff.

Ereignisse zu entnehmen, zumal die allgemeine Charakterisierung der Beduinen sich einer Identifizierung mit einem bestimmten Volk entzieht. Da wir vor allem während der Richter-Zeit öfters von Übergriffen aus östlicher Richtung kommender Scharen sogar auf westjordanisches Gebiet hören und dadurch der Eindruck, daß vornehmlich die ostjordanischen Stämme ständigen Razzias ausgesetzt waren, nur noch verstärkt wird, muß wohl an diese oder ähnliche Ereignisse gedacht werden.

Auf der anderen Seite aber ist ein eigenartiges Schweigen über Gad zu verzeichnen. Er wird weder in Jdc 5 noch in Jdc 1 erwähnt, wozu das Fehlen eines »alten« Stammesspruches über Gad gut zu passen scheint.

Den ersten sicher datierbaren Beleg für die Existenz Gads finden wir I Sam 13 7, wo das Gebiet von Gad und Gilead östlich des Jordan etwa in der Höhe Bethel-Gilgal genannt wird. Da es sich um Sauls Krieg gegen die Philister handelt, mag man dafür etwa das Ende des 11. Jh. v. Chr. in Anschlag bringen. Dabei kann dem Vers entnommen werden, daß zu jener Zeit Gad neben Gilead im südlichen Ostjordanland wohnte und daß man als Flüchtling bei ihm sicher aufgehoben war. Das wird nur begreiflich, wenn Gad bereits über eine gewisse Stärke verfügt, die einen eventuellen Angreifer abzuschrecken vermag. Zusammen mit der Nichterwähnung Rubens in I Sam 13 ergibt das für Gen 49 19, daß wir mit dessen Ansetzung wahrscheinlich in noch frühere Zeiten hinaufgehen müssen. In diesem Zusammenhang muß dann auch auf Jos 18 7 und Num 32 1 ff. verwiesen werden, wo in v. 2. 6. 25. 29. 31 im Gegensatz zu 32 1 (vgl. v. 33) dem Stamm Gad bereits eine bemerkenswerte Stellung vor Ruben eingeräumt wird. Damit kämen wir vielleicht bis an die Wende vom 12. zum 11. Jh. v. Chr. hinauf (s. S. 65).

Auf welche Zeit Gen 49 19 verweist, ist damit jedoch nicht annähernd zu sagen. Wir müssen die Frage vorerst zurückstellen und werden nach Behandlung von Dtn 33 20-21 darauf zurückkommen.

b) Dtn 33 20-21

Überzeugend wird zum Ausdruck gebracht, daß der Stamm Gad nach heldenmütigen Kämpfen sein Gebiet beträchtlich erweitern und sich daraufhin einer durch seine gefürchtete militärische Schlagkraft vor allen Angreifern gesicherten Ruhe hingeben konnte. Im Vertrauen auf diese Machtposition hat er sich Rubens Stammesbesitz einverleiben können und leitet nun aus der Tatsache, daß dort das Führerfeld, möglicherweise ein Besitztum des ersten Mannes aus dem ersten Stamme, zu finden ist, den Anspruch her, als dessen Rechtsnachfolger nun selbst als Führer in Israel angesehen zu werden.

Die dafür gebotene Begründung, er habe Jahwes Gerechtigkeit zugunsten Israels vollstreckt, scheint eine »theologische« Rechtfertigung für die Vereinnahmung Rubens durch Gad zu sein, derart, er habe mit der Vernichtung jenes Stammes den wegen dessen Schandtat an Bilha seither an Israel haftenden Makel gesühnt.

Alles weist darauf hin, daß wir uns für Gad in einer Zeit der Stärke befinden. Daß er Rubens Land sein eigen nennt und damit zum unmittelbaren nördlichen Grenznachbarn Moabs geworden ist, setzt auch die Mesa-Inschrift um die Mitte des 9. Jh. v. Chr. mit dem Satz (Z. 10), daß »die Leute von Gad im Land Atharot seit Menschengedenken (מעלם)[158] wohnen«, voraus.

Wir stellten oben (S. 65) fest, daß Rubens Niedergang etwa dem Ende des 12. oder Anfang des 11. Jh. v. Chr. zuzuweisen ist. Da unser Spruch auf dieses Geschehen zurückblickt, könnte er wohl der 2. Hälfte des 11. Jh. v. Chr. angehören[159].

Damit sind einige Argumente gewonnen, um die vermutliche Entstehungszeit von Gen 49 19 näher zu bestimmen. Die Ansätze für das in Dtn 33 20-21 beobachtete erfolgreiche Handeln liegen bereits in Gen 49 19 vor: Gad ist tapfer und nicht ganz erfolglos; aber offenbar ist er noch nicht seßhaft geworden, soweit man das von einem ostjordanischen Stamm überhaupt sagen kann.

Das aber spricht dafür, daß der Gad-Spruch von Gen 49 älter als der von Dtn 33 ist. So verbleibt innerhalb der abgesteckten zeitlichen Grenzen: Jdc 5 = etwa 1150 und Dtn 33 20-21 = etwa 1050 nahezu ein Jahrhundert zur Ansetzung dieses Spruches. Näheres darüber zu vermuten, untersagt die Quellenlage.

Wiederum ist bei dem Gad-Spruch aus Dtn 33 nicht zu übersehen, daß er von einer Person gesprochen wird, die dem Stamm Gad nicht angehört. Auch die Form, daß Gott gepriesen wird, der solches alles dem Stamm zufallen ließ, legt erneut die Vermutung nahe, das vorliegende Gedicht sei in einer der Verherrlichung dieses Gottes dienenden Versammlung von Stämmen vorgetragen worden. Dem würde das Verständnis des v. 21b als einer »theologischen« Rechtfertigung des gaditischen Handelns und einer zugleich offiziellen, da von »ganz Israel« beglaubigten Sanktionierung des neuen Besitzstandes sehr gut entsprechen.

c) Somit konnte Einiges über Gads Geschichte während des letzten Abschnittes der Richter-Zeit gesagt werden. Verständlicherweise ist über seine Vorgeschichte daraus nichts zu entnehmen. Wann und wie er entstanden ist und mit den anderen Israeliten Kontakt

---

[158] TÄUBLER, 1958, S. 243. — NOTH, ZDPV 1959, S. 28: »Anfang des 10. Jhrs.«. — Vgl. dazu auch VAN ZYL, S. 133. 141. 190.
[159] Vgl. auch HYATT, S. 24: »the eleventh or tenth century B. C.«.

bekommen hat, bleibt unklar[160]. Das gilt nun auch für die weitere Geschichte Gads neben Gilead. Wahrscheinlich haben beide Stämme bis in die Königszeit hinein nebeneinander gelebt[161].

IX. ASSER

Die beiden Asser-Sprüche in Gen 49 und Dtn 33 unterscheiden sich in der Form deutlich voneinander, so daß wir Dtn 33 24-25 als den jüngeren ansprechen mußten. Dagegen wird der Jdc 5 17b zitierte Spruch mit dem von Gen 49 20 annähernd gleichaltrig sein.

1. Jdc 5 17b

Aus Jdc 5 17b ging hervor, daß sich Asser im Küstenhinterland fest ansiedeln konnte. Dabei werden wir, wie auf Grund von Jos 19 24-31 und Jdc 1 31-32 allgemein angenommen wird, an die Gegend nördlich von Akko (ʽakkā) denken dürfen. Unter welchen Bedingungen das geschah, gibt Jdc 1 31-32 damit zu erkennen, daß der Stamm gegenüber den Kanaanäern in der Minderheit war. Das liefert auch den Grund für sein Fernbleiben vom Debora-Kampf. Offenbar mußte er auf seine Herren Rücksicht nehmen[162] und auf Durchsetzung politischer Ziele verzichten. Welcher Art speziell seine Verbindungen oder Verpflichtungen gegenüber den Kanaanäern waren, läßt sich nicht sagen, weil Jdc 5 und Jdc 1 darüber schweigen. Indes werden wir aus Gen 49 20 Näheres erfahren können.

Das ist die Geschichte Assers etwa von der Wende zum 12. Jh. v. Chr. bis hin zur Debora-Schlacht.

2. Gen 49 20

In ungefähr die gleiche Zeit führt uns der Asser-Spruch aus dem Jakob-Segen, wenn er des Stammes beneidenswerte Erfolge auf Grund seiner Aktivität schildert.

Er lebt in einem für andere Stämme unvorstellbaren Wohlstand; denn er hat nicht nur für sich selbst reichlich, sondern kann noch davon an Königshöfe liefern. Dabei an die seiner nächsten Umgebung und damit an solche der kanaanäischen und phönizischen Stadtstaaten

---

[160] Vgl. dazu die verschiedenen Erwägungen von GUTHE, S. 55; ERBT, S. 42—43; BERGMAN, JAOS 1934, S. 174—175; ALBRIGHT, BASOR 1943, S. 16; MAUCHLINE, S. 20; TÄUBLER, 1958, S. 230—235. — Zum Namen Gad wie auch Asser vgl. EISSFELDT, JBL 1963, S. 199—200.

[161] I Reg 4 13. 19. — Zwei ostjordanische Distrikte erwähnt II Sam 24 5-6. Zur möglichen Verbindung von Gilead mit Ephraim und Manasse vgl. NOTH, ZDPV 1951, S. 47; JEPSEN, S. 272.

[162] RENAN, I, 1894, S. 247.

zu denken, liegt nach Maßgabe der Dinge am nächsten. Wiederum darf dafür auf Jdc 1 verwiesen werden wie auch auf die Tatsache, daß Asser als Lieferant gewiß in einem Abhängigkeits- oder gar Untertanenverhältnis zu seinen Herren stand. Er kann deshalb keineswegs als ungebundener und frei handelnder Stamm, der Herr seiner Entscheidungen war, gedacht werden.

Daß wir uns damit in einer Zeit befinden, die von der noch ungebrochenen Macht der Stadtherrschaften gekennzeichnet wird, versteht sich von selbst. Dabei muß jedoch beachtet werden, daß im Falle Assers der Inhalt beider Sprüche weder um die Fragen Knechtschaft und Freiheit des Stammes kreist, noch irgendwelche militärischen Aktionen und Erfolge zum Gegenstand hat. Das scheint für ihn zweitrangig zu sein.

Man darf diese auffällige Erscheinung gewiß mit dem zusammenstellen, was uns über die Politik phönizischer Stadtherrschaften und das Verhältnis Israels zu ihnen bekannt ist, da die unmittelbar an Phönizien grenzenden Kanaanäerstädte wohl ähnlich wie diese handelten[163]. Soweit wir wissen, hat es zwischen Israel und den südlichsten phönizischen Herrschaften, Tyrus und Sidon, keine Auseinandersetzungen gegeben. Das freundliche Verhältnis zwischen beiden wird weithin darauf zurückzuführen sein, daß für die Städte der Handel im Vordergrund stand und von ihnen Kriege nur dann geführt wurden, wenn es galt, ihre Handels- und Wirtschaftsinteressen gegen Übergriffe durchzusetzen[164]. Da aber derartiges von Asser nicht ausgesagt wird und der Inhalt der Sprüche eher das Gegenteil annehmen läßt, wird seine Stellung als Lieferant und Handelspartner der nichtisraelitischen Städte ringsum auf ein friedliches und freundschaftliches Verhältnis gegründet gewesen sein. Da er schon eine gewisse Zeit dort zu leben scheint, werden wir etwa die Jahrzehnte zwischen 1200 und 1150 v. Chr. annehmen können[165].

3. Dtn 33 24-25

Auf eine in wichtigen Punkten veränderte Situation stoßen wir in Dtn 33 24-25. Zwar ist auch hier der erstaunliche Überfluß, in dem Asser lebt, noch deutlich erkennbar, aber inzwischen haben sich andere Fragen in den Vordergrund gedrängt: Unüberhörbar steht hinter diesem Spruch die Sorge Assers um eine dauerhafte Sicherung seines Wohlstandes. Zugleich wird Assers Zugehörigkeit zur Familie der Israeliten angedeutet.

---

[163] Obendrein ist es keineswegs ausgeschlossen, daß Asser auch mit Tyrus Kontakt hatte, weil wir über die Geschichte der Stämme zur Richter-Zeit sehr wenig wissen.
[164] Vgl. die trefflichen Ausführungen EISSFELDTS, 1936, S. 7. 20—21. 29—33.
[165] Noch wesentlich darunter zu gehen, empfiehlt sich aus anderen Gründen nicht; s. unten S. 103.

Wenn wir mit der zeitlichen Fixierung der Asser-Sprüche auf dem richtigen Wege sind, dann muß für die Zeit zwischen Gen 49 20 und Dtn 33 24-25 die Debora-Schlacht angenommen werden, deren politische Konsequenzen die veränderte Lage Assers zu erhellen vermögen.

Kann man schon aus der Tatsache, daß Asser zu Israel gehört, auf seine Unabhängigkeit von den bisherigen Herren schließen[166], so wird das durch den Wunsch nach Sicherung und Bewahrung seines Besitztums insofern unterstrichen wie auch ergänzt, als ihm der Bestand seiner Städte und seiner Kraft von seiten des Israel-Gottes zugesagt wird. Das aber setzt seinerseits die Verlagerung des Kräfteverhältnisses wenigstens in Assers Gebiet zugunsten Israels voraus, wie es am ungezwungensten aus den Folgen der Debora-Schlacht und dem sinkenden Prestige der vorisraelitischen Mächtegruppen hergeleitet werden kann. Damit steht obendrein die Notiz, daß u. a. Asser mit Gideon zusammen gegen östliche Eindringlinge kämpfte (Jdc 6 35 7 23)[167], in bestem Einklang.

Hätten wir deshalb an das 11. Jh. v. Chr. zu denken, so kann dieses Datum durch die Erwähnung eiserner Stadttor-Riegel noch präzisiert werden. Dabei ist darauf zu achten, daß der Spruch eine Art Segenswunsch ist, der nicht als *vaticinium ex eventu* mißverstanden werden darf, als setze er das Vorhandensein solcher Riegel an Assers Stadtbefestigungen voraus. Da sie aber im Bereich des zu Wünschenden liegen, wird deutlich gemacht, daß sie bekannt und auch begehrt sind.

In erfreulicher Weise können exegetische und archäologische Erhebungen ein ziemlich genaues Datum für unseren Spruch liefern. Eisen wurde von den Kanaanäern zur Herstellung von Waffen und Kriegsgerät wohl seit dem 12. Jh. v. Chr. verwendet, war aber den Israeliten noch eine Zeitlang unerreichbar (bis gegen 1000 v. Chr.) und deshalb besonders erstrebenswert[168].

Somit dürfen wir diesen Spruch etwa der Mitte des 11. Jh. v. Chr. zuweisen.

Wiederum ist seine auffällige Form am leichtesten bei der Annahme, es rede eine selber nicht zum Stamm Asser gehörende Person,

---

[166] Das hat DIESTEL, S. 126, gut beobachtet; jedoch sind die Folgerungen daraus unannehmbar.
[167] Vgl. EISSFELDT, 1925, S. 49: »es ist auch sehr wohl möglich, daß diesen (Erzählern) zuverlässige Überlieferungen über den wirklichen Hergang der Dinge zugrunde liegen«.
[168] Vgl. Jdc 4 3.13 (5 8) Jos 17 14-18 Jdc 1 19 I Sam 13 19-22 II Sam 12 31, die von eisernen Wagen und Waffen auf seiten der Kanaanäer sprechen, über die Israel nicht verfügte. — Vgl. zu den archäologischen Erhebungen WRIGHT, Bibl Arch 1938, S. 5—8; AJA 1939, S. 459—463; 1958, S. 87; auch HITTI, S. 182—185.

erklärbar. Dabei verlangt die Tatsache, daß es sich um einen wohl im Auftrag Jahwes verkündeten Segenswunsch zugunsten Assers handelt, an eine gottesdienstähnliche Versammlung zu denken, deren Sprecher dann eine in der Vollmacht Jahwes handelnde Person wäre. So deutet auch dieser Spruch das Vorhandensein einer Amphiktyonie im Bereich der Nordstämme an, wie sie wohl auf dem Tabor bis gegen Ende des 11. Jh. v. Chr. bestand.

4. Es war möglich, mit Hilfe der Sprüche über Asser dessen frühe Geschichte vom 12. bis 10. Jh. v. Chr. in ihren wesentlichen Zügen zu skizzieren. Für die vor dem 12. Jh. liegende Zeit hat man auf Inschriften Setis' I. und Ramses' II. verwiesen, die den Stamm Asser in dem so benannten Lande schon kennen sollten[169]. Schließlich wollte man auch die Ras Schamra-Texte zum Beweis der gleichen These heranziehen[170]. Jedoch haben sich bei näherem Zusehen beide Vermutungen nicht bestätigt[171].

So ist es nach Lage der Dinge keinesfalls ausgeschlossen, daß Asser etwa gleichzeitig mit dem »Haus Joseph« das Land Palästina betrat. Zu Beginn der Königszeit verwischen sich seine Spuren. Mit der Erwähnung eines Vogtes in Asser und Bealoth (I Reg 4 16) und der daraus hervorgehenden Tatsache, daß Assers Gebiet als eigener Gau zum Salomonischen Reich gehört hat, ist seine eigentliche Stammesgeschichte längst beendet.

X. NAPHTALI

Die Sprüche über Naphtali in Gen 49 21 und Dtn 33 23 konnten auf Grund formaler Unterschiede dahingehend bestimmt werden, daß von beiden Dtn 33 23 der jüngere Spruch ist, während Gen 49 21 wahrscheinlich zeitlich vor die Debora-Schlacht zu stellen ist. Damit könnte er sich mit Jdc 5 18 berühren. Deshalb setzen wir hier ein.

1. Jdc 5 18

Vgl. das oben S. 80 f. über Sebulon Gesagte.

2. Gen 49 21

Es ist möglich, daß der schwer deutbare Spruch auf das gleiche Geschehen anspielt. Im Bilde einer freischweifenden Hinde mag der über

---

[169] W. M. Müller, Asien und Europa, 1893, S. 236—239, u. a.
[170] So u. a. Jirku, ZDMG 1935, S. 384.
[171] Vgl. Albright, BASOR 63, 1936, S. 29, A. 37, für Krt 94—95. 182—183. — Zum ganzen Fragenkreis, der ähnliche Behauptungen bezüglich Sebulon und Dan in sich schließt, vgl. die sehr gründliche und behutsam zu Wege gehende Arbeit von de Langhe, S. 316—325.

seine Feinde triumphierende siegreiche Naphtali gemeint sein[172]. Dabei ist nicht sicher zu entscheiden, ob damit die Freiheit nach einer Zeit der Knechtschaft oder die mit dem Sieg erlangte Bewegungsfreiheit[173] gemeint ist. Auch wenn die erste Möglichkeit nicht ganz ausgeschlossen werden soll[174], ist doch die letztere, vor allem wegen des eine räumliche Bewegung wiedergebenden Verbs, wahrscheinlicher. v. 21b hat das Aussenden von Freuden- oder Siegesbotschaften zum Inhalt und spielt damit ebenfalls auf den v. 21a zugrunde liegenden Sieg an[175].

Das könnte sich alles sehr gut auf den für damalige Verhältnisse erstaunlichen Erfolg Naphtalis und Sebulons über Hazor beziehen und zugleich die Vorgänge, die zur Debora-Schlacht führten, näher beleuchten[176]. Denn wenn wir damit, daß Debora zum Stamm Benjamin, Barak aber zum Stamm Naphtali gehörte, im Recht sind, dann könnte diese Siegesnachricht für Debora der Anlaß gewesen sein, von Benjamin aus die israelitischen Stämme zum Kampf in der Ebene Jesreel aufzurufen, konnte sie sich doch auf bereits im Kampf gegen die Kanaanäer erprobte Stämme stützen.

So mag man als die Zeit von Gen 49 21 etwa den Beginn des 12. Jh. v. Chr. annehmen dürfen.

3. Dtn 33 23

Ganz anders ist die Situation Naphtalis, die Dtn 33 23 widerspiegelt. Inzwischen ist der Stamm zur Ruhe gekommen, denn es geht ihm in jeder Hinsicht gut, da er vor allem sein bisher innegehabtes Gebiet noch nach Süden und Westen ausdehnen konnte[177].

Wiederum erhebt sich die Frage, ob wir von den diesem Spruch zugrunde liegenden Ereignissen etwas erfahren können. Dabei mag ein Rückblick auf die seit Gen 49 21 verflossene Zeit hilfreich sein.

---

[172] Doch vgl. die Andeutungen TÄUBLERS, 1958, S. 148—149.
[173] PROCKSCH, 1924, S. 281, denkt an die »Beweglichkeit und Freiheit des Stammes«.
[174] Man könnte dafür auf Jdc 1 33 verweisen (so AUERBACH, ZAW 1930, S. 290—291, und GARSTANG, 1931, S. 280). Daß Naphtali auch nach dem Sieg von Hazor noch inmitten von Kanaanäern lebte und diese später aus zwei leider nicht zu lokalisierenden Städten verdrängen konnte, ist ebenfalls gut verständlich, zumal sich erst mit dem Sieg der Debora-Koalition die Verhältnisse in Naphtalis Bereich endgültig zu seinen Gunsten verschoben haben mögen.
[175] Es wird also weder Naphtalis Land geschildert noch auf Jdc 5, das nach manchen von ihm herrühren soll, angespielt.
[176] Auch wenn nicht in allen Einzelheiten klar, setzt doch Jdc 5 11 das Erzählen von bereits erfolgten Siegen Jahwes in den einzelnen Stämmen voraus, als man auf ein Signal zum Aufbruch wartete. Darunter könnte man sich gut Naphtalis Großtat vorstellen, zumal Jdc 5 ja in einem der nördlichen Stämme gedichtet zu sein scheint (s. S. 47 f.).
[177] So SIMPSON, S. 155.

Mit Sicherheit war Naphtali mit seinem durch den Sieg über Hazor ausgezeichneten Führer Barak aus Kedes-Naphtali am Debora-Kampf maßgeblich beteiligt (ca. 1150). Ebenso wird Naphtali auch zum Erfolg über östliche Eindringlinge z. Z. Gideons (Jdc 6 35 7 23) (s. S. 103) beigetragen haben. In die Zwischenzeit fällt gewiß die Erwähnung aus Ps 68 28, wonach Naphtali zum frühen Kreis der im Tabor-Kult zusammengeschlossenen Stämme gehörte (s. S. 84).

Können wir daraus auch nicht mit Sicherheit schließen, daß das die Ereignisse sind, die Naphtalis auf Stärke und Macht gegründete ungefährdete Position von Dtn 33 23 unmittelbar bewirkt haben, so ist es doch wahrscheinlich, an diese oder ähnliche Geschehnisse zu denken. Einerseits scheint Jdc 1 33 mit dem Hinweis, daß der Stamm Naphtali sich im Lauf der Zeit die Kanaanäer der Städte Beth-Semes und Beth-Anath fronpflichtig machen konnte, eine Gebietserweiterung wie die von Dtn 33 23 vorauszusetzen, auch wenn wir die genaue Lage beider Orte noch nicht sicher ausmachen können, und andererseits deutet die Zugehörigkeit Naphtalis zum Tabor-Kult, dessen Inhalt die Heilstaten Jahwes vornehmlich im Bereich der Nordstämme waren, auf die enge Verbindung zwischen Israels Gott und Naphtali hin, wie sie sich in Dtn 33 23 ausdrückt und dabei auch wieder vorrangig in Erfolgen militärischer Unternehmungen besteht.

So mag es schließlich auch von der Seite her, daß Dtn 33 23 in den, soweit wir wissen, für die Nordstämme verhältnismäßig ruhigen Zeiten vor den Übergriffen der Philister auf dieses Gebiet am leichtesten vorstellbar ist, ratsam erscheinen, dabei etwa an das 11. Jh. v. Chr. zu denken.

4. Soweit überhaupt noch etwas davon zu erkennen ist, konnten wir die Geschichte Naphtalis mit Hilfe der Stammessprüche bis zum Ende der Richter-Zeit verfolgen. Erneut zeigte es sich, daß den Resten dieser Gattung konkrete geschichtliche Aussagen zu entnehmen sind. Jedoch konnte nichts festgestellt werden, was die These STEUERNAGELS[178] von ursprünglichen Wohnsitzen Naphtalis im Süden Palästinas, in der Nähe Dans, hätte befürworten können. Da Naphtalis Geschichte auf dem Boden Palästinas offensichtlich kaum über das 12. Jh. v. Chr. zurückreicht, ist die Vermutung, er sei mit den anderen Stämmen erst kurz zuvor ins Kulturland gekommen, berechtigt[179]. In der frühen und späteren Königszeit hat er, wie auch die meisten anderen, vor allem die nördlichen Stämme, keine entscheidende Rolle

---

[178] 1901, S. 29—30.

[179] Damit wäre dann allerdings die Behauptung MOWINCKELS (oben S. 97, A. 150), Naphtali sei erst nach der Landnahme als Stamm entstanden, da er mit seinem späteren Nachbarn Dan genealogisch verknüpft sei, unmöglich. Viel eher könnte die Verbindung beider ein Hinweis auf die Entstehungszeit des genealogischen Systems sein. Vgl. auch NOTH, 1960, S. 66. 71, A. 1.

mehr gespielt. Wir hören noch, daß sein Gebiet einer der Salomonischen Gaue wurde und daß seine Einwohner, wie auch ohnedies wahrscheinlich, regen Verkehr mit den benachbarten phönizischen Städten pflegten (I Reg 4 15 7 14).

XI. BENJAMIN

Methodische Erwägungen sprechen dafür, die Geschichte Benjamins der des Hauses Joseph vorzuordnen. Die uns überlieferten Joseph-Sprüche enthalten jüngeres und jüngstes Gut, das sowohl die Geschichte Benjamins fortzusetzen als auch die der Spruchsammlungen Gen 49 und Dtn 33 zu beschließen vermag.

Die beiden Benjamin-Sprüche differieren so deutlich, daß wir Gen 49 27 zu den ältesten Stücken dieser Gattung zählen mußten, während Dtn 33 12 ein jüngerer Spruch ist.

1. Gen 49 27

Der Mut und die Tapferkeit des äußerst kriegerischen Stammes Benjamin werden gepriesen. Es wird besonders hervorgehoben, daß er unermeßlich reichliche Beute verteilen kann. Dabei werden wir an benachbarte israelitische Stämme als von Benjamin großzügig Beschenkte denken müssen. Aus ähnlichen Vorgängen in Israel (vgl. David I Sam 30 26 ff.) und in der arabischen Welt[180] wird die Vermutung, daß Benjamin hiermit nach der Führerstellung unter den israelitischen Stämmen griff, bekräftigt.

Zeugnisse für die in dem Spruch gepriesene benjaminitische Kriegstüchtigkeit liegen auch sonst vor[181]. Darin eine Hindeutung auf eine bestimmte Zeit zu finden, ist unmöglich.

Indes zeigt das eigentliche Ziel dieses Spruches, das Streben Benjamins nach der israelitischen Führerschaft, in welcher Epoche wir uns etwa befinden.

Wie wir oben (S. 46f.) feststellten, läßt Jdc 5 14a kein anderes Verständnis zu, als daß zu jener Zeit Benjamin der führende Stamm in Israel war. Weiter sahen wir (S. 84), daß auch Ps 68 28, offenbar in die auf die Debora-Schlacht folgenden Jahrzehnte gehörig, jene Präponderanz Benjamins kennt. Schließlich war es uns im Zusammenhang mit Dtn 33 6 wahrscheinlich geworden (s. S. 64), daß sich Benjamins Vorrangstellung vom erfolgreichen Kampf gegen die Moabiter (Jdc 3) herleitete.

---

[180] Vgl. Jacob, ²1897, S. 223; Wellhausen, 1900, S. 7; Brockelmann, 1939, S. 4.
[181] Z. B. Jdc 3 15ff. 20 3ff. II Sam 2 15-16 I Chr 8 40 12 2 II Chr 14 7 17 17. Zu den Chr-Stellen vgl. de Vaux, II, S. 50—51.

So spricht alles dafür, daß unser Spruch in die Jahrzehnte vor der Debora-Schlacht fällt, also um 1200 v. Chr. anzusetzen ist. Eine Anspielung auf Ehud scheint nicht — noch nicht? — vorzuliegen[182].

2. Dtn 33 12

Zur Erklärung des anderen Stammesspruchs über Benjamin müssen wir etwas weiter ausholen. Wenn unsere Vermutung, daß Debora dem Stamm Benjamin angehört hat und daß ihr Kampfaufruf von Bethel (*bētīn*) oder noch eher von dessen östlich davon gelegenen Heiligtum *burdsch bētīn* ausging, so würde damit Bethel oder zumindest sein bedeutendes Heiligtum eng mit Benjamin sowie mit dem Debora-Kampf zu verbinden sein[183].

Auch wenn unsere sonstigen Quellen auf den ersten Blick dieser Vermutung zu widersprechen scheinen, weil sie Bethel als Grenzort Ephraims kennen, so haben sie doch ein davorliegendes Stadium der Geschichte dieses Ortes nicht gänzlich verwischen können.

Zunächst werden im System der Grenzfixpunktreihen des Josua-Buches Lus bzw. Bethel eindeutig dem Gebiet Ephraims zugewiesen[184]. Wie aber schon ALT[185] richtig beobachtete, wird man dieses System und damit die hinter unserer Erwähnung Bethels als eines ephraimitischen Ortes stehende historische Wirklichkeit »eher gegen das Ende als gegen den Anfang« der Periode zwischen Landnahme und Staatenbildung ansetzen müssen. Etwas genauer läßt sich dieses Datum durch das von NOTH[186] erkannte Fehlen Dans im Gebiet westlich Benjamins festlegen. Denn wie wir oben (S. 95) bemerkten, ist der Umzug Dans in den Norden Palästinas den Jahrzehnten zwischen 1150 und 1120 v. Chr. zuzuweisen. Damit würde dieses System etwa der Wende vom 12. zum 11. Jh. v. Chr. angehören. Das bedeutet aber, daß man ihm nicht unbesehen Angaben über das 12. Jh. v. Chr. entnehmen kann. Somit ist die Möglichkeit, daß Bethel nicht von Beginn der Landnahme israelitischer Stämme in Mittelpalästina an zum Gebiet Ephraims zählte, keineswegs ausgeschlossen.

Einen Schritt vermag uns die in mancher Hinsicht verdächtige Anekdote, nach der Lus-Bethel deshalb dem Haus Joseph durch Verrat kampflos in die Hände fiel, weil »Jahwe mit ihnen war« (Jdc 1 22-26), weiter zu führen. Zunächst ist die Erwähnung einer Erobe-

---

[182] Ähnlich auch TÄUBLER, 1958, S. 139. — SOGGIN, VT 1961, S. 440, ahnt das Richtige, wenn er sagt, Benjamin habe »schon früh eine große Rolle gespielt«.
[183] Daß Bethel benjaminitisch war, nehmen offenbar auch KITTEL in KAUTZSCH[4], Bd I, S. 371, A. d, und GALLING, BRL, 1937, Sp. 98, an.
[184] Vgl. Jos 16 1ff. 18 11ff.
[185] I (1927), S. 201.
[186] Josua, ²1953, S. 109.

rung des Hauses Joseph, die sich von der Benjamins (v. 21) abhebt, dann aber Manasse (v. 27-28) und Ephraim (v. 29) gesondert und in dieser Reihenfolge aufführt, höchst verdächtig, weil sie bereits einem späteren Stadium der Geschichte des Hauses Joseph Rechnung trägt. Die Auskunft Hertzbergs[187], diese Anekdote sei »den Einwanderungskämpfen des Stammes Ephraim entnommen«, vermag nicht zu befriedigen, da eine zweimalige Erwähnung Ephraims, durch die von Manasse unterbrochen, unwahrscheinlich anmutet. Zudem entspricht die hier vorausgesetzte Richtung des Eroberungszuges auf Bethel nicht der des Hauses Joseph oder nur Ephraims[188], sondern vielmehr der Benjamins.

Die sich daraus ergebende Vermutung, Jdc 1 22-26 habe ursprünglich die Einnahme Bethels durch Benjamin erzählt[189], gewinnt durch Überlegungen anderer Art an Wahrscheinlichkeit. Wenn auch nicht eindeutig zu entscheiden, so muß doch immerhin bei der für den unverhofft großen Erfolg der kampflosen Inbesitznahme Bethels gebotenen Begründung »Jahwe war mit ihnen« erwogen werden, ob die tatkräftige Unterstützung Jahwes nicht auch hier wie anderswo[190] die siegbringende Gegenwart der Lade meine. Auf alle Fälle aber lassen die, wie Alt[191] überzeugend dargetan hat, gewiß auf Landnahmetraditionen des Stammes Benjamin zurückgehenden Erzählungen des Josua-Buches, namentlich der Kap. 3—6, die hohe Wertschätzung der Lade als eines Heiligtums dieses kriegerischen Stammes bei dessen Landeroberung erkennen. Und weiter setzt offenbar Jdc 2 1a. 5b, wie Eissfeldt[192] in Verfolg einer Bemerkung Wellhausens[193] und Smends[193a] richtig beobachtete, die Überführung der Lade von Gilgal nach Bethel voraus[194]. Dieses Geschehen wird man in der ersten Hälfte des 12. Jh. v. Chr.[194a], auf alle Fälle noch vor

---

[187] 1957, S. 152.

[188] Vgl. dazu vor allem Noth, PJB 1935, S. 13. 15; Alt, I (1939), S. 134.

[189] Dem könnten die archäologischen Daten Bethels entsprechen, wonach es um 1275 zerstört und bald darauf neu besiedelt wurde. Vgl. dazu zuletzt Schunck, S. 19, A. 3 u. S. 47, A. 169 sowie die dort genannte Literatur.

[190] Vgl. Eissfeldt, ZAW 1940—41, S. 193.

[191] I (1936), S. 176—188.

[192] ZAW 1940—41, S. 191, A. 2, S. 194. — So auch Guthe, S. 61; Auerbach, ²1938, S. 37, S. 98 u. A. 1; jüngst Galling, Erwägungen zum Stelenheiligtum von Hazor (ZDPV 75, 1959, S. 1—13), S. 13 u. A. 35, und de Vaux, II, S. 119. — Ablehnend Smend, 1963, S. 67.

[193] ³1899, S. 210.

[193a] 1912, S. 274.

[194] Dort ist sie nach Jdc 20 26-28 21 2. 19. — Anders Smith, JThSt 1946, S. 36, und Soggin, ZAW 1961, S. 82, die Sichem als die auf Gilgal folgende Ladestation angeben. [194a] Vgl. Eissfeldt, ZAW 1940—41, S. 198.

der Debora-Schlacht unterzubringen haben[195]; denn wenn die Vermutung EISSFELDTS[195a] zutrifft — und sie wird zutreffen —, ist die Lade in Jdc 5 23 ebenfalls erwähnt. Das entspricht sehr gut der Vorrangstellung Benjamins wie auch der hohen kriegerischen Wertung der Lade und paßt zu der Tatsache, daß der Kampfaufruf Deboras von einem Ort in unmittelbarer Nähe Bethels ausging.

Somit dürfen wir annehmen, daß Bethel eine Zeitlang benjaminitischer Besitz und zugleich Heiligtum der Lade war. Das bietet uns den Ausgangspunkt für ein Verständnis des Benjaminspruchs von Dtn 33 12.

Benjamin wird als Stamm vorgestellt, der auf Grund bedeutender Leistungen den Titel »Liebling Jahwes« trägt und sich des darin garantierten Schutzes der Gottheit erfreuen kann. Damit wird seine hervorragende politische und kultische Stellung ausgedrückt.

Keine Zeit scheint für beides zutreffender zu sein, als die Jahrzehnte nach der Debora-Schlacht, da Benjamin der machtvolle und erfolgreiche militärische Führer der israelitischen Stämme war und mit dem Lade-Heiligtum zu Bethel über einen Kultort verfügte, dessen hohe kultisch-politische Wertschätzung auf dem Umwege über Silo und Jerusalem, den weiteren Stationen der Lade, erschlossen werden kann[196].

Begrenzt wird diese Zeit nach 1150 durch den Joseph-Spruch aus Gen 49, der, wie wir sehen werden (s. S. 117—119), mit v. 23-24 Benjamin betreffende Ereignisse des Jahrzehnts um 1120 zum Gegenstand hat, aber auch durch die Jdc 20 27-28 und I Sam 1 3 4 11 sich findende

---

[195] Als Grund für die Verlegung aus einem zentralen in einen nahe der Nordgrenze Benjamins gelegenen Ort wird man am ehesten feindliche Bedrohung aus Richtung Osten annehmen und dabei an Jdc 3 12-30 denken dürfen; denn zu jener Zeit war Benjamin noch Besitzer der Lade, außerdem setzt v. 13 die Eroberung Jerichos nahe Gilgal voraus.

[195a] ZAW 1940—41, S. 191, A. 2 u. S. 199.

[196] Leider läßt sich nicht mit einiger Wahrscheinlichkeit aus Dtn 33 12 aufweisen, daß auf Bethel und die Lade angespielt wird. Immerhin spricht die Erwähnung der »Berglehne« nicht dagegen (Jos 18 13a); weiter könnte die Identifizierung Jahwes mit El-Eljon, dem höchsten Gott, sehr gut zur hervorragenden Stellung Benjamins wie auch seines Heiligtums Bethel passen, zumal man jenem Gott auch die Verleihung des Kampfessieges zuschrieb. Und schließlich scheint חפף den auf der Lade thronenden sowie den von dortaus wirkenden Gott vorauszusetzen. Wird die Lade Ps 78 61 עֹז und תִּפְאָרֶת genannt und I Sam 4 21-22 mit כָּבוֹד umschrieben, so scheint Ps 63 3 mit עֹז und כָּבוֹד Jahwe als den Lade-Gott und dann mit dem »unter dem Schatten deiner Flügel jubele ich« (v. 8) etwas unserem Spruch ganz Ähnliches zu meinen (vgl. noch Ps 91 1ff.). — Vgl. auch NIELSEN, SVT 1960, S. 64, der in Dtn 33 12 die Lade erwähnt findet, u. zu den Ps-Stellen G. H. DAVIES, The Ark in the Psalms (Promise and Fulfilment, 1963, S. 51—61).

Genealogie der Lade-Priester von Bethel und Silo[196a]. Setzen wir für jede Generation etwa 50 Jahre ein, so ergibt sich für Aron (= Exodus und Wüstenzeit) etwa 1250, für Eleasar (= Gilgal) etwa 1200, für Pinehas (= Bethel) etwa 1150 und für Eli (= Silo) etwa 1100 wie auch für beide Söhne Hophni und Pinehas etwa 1050. Das würde recht gut zu den anderen Daten passen.

3. Wenn wir daran gehen, die bisher über Benjamin erzielten Ergebnisse zusammenzufassen, so ergibt sich zunächst die mehr allgemeine Feststellung, daß den Sprüchen über den Stamm Benjamin wiederum wertvolle Angaben über dessen frühe Geschichte zu entnehmen sind[197]. Sie legen es nahe, daß Benjamin nicht, wie es bis

---

[196a] Vgl. dazu EISSFELDT, ZAW 1940—41, S. 198.

[197] Nicht zuletzt deshalb, weil die Stammessprüche über Joseph-Ephraim gar nicht herangezogen und die über Benjamin in Übernahme der Interpretation TÄUBLERS (für Gen 49 27, S. 74—75) und der GRESSMANNS (für Dtn 33 12, S. 70—74) abweichend gedeutet werden, ist SCHUNCKS außerordentlich anregende und sorgfältig erarbeitete Darstellung der Geschichte Benjamins in ihren Aussagen über dessen Ergehen während des 12. Jh. v. Chr. zu berichtigen; denn bis in die auf die Debora-Schlacht folgenden Jahrzehnte war Benjamin und nicht Ephraim der führende Stamm in Mittelpalästina (vgl. SCHUNCK, S. 48—57). Selbst wenn Jdc 5 14a anders als vorgeschlagen zu interpretieren wäre, würde Jdc 3, auf das SCHUNCK, S. 57, A. 46 verweist, deutlich genug reden. Denn aus der Tatsache, daß die Ephraimiten willig dem Benjaminiten Ehud folgten, eine »Abhängigkeit Benjamins von Ephraim« zu folgern, stellt m. E. die Dinge auf den Kopf. Ähnlich steht es mit der auf dem Weg über Gilgal (S. 39—45) erschlossenen Zugehörigkeit der Lade zum Stamm Ephraim (S. 45—47). Daß Ephraimiten am Kult von Gilgal teilhatten, ist gut denkbar. Daraus aber herzuleiten, daß Gilgal ein ephraimitischer Ort, die Lade also ephraimitisches Kultobjekt war, weil nach der Reichstrennung »Gilgal und das benachbarte benjaminitische Gebiet bei dem Nordreich Israel« (S. 45) verblieben, kann angesichts der anderen Nachrichten über Gilgal, Benjamin und die Lade nicht überzeugen. Die von SCHUNCK, S. 45, A. 161 zur Entkräftung der These NIELSENS (SVT 1960, S. 63) über die Zugehörigkeit der Lade zum Stamm Benjamin vorgebrachte Erklärung: »Daß gerade ein Benjaminit die Unheilsbotschaft vom Verlust der Lade nach Silo bringt (I Sam 4 12), dürfte ein Zufall sein«, ist im Hinblick auf die unten S. 119 vorgetragenen und gerade für NIELSEN sprechenden Argumente unzutreffend. Und schließlich ist der von SCHUNCK (S. 25—39) angetretene Beweis, daß Josua wie mit den Stoffen aus Jos 10. 11, so auch mit denen aus Kap. 1—9 von Haus aus verbunden gewesen sei, diese also vornehmlich ephraimitische Landnahmetraditionen darstellten, m. E. nicht geglückt. Das Jos 11 und Jdc 4* zugrunde liegende geschichtliche Geschehen besteht eben nicht in einem Kampf einer israelitischen Koalition unter Josuas Oberbefehl, sondern in dem Sebulons und Naphtalis unter Baraks Führung. Deshalb liegt es doch noch am nächsten, in Jos 11 mit NOTH, 1960, S. 72 eine »speziell galiläische Tradition« zu sehen, die nach den auch an Kap. 1—9 zu beobachtenden Gesichtspunkten bearbeitet und somit für ihre Aufnahme ins Jos-Buch hergerichtet wurde (Entsprechendes gilt auch für Jos 10). Das aber bedeutet, daß wir in Jos 1—9 mit ALT,

heute trotz einiger anderer Stimmen[197a] gängige Meinung geblieben ist, erst in Palästina als Abspaltung des Hauses Joseph entstanden sein kann, sondern daß er im Unterschied zu Joseph äußerst kriegerisch war, nach der Vorrangstellung strebte und diese auch eine Zeitlang innehatte. Schon um 1200 v. Chr. lebte er im Lande. Da die Lade als Idol der Wüstenzeit gilt und mit der Familie Moses oder Arons verbunden wird[198], hat er gewiß mit den anderen Stämmen am Exodus teilgenommen und sein Land annähernd gleichzeitig mit ihnen erobert[198a].

XII. DAS HAUS JOSEPH: EPHRAIM UND MANASSE (MAKIR)

1. Makir in Jdc 5 14b

Zu dem großen Verband des Hauses Joseph gehörte der Jdc 5 14 genannte Stamm Makir insofern, als seine Geschichte offenbar in der Manasses aufging, aber auch mit der Gileads verbunden wurde; wie es im einzelnen dazu kam, vermögen unsere Quellen vielleicht noch ahnen zu lassen.

Sie zeichnen etwa folgendes Bild der Geschichte Makirs[199]: In der jüngsten Form, der Genealogie, ausgedrückt, erscheint Makir als der erstgeborene Sohn Manasses, der Vater Gileads und Großvater Jairs (Num 26 29 I Chr 2 21-23). Aus den Quellen erhellt, warum Makir zu

---

Noth u. a. nach wie vor eine benjaminitische Landnahmeüberlieferung, die »gesamtisraelitisch« bearbeitet und in die die Gestalt Josuas nachträglich eingetragen wurde, zu sehen haben. Dem entspricht der der Zeit nach der Debora-Schlacht zuzuweisende Wechsel in der Führerschaft von Benjamin auf Ephraim (und schließlich auf das Haus Joseph).

[197a] So vor allem Noth, PJB 1935, S. 16, A. 8; 1960, S. 73, A. 2; Alt, I (1939), S. 164 u. A. 4, und Schunck, S. 8, die aber an der erst auf dem Boden Palästinas erfolgten Benennung des Stammes festhalten. Andere Deutungen bei Reuss, 1881, S. 102; Renan, I, 1894, S. 240 u. A. 3, S. 337—338, u. a. Zur Interpretation von Gen 35 16-20 vgl. außer Noth, a. a. O., noch Soggin, VT 1961, S. 432—440.

[198] Vgl. dazu die ausführlichen Erwägungen Eissfeldts, ZAW 1940—41, S. 191—199; jüngst auch Smend, 1963, S. 93—95.

[198a] So auch die archäologischen Erhebungen; vgl. dazu Schunck, S. 18—24. — Zur Frage der Herleitung der Benjaminiten von den *banū-jamina* aus Mari vgl. die jüngst angestellten behutsamen Erwägungen von Schunck, S. 6—7. (Dort S. 8—15 ebenfalls Gedanken über die Vorgeschichte der Benjaminiten.) Eine Identifizierung beider, wie sie u. a. Astour, Semitica 1959, S. 5—14, vorträgt, führt neben anderen Schwierigkeiten auch zur notwendigen Annahme einer späteren Abspaltung Ephraims (= Haus Joseph) von diesem Benjamin (Astour, S. 12. 17).

[199] Vgl. zur Geschichte Makirs Bergman, JAOS 1934, S. 175—176; Täubler, 1958, S. 190—193. 246—248; Kaiser, S. 8—11; Hoftijzer, S. 243. 246; Schunck, S. 13, und a. a. O. (S. 98, A. 155), S. 35.

Gilead und Jair in ein dominierendes Verhältnis gebracht wird: Das Land Gilead und die Dörfer Jairs sind das Besitztum Makirs (Jos 13 30-32 17 1 Dtn 3 15), das er sich erobert hat[199a]. Offen bleibt dabei die Verbindung zu seinem Vater Manasse; vielleicht kann hierher Gen 50 23 gestellt werden, wo Joseph die Söhne Makirs adoptiert, weil eine mögliche Adoption nicht erst der Söhne, sondern schon Makirs selbst der genealogische Ausdruck für seine Aufnahme in den Stamm Manasse und damit schließlich in das Haus Joseph war[200]. Eine Bestätigung für diese Vermutung könnte die Beobachtung sein, daß die Nachricht von Dtn 3 15, Makir habe Gilead nördlich des Jabbok zugesprochen bekommen, sich mit der Mitteilung von v. 13 stößt, derzufolge das gleiche Territorium dem halben Stamm Manasse gegeben wird[201].

Ebenfalls deckt sich das Jdc 5 14 vorausgesetzte Gebiet Makirs mit dem später vom westjordanischen Manasse bewohnten Territorium. Kann es von dort aus als wahrscheinlich gelten, daß die Verbindung Makir-Manasse bzw. Makir-Gilead ein späteres Stadium der Geschichte darstellt, fanden wir doch auch in den Stammessprüchen nur einen sekundären Hinweis auf Manasse in Dtn 33 17b, so ist damit keineswegs die frühe Geschichte Makirs aufgehellt.

In der Richter-Zeit oder der Zeit der Landnahme hören wir bis auf die Andeutung von Jdc 5 über Makir nichts. Ebenso auffällig ist es, daß unsere Quellen auch über Manasse in entscheidenden Fragen ein völlig anderes Bild zeichnen, keinerlei kriegerische Auseinandersetzungen oder dergleichen mit der Vorbevölkerung berichten, dagegen aber deutlich ein überaus freundliches Verhältnis zwischen Manasse und den Kanaanäern erkennen lassen[202]. Das ist deshalb von Bedeutung, weil es sich bei dem Gebiet Manasses um das handelt, in dem wir nach Jdc 5 14 Makir suchen müssen. Nun kann diese Vermutung noch durch den Hinweis aus I Chr 7 14, Makirs Mutter sei keine Israelitin, sondern eine Aramäerin, Makir selbst also gemischter Abstammung gewesen, gestützt werden. Bezieht sich diese wiederum genealogische Erklärung natürlich jetzt auf das Aram näher gelegene ostjordanische Territorium Makirs, so wird sie doch auch für dessen ehemaligen westjordanischen Bereich, zumal es sich ja um Manasses Frau handelt, zutreffend gewesen sein, freilich mit der Abänderung, daß sie dann eine Kanaanäerin hätte gewesen sein müssen[203].

[199a] Nach Jos wird ihm das Land verliehen, das er nach Num 32 39 erobert hat. Beides scheint Jos 17 1 zu verbinden: Makir bekommt das Land verliehen, weil er ein streitbarer Mann ist.   [200] Vgl. dazu KAISER, S. 9.
[201] Vgl. auch Jos 17 14-15. 16-18; dazu NOTH, Josua, ²1953, S. 100.
[202] Vgl. zu beidem ALT, I (1939), S. 127—129.
[203] In diese Richtung weist auch die auffällige Tatsache, daß nachweisbar drei der Kinder Gileads, des Sohnes Makirs, nämlich Sichem, Hepher, Thirza (Num 26 29-33;

Unter Heranziehung der Joseph-Geschichte sind auf ähnlichem Wege Täubler[204] und ihm folgend Kaiser[205] zu dem Ergebnis gelangt, daß Makir einst in der Ebene Dothan und der näheren Umgebung gewohnt habe. Zu diesem Gebiet paßt es außerordentlich gut, daß es einerseits von einer Reihe kanaanäischer Städte durchzogen ist[206], damit also Makirs gemischte Abstammung zu erklären vermag, und daß es anderseits in unmittelbarer Nähe zum Kampfplatz von Jdc 5 liegt. Obendrein wird es in keinem Landnahme-Bericht erwähnt.

Dieser Tatbestand darf als weitere Begründung dafür dienen, daß Makir, wie Täubler aus seinem Namen: Einer, »der sich für bestimmte Dienste gegen Entgelt verkauft hat«[207] zu Recht geschlossen hat, bereits vor dem Haus Joseph diesen Platz um den Preis, Waffendienste für die Herren des Landes zu leisten, einnehmen konnte. Daß wir an die vor der Richter-Zeit liegende Periode der kanaanäischen Stadtherrschaften bis hin in die uns teilweise recht gut bekannte Amarna-Zeit denken dürfen, wird durch die Überlegung, daß Söldnerheere der israelitischen Stammesverfassung widersprachen, wohl aber bei den Stadtfürsten gang und gäbe waren, nahegelegt.

Es ist hier nicht der Ort, diese Andeutungen weiter auszuführen. Soviel ist auch ohnedies deutlich, daß sich Makir von dem gegen Ende des 13. Jh. v. Chr. in Mittelpalästina seßhaft werdenden Ephraim grundsätzlich unterschied. Damit scheidet die Möglichkeit eines Zusammenschlusses zwischen Ephraim und Makir von vornherein aus. Aber auch die andere Möglichkeit, daß Makirs Abwanderung direkt auf den Druck Ephraims zurückzuführen sei, ist kaum wahrscheinlich, weil dem die Tatsache störend im Wege steht, daß sich einst Manasse, noch ganz westjordanisch, sehr stark auf Kosten der angrenzenden Stämme ausgedehnt zu haben scheint[208], was ihm gewiß die ehemalige Stellung als Erstgeborener vor Ephraim eintrug[209]. Das

---

vgl. Jos 17 1-6), vorisraelitische Städte im späteren westjordanischen Gebiet Manasses sind.

[204] 1958, S. 191—192.

[205] VT 1960, S. 6.

[206] Alt, I (1940—41), S. 274—277, hat auch für das Jdc 5 23 verfluchte Meros glaubhaft machen können, daß es eine zum Gebiet Makirs (Manasses) gehörende kanaanäische Stadt war.

[207] 1958, S. 190. — Da Makir in Jos 17 1 ein streitbarer Mann genannt wird, mag man bei den Diensten an Kriegsdienste denken.

[208] Jos 17 11-12 werden zwei issacharitische Städte genannt, die zu Manasses Gebiet gehören.

[209] Sellin, I, 1924, S. 120, möchte die Erstgeborenenstellung temporal verstehen, d. h. Manasse lebte eher in Palästina als Ephraim. Dagegen spricht, daß z. B. in Gen 49 3-4 die Stellung des Erstgeborenen mit Kraft und Hoheit verbunden wird,

macht aber die Annahme einer Kollision Manasses mit Makir nötig, derzufolge Makir als der offenbar im Kampf Unterlegene in Manasse eingegliedert wurde, und das zu einer Zeit, als Ephraim noch nicht seine spätere Bedeutung erlangt hatte. Das bald nach der Debora-Schlacht einsetzende Streben Ephraims nach Vorherrschaft zumindest über die mittelpalästinischen Stämme wird, nachdem Benjamin unterlegen war, sich schließlich auch gegen den stärkeren Manasse im Norden gerichtet haben und hatte zur Folge, daß Makir sich wieder aus der unfreiwilligen Bindung mit Manasse lösen[210] und zur Eroberung seiner ostjordanischen Gebietsteile schreiten konnte, wie er dann als Vater Gileads, aber als Sohn Manasses in das genealogische System eingegliedert wurde.

2. *Ephraim und Manasse*

Die bisherige Untersuchung der beiden Joseph-Gedichte aus Gen 49 und Dtn 33 hat wenigstens das eine gezeigt, daß wir in ihnen Endprodukte einer langen Entwicklungsgeschichte vor uns haben. Trotz aller Unsicherheiten, die eine Zergliederung solcher gewachsenen Gebilde in ihre ursprünglichen Bestandteile und deren geschichtliche Einordnung immer mit sich bringen, glauben wir doch, etwa folgenden Werdegang annehmen zu dürfen, wobei eine Bestätigung dieser Annahme in der logischen Folge der geschichtlichen Ergebnisse gefunden werden mag.

Ausgehend von der Tatsache, daß beide Gedichte letztlich Joseph zum Gegenstand haben, dabei aber in Gen 49 25-26 die jüngere Form des Vätersegens vorliegt, würde Gen 49 25-26 die jüngste und Dtn 33 13-16 die nächstjüngere Einheit sein. Dtn 33 17, vielleicht der Rest eines Einzelspruches, und Gen 49 23-24 als Erweiterung von Gen 49 22 scheinen beide ursprünglich Ephraim gegolten zu haben. Es mag sein, daß davon Gen 49 23-24 wiederum die ältere Aussage darstellt. Dadurch wird schließlich der Ephraim-Spruch von Gen 49 22 als Keimzelle des Joseph-Gedichts von Gen 49 herausgestellt, womit er als der älteste Spruch angesprochen werden muß und den Einsatzpunkt für die Darstellung liefern kann.

a) Gen 49 22

Im Bilde eines die Begrenzungsmauern überwuchernden fruchtbaren Weinstocks wird der die Grenzen seines für ihn zu eng gewor-

---

und auch, daß das jüngste Geschlecht zugleich als das schwächste und unbedeutendste verstanden wird; s. S. 63 u. A. 3.

[210] Vgl. das ganz ähnliche Verhalten Benjamins, der nach zeitweiliger erzwungener Zugehörigkeit zum Haus Joseph wieder aus diesem ausscheidet und sich nach der Reichstrennung Juda anschließt; dazu SCHUNCK, S. 80ff.

denen Gebiets sprengende Stamm Ephraim dargestellt[211]. Dabei ist von Bedeutung, daß in v. 22 im Unterschied zu den kriegerischen Bildern von dem Löwen, der Schlange und dem Wolf ein das friedliche Wachstum betonendes Pflanzenbild gewählt ist.

Es fällt schwer, nicht an Jos 17 14-18[212] zu denken. In beiden Fällen ist das Wohngebiet Ephraims zu eng, so daß der Stamm sich wegen der Anwesenheit der stark bewaffneten Kanaanäer der Ebenen nur durch friedliche Expansion in kaum besiedelte Gebirgsgegenden hinein Land verschaffen kann[213].

Angesichts der Machtentfaltung Ephraims in der zweiten Hälfte der Richter-Zeit ist man gezwungen, diesen Spruch wie auch das von ihm wiedergegebene Ereignis in die Frühzeit der ephraimitischen Landnahme zu datieren. So könnte es sich eigentlich nur um die Zeit um 1200 v. Chr. handeln, als Ephraim zwar schon im Land war, aber noch nicht über die zu kriegerischen Aktionen notwendige Stärke verfügte.

Jedoch änderte sich das recht bald. Zunächst treffen wir ihn noch vor der Debora-Schlacht im Gefolge des gegen die Moabiter siegreich kämpfenden Benjaminiten Ehud[214]. Danach ist er um die Mitte des 12. Jh. v. Chr. bereits mit einem eigenen Kontingent, doch nach wie vor unter Benjamins Führung[215] am Debora-Kampf beteiligt, bei dem die wohl seit Ehuds Zeit im benjaminitischen Bethel stationierte Lade die siegbringende Gegenwart Jahwes verbürgte. Das mag auch das Folgende begreiflich erscheinen lassen.

b) Gen 49 23-24

Wie diese Erweiterung des alten Spruches Gen 49 22 deutlich macht, schritt Ephraims zunächst kampflose Expansionspolitik rüstig voran, bis sie auf Nachbarn stieß, die diesen Bestrebungen mit dem Bogen in der Hand begegneten. Nach einer heftigen kriegerischen Auseinandersetzung war der Sieg auf seiten der Ephraimiten, denen

---

[211] Daß der Siedlungsraum für einen Stamm zu eng wird, kommt überall vor; vgl. z. B. WELLHAUSEN, Lieder d. Hudhail, Nr. 169 (205), 8 auf S. 128.

[212] Vgl. dazu vor allem NOTH, Josua, ²1953, S. 106—107. Seine Feststellung, daß v. 16-18 die alte Überlieferung ist, die von der Ausnutzung aller Möglichkeiten im Westjordanland spricht, während v. 14-15 eine später von Ephraim aus erfolgte Besiedlung des Ostjordanlandes widerspiegelt, wird das Richtige treffen.

[213] Das steht in bester Übereinstimmung mit dem auffälligen Fehlen eines Berichts über die Eroberung des ephraimitischen Gebietsanteils.

[214] Man wird Jdc 3 27 wohl dahingehend verstehen können, daß nicht nur Ehuds Landsleute, sondern auch Ephraimiten vom Gebirge Folge leisteten. So zuletzt SMEND, 1963, S. 15. 72.

[215] Von Ephraim wird in Jdc 5 14 nicht, wie bei den anderen Stämmen, erwähnt, daß Stammesführer mitzogen. Das ist wohl kaum ein Zufall.

XII. Das Haus Joseph: Ephraim und Manasse (Makir) 117

vor allem durchschlagende göttliche Hilfe zuteil geworden war. Jahwe als der Starke Jakobs wie auch als der wohl zu Bethel verehrte Herr des Israel-Steins[216] leistete den Ephraimiten tatkräftigen Beistand.

Damit ist deutlich, daß man weder von einem Defensivkrieg Ephraims, noch von nichtisraelitischen Feinden sprechen darf[217]. Die Auseinandersetzung wurde letzlich von Ephraim provoziert und mag in einer Gegend stattgefunden haben, die im Grenzbereich Ephraims lag. Danach könnte man nur an die Nord- oder die Südgrenze denken. Nun hat vor allem NOTH[218] einleuchtend gezeigt, daß sich Ephraim im zweiten, kriegerischen Stadium der Landnahme nach Süden, also auf Bethel zu bewegte. Da wohl auch dessen Gott erwähnt wird, werden wir daran denken und prüfen müssen, ob das AT noch eine auf dieses Geschehen bezügliche Nachricht bewahrt hat.

Von der Voraussetzung aus, Benjamin sei von Haus aus eine ephraimitische Sippe und Bethel ein ephraimitischer Ort gewesen, fand EISSFELDT[219] in der Erzählung von der Schandtat zu Gibea (Jdc 19—21) die Tatsache der mit heftigen kriegerischen Auseinandersetzungen zwischen beiden Parteien verbundenen Lostrennung Benjamins vom Großstamm Ephraim wieder, derentwegen auch die Lade von Bethel nach Silo gebracht wurde.

Darin wird man EISSFELDT Recht geben müssen, daß Jdc 19—21 von kriegerischen Verwicklungen zwischen Ephraim und Benjamin handelt[220], und auch darin, daß die Überführung der Lade nach Silo zu diesen Ereignissen in Beziehung steht. Jedoch blieb nach Jdc 19—20 Ephraim der Sieger, was sich mit Gen 49 23-24 deckt. Die Erklärung EISSFELDTs, die letztlich für Benjamin erfolgreiche Handlung sei hier zugunsten Ephraims umgebogen worden, da sich »im Kriege und nach dem Kriege ... oft jede Seite den Sieg«[221] zuschreibe, kann nicht überzeugen. Auch die anderen zur Stützung der These von

---

[216] Nur am Rande sei die Vermutung ausgesprochen, daß vielleicht sogar beide Gottesnamen auf die in Bethel befindlichen Kultobjekte sich beziehen könnten. Denn nach EISSFELDT, ZAW 1940—41, S. 199—215, waren dort die aus Israels Wüstenzeit stammende Stierbildstandarte und die ebenfalls mit solchen Traditionen verbundene Lade stationiert. So könnte sich der Titel אֲבִיר יַעֲקֹב auf die Standarte (vgl. MEEK, 1950, S. 138—139) und der des Herrn des Israel-Steins auf die Lade beziehen.
[217] Beides sind die Hauptargumente für die gängige Meinung, hier die Kämpfe mit den Midianitern, Philistern oder gar den Aramäern des 9. Jh. angedeutet zu finden.
[218] S. S. 109, A. 188.
[219] Fs-Beer 1935, S. 31—40; ZAW 1940—41, S. 198; doch vgl. auch EISSFELDT, 1950, S. 75—79.
[220] Auch die Ephraimiten sind als gute Bogenschützen bekannt (Ps 78 9); zu Benjamin vgl. S. 107, A. 181.
[221] Fs-Beer 1935, S. 36.

Benjamins Befreiungskrieg herangezogenen, mitunter erst durch Konjekturen gewonnenen Argumente[222] sind nicht durchschlagend. So wird es dabei bleiben müssen, daß Jdc 19—20 mit einem Erfolg Ephraims über Benjamin ausgeht.

Die Tatsache, daß die Ephraimiten und die Benjaminiten als tapfere Krieger und gute Bogenschützen bekannt waren, läßt es als möglich erscheinen, daß Gen 49 23-24 auf diese Stammesfehde anspielt, und das um so eher, als ja auch Gen 49 24 den Sieg auf seiten Ephraims kennt. Vielleicht lassen sich aber aus Jdc 19—21 noch weitere Einzelheiten gewinnen, die eine sachliche Verbindung mit Gen 49 23-24 befürworten.

Wie wir sahen, scheint Gen 49 24 den siegreichen Ausgang des blutigen Streits vor allem der tatkräftigen Hilfe Jahwes als des zu Bethel verehrten Herrn des Israel-Steins zuzuschreiben. Was es im einzelnen damit auf sich hat, vermag Jdc 19—21 vielleicht noch klarzustellen[222a].

In der allerdings stark überarbeiteten Erzählung von der Strafexpedition gegen Benjamin und deren Folgen spielen vor allem Bethel und Silo eine hervorstechende Rolle. Während sich die Ephraimiten zum Kampfe rüsten, ziehen sich die Benjaminiten nach Gibea zurück. Nun begeben sich die Ephraimiten nach Bethel[223], um dort vor der Lade von Jahwe ein Orakel über die Eröffnung des Kampfes einzuholen. Nichts spricht dagegen, daß Bethel auch noch zu Beginn dieser Auseinandersetzung benjaminitische Kultstätte war. Dann ist es aber verwunderlich, nach dem Konflikt die Lade im gut ephraimitischen Silo vorzufinden[224].

Die Vermutung, jener Kampf Ephraims habe dem Besitz der Lade als des die kultische und politische Führung verbürgenden »gesamtisraelitischen« Heiligtums gegolten, gewinnt an Wahrschein-

---

[222] Vgl. S. 31, A. 44, S. 33, A. 52.

[222a] Vgl. auch die ausführliche Analyse von Jdc 19—21 und die daraus gezogenen geschichtlichen Folgerungen bei SCHUNCK, S. 57—70, die sich im Endresultat in etwa mit dem hier Vorgetragenen decken.

[223] Für das zumeist zu Unrecht verdächtigte Bethel (zuletzt GALLING, ZDPV 1945, S. 31) und dessen Eroberung durch Ephraim spricht, daß z. Z. Sauls Gilgal das benjaminitische Heiligtum war und daß Mizpa erst mit Samuel größere Bedeutung erlangte (I Sam 7). Obendrein ist nicht recht einzusehen, warum Bethel in diese alte Erzählung später eingeschoben sein und damit einen anderen Ortsnamen verdrängt haben sollte, da es erst wieder nach der Reichstrennung von Bedeutung wurde, dann aber die Erwähnung der Lade ein grober Anachronismus wäre; vgl. auch EISSFELDT, ZAW 1940—41, S. 198; HERTZBERG, 1957, S. 248—249, u. NIELSEN, SVT 1960, S. 61. — Anders jetzt SMEND, 1963, S. 68—69.

[224] Da Silo hier der Versammlungsort Israels (21 12) und auch der Ort des Jahr für Jahr gefeierten Jahwe-Festes ist (21 19), wird die Existenz der Lade in Silo sehr wahrscheinlich. Außerdem ist dort Eli, der Sohn des Pinehas, Priester.

XII. Das Haus Joseph: Ephraim und Manasse (Makir) 119

lichkeit, wenn man sich die in Jdc 19—20 dafür herangezogene Begründung näher ansieht und sie mit ähnlichen derartigen Erklärungen I Sam 2 11-17 und Ps 78 9ff. 56-58 vergleicht. In allen Fällen wird die Wegnahme der Lade theologisch gerechtfertigt: In I Sam 2 ist es die Sünde der Eli-Söhne und in Ps 78 der Götzendienst Ephraims. Die Folgerungen daraus, daß die Schandtat der Benjaminiten in gleicher Weise zu verstehen sei, liegt auf der Hand, zumal diese in Jdc 20 6. 10 deutlich als Sünde »an Israel« gebrandmarkt wird[224a]. So dürfen wir auch hier annehmen, daß der Besitzer der Lade durch eine grobe Verfehlung sein Anrecht auf diesen Kultgegenstand verwirkt hat[225].

Wenn das richtig ist, läßt sich die Zeit jenes Geschehens auf Grund der Genealogie der Ladepriester ziemlich genau auf etwa 1120 v. Chr. festlegen[225a], kennen wir doch Pinehas, den Enkel Arons, als Priester in Bethel, während sein Sohn Eli Hüter der Lade in Silo war.

Indirekt vermögen zwei weitere Notizen den angenommenen gewaltsamen Umzug der Lade vom benjaminitischen Bethel in das ephraimitische Silo zu unterstreichen, zeigen sie doch, daß auch nach ihrer Verlegung vor allem Benjamin mit der Lade verbunden blieb: So ist es in I Sam 4 12 ein Benjaminit, der Eli nach Silo die Kunde von dem Sieg der Philister, dem Tod seiner Söhne und dem Verlust der Lade überbringt[226], und danach treffen wir die ehemalige Priesterschaft Silos im benjaminitischen Nob an, wohin sie vor den Philistern geflohen war[226a] und wo sie noch zu Sauls Zeit lebte (I Sam 21—22; vgl. I Sam 14 3). Sie war also wieder in den ihr am allernächsten stehenden Stamm zurückgekehrt[227]. Und schließlich findet die Tatsache, daß Benjamin sich nach der Reichstrennung freiwillig an Juda anschloß[227a], die beste Erklärung in der Annahme, daß nicht nur die alte Gegnerschaft gegen Ephraim, sondern auch der Ladekult in Jerusalem eine Verbindung mit Juda nahelegte.

Zugleich wird damit die Tatsache erhärtet, daß vor Ephraim Benjamin der Besitzer der Lade war und daß sie vor Silo in Bethel stand, wodurch die Erwähnung der Hilfe des Gottes von Bethel in dieser Streitsache dahingehend zu verstehen ist, daß sogar Jahwe, der Benjamin hätte besonders zugetan sein müssen, sich diesmal gegen ihn entschied und sich auf seiten Ephraims stellte.

[224a] Obendrein ist der die Fremden aufnehmende und selber als Fremdling dort weilende Gastgeber Ephraimit, ein Grund mehr, daß vornehmlich die Ephraimiten eingreifen mußten.

[225] Eine andere Vermutung über den Grund zur Verlegung der Lade von Bethel nach Silo bei SCHUNCK, S. 47, A. 171.

[225a] Vgl. dazu GUTHE, S. 61. 141; EISSFELDT, ZAW 1940—41, S. 198. — SCHUNCK, S. 68—69, verweist obendrein auf die jenes Datum annähernd bestätigenden Ausgrabungsergebnisse von Gibea (*tell el-fūl*).

[226] So auch NIELSEN, SVT 1960, S. 63.

[226a] So WELLHAUSEN, 1914, S. 50, u. jetzt SMEND, 1963, S. 63, A. 47.

[227] Die Tatsache, daß durch den Vogt in Gibea Benjamin genauso unter philistäischer Herrschaft stand wie Ephraim, unterstreicht unsere Deutung.

[227a] So richtig SCHUNCK, S. 141.

Diese Sicht der Dinge steht in bestem Einvernehmen mit dem uns für die spätere Richter-Zeit aus Jdc 12 1-6 8 1-3 bezeugten Herrschaftsanspruch Ephraims und läßt zugleich diesen in vollerem Licht erscheinen. Zweifellos wird die Angliederung Benjamins an Ephraim[228], die Aneignung der Lade und die Einbeziehung Bethels in ephraimitisches Gebiet der erste Schritt auf dem Wege zum Ziel gewesen sein, dem in der Unterordnung Manasses der zweite und wohl entscheidende Schritt für die Bildung des Hauses Joseph folgte. Das deutet Jdc 8 1-3 damit an, daß der Manassit Gideon sich gegenüber Ephraim willfährig erzeigt.

c) Dtn 33 17

Wie es scheint, setzt Dtn 33 17 die Durchsetzung der ephraimitischen Hoheitsrechte über Manasse voraus.

Ephraim ist zum stärksten Stamm unter den Mächtigen geworden. In der Sprache der Genealogie wäre das wohl gleichbedeutend mit dem Rang des Erstgeborenen, der dann allerdings Manasse verlustig gegangen sein müßte (s. S. 120f.). Auf dem Boden einer solchen Machtposition können Wünsche gedeihen, sich nun auch das ganze Land zu unterwerfen. Dabei darf eine neue Nuance nicht übersehen werden, denn es wird gesagt: Jahwe habe Ephraim Majestät verliehen und sich damit deutlich auf dessen Seite gestellt. Hier klingt bereits das an, was erst später zu voller begrifflicher Klarheit in der Bezeichnung des Nasir kommt: Durch Jahwes Wohlgefallen wird Joseph zum Erwählten seiner Brüder.

Deutet schon der letzte Gedanke an, daß wir uns in einer Zeit zunehmender kultischer Präponderanz Ephraims befinden, die erst mit dem Besitz der Lade von Silo voll verständlich wird, so wird das vor allem durch die starke Betonung, die auf der machtpolitischen Seite liegt, unterstrichen. Wie wir im Falle Judas (Gen 49 10-12) sahen, hat Silo schon früh Vorstellungen und Wünsche dieser Art auf sich vereinigt. Aus allem aber geht hervor, daß Ephraim seinen Einflußbereich auch nach Norden, auf Manasse, ausdehnen konnte. Das deutlich auszudrücken, wird die eigentliche Absicht des glossierenden Zusatzes aus v. 17b gewesen sein; er will dem möglichen Mißverständnis, unser Spruch rede nur von Ephraim, wehren und ihn dahingehend korrigieren, hier sei zugleich mit Ephraim auch der allerdings zweit-

---

[228] Für eine solche Einverleibung Benjamins könnten auch die von ASTOUR, Semitica 1959, S. 12, A. 2, aufgeführten zu Benjamin, aber auch zu Ephraim gehörenden Namen sprechen. Allerdings zieht ASTOUR daraus den Schluß, daß sich Ephraim von dem aus Mari kommenden Benjamin später abgespalten habe; s. oben S. 112, A. 198a. — Weitere geschichtliche Folgerungen aus der Eingliederung Benjamins in Ephraim bei SCHUNCK, a. a. O. (S. 98, A. 155), S. 36—40.

rangige Manasse gemeint[229]. Jedenfalls setzt v. 17b die Unterordnung des schwächeren Manasse unter den stärkeren Ephraim voraus[230].

Damit hat z. Z. von Dtn 33 17 Ephraim die Führerstellung über Benjamin und Manasse innegehabt. Leider ist die Zeit dieses Zusatzes nicht auszumachen. So verbleiben uns zur Datierung dieses Geschehens nur allgemeine Erwägungen.

Dabei ist von Bedeutung, daß Ps 80 3 die von uns vermutete Reihenfolge in ihrer gewiß machtpolitisch zu verstehenden Abstufung bestätigt und damit immerhin für die Zeit kurz nach der Zerstörung des Silonischen Heiligtums belegt. Der Psalm, eine Bitte an Jahwe um Wiederherstellung des durch eine militärische Niederlage gedemütigten Hauses Joseph, nämlich Ephraims, Benjamins und Manasses, legt Jahwe die Titel Cherubenthroner (v. 2) und Zebaoth (v. 5. 8. 20) bei, die auf Silo und die Lade, wie EISSFELDT gezeigt hat[231], zurückgehen. Da beide Titel mit der Lade auch nach Jerusalem gekommen sind, könnte man vielleicht noch an diesen Ort und eine militärische Aktion gegen ihn denken. Aber das wird vor allem durch die Bitte, Jahwe möge vor Ephraim, Benjamin und Manasse erstrahlen und ihnen zu Hilfe kommen, ausgeschlossen und zugleich nahegelegt, daß damit auf die Niederlage der drei vereinigten »Joseph-Stämme« bei Aphek sowie den Verlust der Lade zu Silo angespielt und gewünscht wird, Jahwe möge das alles rückgängig machen.

Weiter ist in diesem Zusammenhang aufschlußreich, daß Jahwe der »Hirt Israels«, der Joseph wie Schafe leitet (v. 2), genannt und daß für den nach dem Exodus in Palästina ansässigen Stamm das Bild des in Ägypten ausgehobenen, in Palästina eingepflanzten und dann das ganze Land erfüllenden Weinstocks (v. 9-12. 15-17) verwendet wird. Beides steht in naher Berührung zu Gen 49 24. 22 und bestätigt die dort gegebene Deutung in erfreulicher Weise. Zugleich aber setzt das letzte Bild den sich wohl über Mittelpalästina erstreckenden Einfluß Ephraims voraus.

Sind damit die zeitlichen Grenzen, etwa 1150 und 1050, abgesteckt, so werden wir doch innerhalb des verbleibenden Zeitraums wegen der noch vorherrschenden machtpolitischen Betrachtungsweise gut daran tun, uns nicht zu weit vom vorigen Spruch (1120) zu entfernen und etwa an die Wende vom 12. zum 11. Jh. v. Chr. oder auch noch an den Anfang des 11. Jh. v. Chr. zu denken[232].

---

[229] Vgl. DILLMANN, ²1886, S. 427.

[230] Durch die beiden stark differierenden Zahlangaben soll wohl ebenfalls ausgedrückt werden, daß Manasses Erstgeburtsrecht auf Ephraim übergegangen war. Vgl. S. 114, A. 209. Die Unterordnung Manasses unter Ephraim setzt auch I Reg 4 8 voraus; dazu s. ALT, II (1917), S. 85.

[231] Jahwe Zebaoth (Miscellanea Academica Berolinensia, II, 2, 1950, S. 128—150). — Außerdem scheinen v. 3. 15 im Anklang an die Ladesprüche (Num 10 35-36) formuliert worden zu sein.

[232] Dazu könnte das in den Jahrzehnten nach 1150 angesetzte (s. S. 114f.) Aufgehen Makirs in Manasse, daß der Unterordnung Benjamins unter Ephraim annähernd gleichzeitig wäre, gut passen. Da indes die Geschichte Makirs und Manasses in der Richter-Zeit zu unklar ist, können darauf keine weiteren Schlüsse gegründet werden.

d) Dtn 33 13-16

Demgegenüber wird in Dtn 33 13-16 das Schwergewicht von der politischen Seite fort ganz auf die kultische Vormachtstellung Joseph-Ephraims verschoben.

Zu beachten ist vor allem, daß nun nicht mehr von Ephraim (und Manasse), sondern nur noch von Joseph geredet wird. Er ist die neue ins Licht der Geschichte getretene Größe. Sein enges, fast ausschließliches Verhältnis zu Jahwe, dem Sinai-Gott, verbürgt ihm den ruhigen, von keiner Seite bedrohten Genuß des überreichen Segensstromes und trägt ihm die Vorzugsstellung eines geistlichen Führers in Israel ein.

Interessant aber ist es, daß sich hier, bei der ersten sicheren Erwähnung von Joseph, auch die ersten individualisierenden Züge bemerkbar machen. Von seinem »Haupt« und von seinen »Brüdern« wird gesprochen.

Wir werden in der Annahme, daß das die frühen Anzeichen eines Gestaltungsprozesses sind, der in der Joseph-Geschichte von J und E sein Endstadium erreicht hat, nicht fehlgehen. Von daher wird als *terminus ad quem* für Dtn 33 13-16 der Ausgang der Richter-Zeit nahegelegt.

Den *terminus a quo* können wir den Hinweisen des Inhalts entnehmen. Joseph ist der, auf dem Jahwes Wohlgefallen ausschließlich ruht. Wie oben angedeutet, stößt sich das inhaltlich mit v. 12. Gewiß aber wird das kompositorische Nebeneinander, wonach in v. 12 Benjamin, in v. 16 indes Joseph der Bevorzugte ist, in ein historisches Nacheinander aufzulösen sein, wobei die jüngere Aussage über Joseph theologisch deutlich geprägt ist: Das liebliche Verhältnis zwischen Jahwe und Benjamin ist einer festgefügten, durch beiderseitige Verpflichtungen gekennzeichneten Institution gewichen.

Hatten wir Dtn 33 12 um 1120 angesetzt, so ergibt sich daraus für unseren Spruch das 11. Jh. v. Chr. Da Joseph noch unbedroht dasteht, müßte an die Zeit kurz vor 1050 gedacht werden[233].

Wie schon mehrfach bei den Sprüchen von Dtn 33 beobachtet, scheint auch dieser Segenswunsch zugunsten Josephs, der noch durchweg in der 3. Person gehalten ist, einer kultisch bestimmten Versammlung von Stämmen anzugehören. Dabei an eine amphiktyonieartige Gruppe zu Silo[234] zu denken, liegt im Bereich des Möglichen[235].

---

[233] So auch NOTH, 1948, S. 231, über das »Haus Joseph«, das »wenigstens zeitweise auch in seiner wirklichen geschichtlichen Bedeutung die erste Stelle im Kreise der israelitischen Stämme einnahm«.

[234] Auf diesen Ort verwies auch CASSUTO, S. 244.

[235] Immerhin scheint nach Hos 5 1-5 auch Ephraim an dem dann freilich götzendienerischen Tabor-Kult beteiligt gewesen zu sein. Ob es schon vorher daran teilnahm, läßt sich nicht mit Bestimmtheit sagen.

Darin könnte man eine weitere Bestätigung für das oben ermittelte Datum sehen.

e) Gen 49 25-26

Demgegenüber erweist sich Gen 49 25-26 sowohl der Form als auch seiner Stellung im Gesamtaufriß des sog. Segens Jakobs als das jüngste Stück.

Inhaltlich unterscheidet es sich nur unmerklich von Dtn 33 13-16. Wie dort, wird auch hier eine reiche Segensfülle, die im alles andere überragenden Segen des Vaters gipfelt, auf Josephs Haupt herabgewünscht. Er wird so reich beschenkt, weil er von Jahwe zum Nasir seiner Brüder bestellt ist und sich dem göttlichen Dienst geweiht hat.

Mit diesen Versen, die Josephs alle anderen Brüder überragende Stellung ausdrücken und sie aus dem Segen des Erzvaters über sein Kind herleiten, haben wir den Schlußpunkt unter Gen 49 wie unter Dtn 33, aber zugleich auch den Höhepunkt des jetzigen Gedichtes erreicht.

Daß diese Verse nicht anders als im Sinne zunächst etwa Jeremias, Ephraim sei Jahwes Lieblingskind und sein Erstgeborener (31 9. 20), dann aber des Chronisten (I Chr 5 1-2) zu verstehen sind, kann keine Frage sein. Ruben, Simeon und Lewi hatten das Recht der Erstgeburt schmählich verwirkt. Juda, der als nächster an die Reihe kam, hatte zwar zu Davids Zeiten eine glänzende Position inne, daß von Jahwe gesagt werden konnte: »67 Er verwarf das Zelt Josephs, und den Stamm Ephraim erwählte er nicht. 68 Aber den Stamm Juda erwählte er, den Berg Zion, den er lieb hat« (Ps 78 67-68); doch nie wird Juda der Erstgeborene genannt. Dieser genealogische Titel war vornehmlich einer Zeit geläufig, die die Reichstrennung kannte und das oft feindliche Gegeneinander von Nord und Süd vor Augen hatte[236].

Den veränderten Verhältnissen zu jener Zeit trug unser »Segen Jakobs« damit Rechnung, daß Joseph die schließlich alles überragende Größe wurde, neben der aber Juda in seiner einstigen Bedeutung stehen blieb, eine Tatsache, die der Chronist in die Worte faßte: »1 Und die Söhne Rubens, des Erstgeborenen Israels — er war nämlich der Erstgeborene; da er aber das Bett seines Vaters entweihte, wurde sein Erstgeburtsrecht den Söhnen Josephs, des Sohnes Israels, gegeben, doch nicht so, daß dieser im Geschlechtsregister als Erstgeborener eingetragen wurde, 2 denn Juda überragte seine Brüder an

---

[236] Eine Andeutung findet sich schon zur Zeit Davids, als Israeliten gegenüber den Judäern auf ihren größeren Anspruch an dem jerusalemischen Kult verweisen und diesen u. a. daraus herleiten, daß sie die Erstgeborenen vor Juda seien (II Sam 19 44 Konj.).

Macht und Fürst wurde einer von ihm. Aber das Erstgeburtsrecht erhielt Joseph. —« (I Chr 5 1-2)[237].

Welcher Zeit diese letzten Zutaten und damit wohl auch die Endredaktion von Gen 49 angehören, kann nicht mehr fraglich sein. Zwar könnte man auf die Rivalitäten zwischen Israel und Juda z. Z. Davids verweisen[238]; besser aber würden sich diese letzten Veränderungen von einer Hand herleiten lassen, die unseren Segen durch Aufsetzen dieses Lichtes dem Hauptthema der Joseph-Geschichte: Joseph — der Liebling Gottes und seines Vaters und folglich der Herr seiner Brüder — anglich[239] und ihm somit seine jetzige Stelle im Erzählungszusammenhang anwies[240]. Dabei an den Jahwisten und die Zeit der getrennten Reiche zu denken, liegt wohl am nächsten.

f) Es hat sich erneut gezeigt, daß auch die Joseph-Sprüche Aufschluß über die damalige Stammesgeschichte geben können. Vor allem konnten wir die Geschichte des Stammes Ephraim, die die der Stämme Benjamin und Manasse, von dem so gut wie nichts ausgesagt wird[241], in sich vereinigte und dann in der Josephs aufging, verfolgen[242].

Aus der Erwähnung des mit Joseph eng verbundenen Sinai-Gottes darf geschlossen werden, daß Joseph, also wenigstens Ephraim, gewiß aber, wie wir S. 112 sahen, auch Benjamin, am Exodus beteiligt war und gegen Ausgang des 13. Jh. v. Chr. Palästina erreichte. Danach scheinen sich die Wege Ephraims und Benjamins getrennt zu haben, sehen wir doch letzteren sein Land von Osten aus erobern, während Ephraim zunächst auf friedliche Weise weiter nördlich in

---

[237] Vgl. Gen 48 5 (P), wo Ephraim und Manasse Rang und Stellung Rubens und Simeons zuerkannt werden. Das würde dem gleichkommen, was auch sonst ein beliebtes erzählerisches Moment ist, daß der Jüngste zum Herren aller wird. Dazu vgl. jetzt auch Ugarit III K III, 16.

[238] Ähnlich BENTZEN, II, S. 58, u. STOEBE, RGG 3, Sp. 525.

[239] Auf die thematische Übereinstimmung mit der Joseph-Geschichte machten PETERS, JBL 1886, S. 112; DESNOYERS, 1922, S. 111, A. 1; NOTH, 1948, S. 231, A. 570, aufmerksam.

[240] Damit stimmen wir EISSFELDT, 1922, S. 22—30, zuletzt ²1961, S. 8—10. 43—44, insofern zu, als auch wir Gen 49 in Analogie zur Joseph-Geschichte verstehen, unterscheiden uns aber von ihm darin, daß wir Gen 49 nicht mit Hilfe eines teilweise nur postulierten Grundbestandes als ältere Parallelerzählung zu J und E, sondern als selbständig gewachsenes Gebilde bestimmen, das erst von J um die Mitte des 9. Jh. v. Chr. dem Thema der Joseph-Geschichte angeglichen und damit zur Aufnahme in seinen Erzählungszusammenhang hergerichtet wurde. Vgl. dazu auch GALLING, DLZ 52, 1931, Sp. 438. — Anders stellt HOFTIJZER, S. 260, A. 3, den Werdegang von Gen 49 dar.

[241] Dadurch, daß dieser Stamm bald unter Ephraims Herrschaft geriet, mag seine Vorgeschichte weithin ausgelöscht worden sein.

[242] Zu Ephraims Geschichte vgl. die recht ansprechende Zusammenstellung von MAUCHLINE, S. 32.

XII. Das Haus Joseph: Ephraim und Manasse (Makir)

Mittelpalästina siedelte und auch nur vom Osten aus, dann vielleicht sogar von Benjamin getrennt, ins Land gekommen sein kann[243]. Erst im zweiten Stadium seiner Landnahme griff auch Ephraim zu den Waffen, und war, wie wir sahen, zuerst gegen Benjamin, dann gegen Manasse erfolgreich und brachte beide unter seine Oberhoheit. Diese wurde schließlich auch auf andere ausgedehnt, die zusammen das Haus Joseph bildeten[244].

Die tiefgreifende Veränderung, die die Ereignisse im Zuge der Philisterexpansion mit sich brachten, können wir nur ahnen, insofern die führende Rolle bei ihrer Niederwerfung dem kleinen, aber kriegerischen Benjamin unter Saul zufiel[245]. Eine Erklärung dafür mag die Vermutung sein, daß Benjamin sich dank des philistäischen Druckes aus ephraimitischer Vormundschaft lösen konnte und nun wieder die einstige führende Position anstrebte. Mit dem Aufstieg Davids, vor allem aber mit der Einholung der Lade in das von ihm eroberte Jerusalem, war eine völlig neue Situation geschaffen. Sowohl Benjamin als auch Ephraim und damit das Haus Joseph waren mit einem Schlag an David und Juda gebunden. Um die einzelnen widerstrebenden Parteien war ein sie alle miteinander verknüpfendes Band ge-

---

[243] Das erwägt Noth, PJB 1935, S. 16—17 u. S. 16, A. 8.

[244] Jdc 1 22-35 ist offenbar noch durch die Bildung des Hauses Joseph beeinflußt worden; denn durch den sich in v. 22. 35 findenden Ausdruck werden die mittel- und nordpalästinischen Stämme zusammengefaßt. Warum Benjamin (v. 21) von dem Haus Joseph getrennt und mit Juda zusammengestellt wird, dürfte aus der Geschichte Benjamins und aus seinem Verhältnis zum Haus Joseph bzw. zu Juda zu erklären sein. Zum Fehlen Issachars vgl. oben S. 86f. Daß die Klammer v. 22. 35 erst nachträglich angebracht worden ist, zeigt der Vorbau von v. 22-26, dem nach dem gewiß viel älteren Ordnungsprinzip zunächst Manasse (v. 27-28) und danach Ephraim (v. 29) folgen. In gleicher Weise scheint auch Jos 16—17 überarbeitet worden zu sein; denn hier wird ebenfalls nach einer gemeinsamen Einleitung, die ganz Joseph betrifft und nicht nur deshalb späteren Ursprungs ist, zunächst Manasse, an dessen Stelle sich zuvor Makir befand, und dann erst Ephraim abgehandelt (Noth, Josua, ²1953, S. 100). — Zum Haus Joseph als einer sekundären Zusammenfassung vgl. Gressmann, ZAW 1910, S. 18; Haupt, BZAW 1914, S. 203, A. 33; Hölscher, PWRE 1925, Sp. 2157; Täubler, 1958, S. 176—203; Kaiser, S. 6—10; Hoftijzer, S. 242. 256f. — Das stärkste Argument für die gängige Meinung, Joseph sei als Großstamm in Kanaan eingedrungen und habe sich erst dort in Benjamin, Ephraim und Manasse gespalten, ist der offenbar von der mittelpalästinischen Landschaft auf den Stamm übertragene Name Ephraim (zu Benjamin und Ephraim vgl. jetzt auch Schunck, S. 7—8. 15—18). Indes braucht eine Benennung oder vielmehr nur ein Namenswechsel im Kulturland keineswegs die Teilung Josephs vorauszusetzen. — Vgl. auch Alt, II (1937), S. 368: »Wo sie (die Israeliten) Boden faßten, da betrachteten sie die von ihnen eingenommenen Gebiete nach ihrem Stammesrecht und bezeichneten sie demgemäß mit ihren Stammesnamen«.

[245] Albright, Hist Mundi 1953, S. 357, führt die Königswahl Sauls auf die »Bedeutungslosigkeit und zentrale Lage seines Stammes« zurück.

schlungen. Daß aber unter der Decke die alten, aus einer andersgearteten Vorgeschichte zu erklärenden Rivalitäten wach geblieben waren, beweisen die verschiedenen Anfeindungen, die David und Juda sowohl von Ephraim als auch von Benjamin entgegenschlugen, Spannungen, die notgedrungen auf die Reichstrennung zuliefen und damit nach dem Zwischenspiel der Union unter David und Salomo die einst getrennte Geschichte von Nord und Süd fortsetzen halfen, allerdings mit dem Unterschied, daß Benjamin sich fortan an Juda und das Südreich gebunden fühlte.

SCHLUSSBEMERKUNGEN

Wir können zusammenfassen. Trotz einiger noch verbleibender Unklarheiten und Unsicherheiten hat sich ergeben, daß die Stammessprüche von Gen 49, Dtn 33 und Jdc 5 wertvolle Angaben über die frühe Geschichte israelitischer Stämme in der Zeit von etwa 1400 bis 1000 v. Chr. liefern können.

Auch wenn man sich stets vor Augen halten muß, daß die Sprüche ja nur einen begrenzten Ausschnitt der Ereignisse jener Zeit widerspiegeln, ist doch von Belang, daß das von ihnen gezeichnete Bild farbiger ist, als bislang angenommen wurde. Selbst unter der Voraussetzung, daß die Stämme wie in der arabischen Welt, so auch in Israel keine starren, unwandelbaren Größen waren, muß auf Grund der den Stammessprüchen zu entnehmenden Angaben darüber mit einem noch viel wechselvolleren Geschehen gerechnet werden als bisher. Während einige der uns für jene Jahrhunderte bezeugten israelitischen Stämme wieder aus der Geschichte verschwinden — Simeon geht in Juda und Ruben in Gad auf; Makir kann sich aus einer zeitweiligen Verflechtung mit Manasse wieder lösen, besiegelt dann aber wohl das Geschick Gileads mit —, tauchen andere wie z. B. Gad im Ostjordanland ganz neu auf. Lewi hingegen unterliegt einer bis in seine Wurzeln reichenden Strukturwandlung. Obendrein ist für manche von ihnen eine wie auch immer zu beurteilende Aufnahme stark kanaanäischer Elemente geschichtsmächtig geworden, wie es sich bei Juda wahrscheinlich machen ließ, aber auch bei Issachar, Dan und Asser anzunehmen ist.

Innerhalb des überschauten Zeitraums nun kann an Hand der Stammessprüche eine Entwicklung aufgezeigt werden, die von dem Einzelstamm weg auf verschiedene sich ablösende und immer umfassender werdende Gruppierungen hinläuft. Zugleich tritt dabei das sakrale Element immer beherrschender hervor[246]. War es den Sprüchen noch zu Anfang darum zu tun, Handlungen eines einzelnen Stammes, die zu seiner Ansiedlung sowie zur Festigung und Konsolidierung der von ihm erworbenen Position im Kulturland führten, auszusagen, so tragen sie schon bald Herrschaftsansprüche eines

---

[246] Zum Fragenkomplex der Frühzeit Israels mit ihren Institutionen und geschichtsmächtigen Faktoren und Tendenzen vgl. die beachtlichen Darlegungen S. HERRMANNS in der ThLZ von 1962 und jetzt auch die scharfsinnigen, allerdings teilweise zu streng generalisierenden Erwägungen R. SMENDS von 1963.

Stammes über einen weiteren Kreis vor, wie wir es bei Juda, Benjamin, Gad und Ephraim beobachten konnten, wozu aber gewiß auch der Ausschließlichkeitsanspruch Lewis zu zählen ist. Gruppierungen einzelner Stämme unter sich wie die von Sebulon und Naphtali, Benjamin und Ephraim oder Issachar und Sebulon münden in Zusammenschlüsse umfassenderer Kreise wie die Koalition von Jdc 5 oder schließlich die Bildung des Hauses Joseph. Immer deutlicher tritt dabei der sakrale Bereich in den Vordergrund, bis wir dann auf die kultisch bestimmte Jahwe-Gemeinschaft vom Tabor stoßen, neben der gewiß eine ähnliche zu Silo zeitweilig bestanden hat. War es uns wahrscheinlich geworden, daß zur letzteren auf alle Fälle Ephraim und Benjamin, vielleicht auch noch weitere mittelpalästinische Stämme gehörten, so schloß sich der einst nur von Sebulon und Issachar gepflegten Kultgemeinschaft auf dem Tabor nach der Debora-Schlacht ein wesentlich größerer Kreis an. Wenn unsere Vermutung, daß die Sprüche des Mose-Segens vornehmlich dieser Gemeinschaft entstammen, zutrifft[247], so haben ihr gewiß Ruben, Lewi, Benjamin, Ephraim, Manasse, Gad und Asser, vielleicht auch noch Naphtali und Dan angehört, während Juda um Aufnahme in sie bat. Dazu ist es jedoch möglicherweise nie mehr gekommen.

Mit Beginn der Staatenbildung und dem Eintritt des Königtums in die israelitische Geschichte brachen die den Stammessprüchen zu entnehmenden Angaben ab. Und doch fällt von dieser für das Werden Israels so entscheidenden Epoche aus manches Licht auf die Folgezeit mit ihren ganz anders gearteten Einrichtungen und Problemen.

Auf der einen Seite läßt sich das Entstehen des Davidischen Reiches ungezwungen als Erfüllung des zwiefach bezeugten judäischen Wunsches nach Verbindung mit den anderen Israeliten wie auch als logische Folge der aufgezeigten Entwicklung zu immer umfassenderen Gemeinschaften verstehen. Dabei spielt nun auch der kultische Bereich insofern eine hervorragende Rolle, als David der Lade, die zu Silo und wohl auch auf dem Tabor der sakrale Mittelpunkt der im gemeinsamen Jahwe-Dienst zusammengeschlossenen Stämme war, nicht zu Unrecht eine die heterogenen Bestandteile seiner Reichsgründung verbindende Kraft zuschrieb. Sie konnte die durch eine andersgeartete Vorgeschichte bedingten Unterschiede zwischen »Nord« und »Süd« überbrücken, Unterschiede, die sich in den Regierungsformen — Dynastie nach kanaanäischem Muster im Süden und von den amphiktyonie-ähnlichen Zusammenschlüssen her zu verstehendes

---

[247] STOEBE, RGG 3, Sp. 524, äußert eine ähnliche Vermutung, wenn er fragt, »ob die Form dieser Stammessprüche aus den kultischen Festen der Amphiktyonie entstanden sind(!)«. Vgl. auch HERTZBERG, RGG 2, Sp. 53: »Offenbar sind die Stoffe (sc. von Jdc 5 und 4) bei den Heiligtümern Tabor und Kadesch tradiert worden.«

Königtum im Norden[248] —, vielleicht auch in den Begriffen »Bundestheologie« im Süden und »Erwählungstheologie« (vgl. Dtn 33 10. 16) im Norden oder in den Ortstraditionen von Kades und dem Sinai ausdrücken und ihrerseits die Reichstrennung verstehen lehren. Als auf eine weitere Klammer zwischen Nord und Süd wird man gewiß auch auf den »Priesterstamm« Lewi verweisen dürfen, der sowohl mit Juda als auch mit Ephraim-Joseph, sowohl mit Kades als auch mit dem Sinai eng verbunden war. Und schließlich ist die Gemeinsamkeit, daß Israel wie Juda Jahwe als seinen Gott verehrte (Dtn 33 7), für den Zusammenschluß bestimmend gewesen.

Auf der anderen Seite aber liegen in den eben genannten Unterschieden die tieferen Wurzeln für die nach der Union z. Z. Davids und Salomos wieder voneinander getrennt verlaufende Geschichte von Nord und Süd verborgen. Dennoch fand das geschichtlich gewachsene Zusammengehörigkeitsgefühl der israelitischen Stämme, unterstrichen durch die mancherlei Gemeinsamkeiten, gerade in dem dieser Zeit zuzuweisenden »Ideal des zwölfstämmigen Israel« seinen bleibenden Ausdruck.

Konnte somit aus den Stammessprüchen Aufschluß über die der von ihnen widergespiegelten Zeit folgende Epoche der Geschichte Israels gewonnen werden, so vermögen sie auch manches über die davor liegenden Ereignisse auszusagen.

Was die Landnahme der einzelnen Stämme angeht, so scheint auch hier das Bild farbiger zu sein, als man weithin anzunehmen geneigt ist. Im Blick auf den Zeitpunkt der Landnahme wird man nach Auskunft unserer Sprüche zumindest mit zwei Einwanderungsschüben rechnen müssen. Dem ersten im Verlauf des 14. vorchristlichen Jahrhunderts mögen Simeon, Lewi, Juda, Issachar, Dan und Makir angehört haben, da wir sie in der fraglichen Zeit bereits in Palästina antreffen. Zu dem nächsten gegen Ausgang des 13. Jh. v. Chr. sind gewiß Benjamin und Ephraim, vielleicht auch noch Manasse, Naphtali und Sebulon zu zählen. Dabei bleiben allerdings Ruben, Gilead und Asser übrig, weil über sie nichts Diesbezügliches ermittelt werden konnte; somit ist die Möglichkeit, daß auch in zeitlicher Hinsicht der Hergang noch differenzierter war, immerhin ernsthaft zu erwägen. Recht bunt ist nun auch das Bild, das auf Grund der Stammessprüche über den Verlauf und die Art der Landnahme der einzelnen Stämme gezeichnet werden kann. Während Juda vom Negeb aus in sein Gebiet eindrang, wird Ruben wie wohl später auch Gad direkt von Osten aus in sein Weideland eingesickert sein. Das

---

[248] Dazu vgl. jüngst A. WEISER, Samuel (FRLANT 81), Göttingen 1962, S. 92—94, zum gesamten Fragenkreis der Struktur des israelitischen Königtums in Nord und Süd vor allem aber die einschlägigen Arbeiten ALTS.

gleiche wird man für Makir und Gilead sowie für Simeon und Lewi anzunehmen haben. Ebenfalls aus dem Ostjordanland, allerdings nördlicher als die zuvor genannten Stämme, ist auch Issachar ins Kulturland übergetreten. Dagegen wird Dan wie Juda am ehesten von Süden aus sein Territorium besetzt haben. Alle diese Stämme — mit Ausnahme Lewis — aber haben am Ägypten-Aufenthalt und Exodus keinerlei Anteil gehabt. Ihre Landnahme war weithin ein friedliches Einsickern wie bei Issachar, wohl ebenfalls bei Simeon und Lewi und den anderen, obgleich Simeon und Lewi im Unterschied etwa zu Issachar dann auch vor blutigen Auseinandersetzungen nicht zurückschreckten. Demgegenüber scheint sich bei Judas Einwanderung die umgekehrte Folge, erst Eroberung und dann friedliche Expansion, abgespielt zu haben, soweit man überhaupt in dieser Form generalisieren darf.

Ähnliches war nun auch bei der zweiten Gruppe, die aus Ägypten über den Sinai vom Ostjordanland her sich den Zugang nach Westpalästina verschaffte, zu beobachten. Dabei war gewiß Benjamin stets kämpfend vorgegangen, während Ephraim zunächst solchen Auseinandersetzungen auswich und erst im Zuge seiner Expansionspolitik zu den Waffen griff. Beide aber werden vielleicht sogar getrennt voneinander den Jordan überschritten haben. Weiter nördlich von ihnen ist dann auch Naphtali nach Galiläa hineingekommen, um sogleich, mit Sebulon verbündet, erfolgreich gegen die dort herrschenden Kanaanäer vorzugehen. Im Unterschied zu allen diesen fällt nun das ganz auf freundschaftliches Auskommen mit den Herren des Landes abgestimmte Verhalten Assers auf, das im ertragreichen Handel und Wandel sein Genüge fand.

Bemerkenswert ist an den Stammessprüchen insgesamt, daß sie von den einer späteren Zeit so wichtigen Themen wie Auszugs- und Sinai-Geschehen oder von den Erzväterüberlieferungen wie auch von den Traditionen über die Gestalten eines Mose und Josua eigentlich nichts erkennen lassen. Nur im Joseph-Gedicht von Dtn 33 und Gen 49 fanden sich Hindeutungen auf den Gott Jakobs und auf Jahwe als den Herren des Sinai. Dieses Schweigen darüber wird gewiß nicht zufällig sein, gehört doch offenbar die Ausbildung derartiger Traditionen erst der Folgezeit an, wie denn auch jene Anspielungen in den jüngeren Partien der Sprüche stehen. Damit wird aber erneut der von uns gemachte Vorschlag für die Ansetzung der Stammessprüche, nämlich die sogenannte Richter-Zeit, erhärtet.

LITERATURVERZEICHNIS*

AALDERS, G. CH., De Silo-profetie (Gen. 49:10) (Geref. ThT 15, 1914—15, S. 341—355).
—, Nog iets over de Silo-profetie (ib., S. 430—431).
ACKROYD, PETER R., The Composition of the Song of Deborah (VT 2, 1952, S. 160—162).
AHARONI, YOHANAN, התנחלות שבטי ישראל בגליל העליון. The Settlement of the Israelite Tribes in Upper Galilee (Diss. phil. Jerusalem 1955), Jerusalem 1957, 34 S.
—, The Northern Boundary of Judah (PEQ 90, 1958, S. 27—31).
AISTLEITNER, J., Die mythologischen und kultischen Texte aus Ras Schamra übersetzt, Budapest 1959.
ALBRECHT, KARL, Der Judaspruch Gen 49 (ZAW 34, 1914, S. 312—313).
ALBRIGHT, WILLIAM FOXWELL, A Revision of Early Hebrew Chronology (JPOS 1 [1920—21], 1921, S. 49—79).
—, The Earliest Forms of Hebrew Verse (JPOS 2, 1922, S. 69—86).
—, Some Additional Notes on the Song of Deborah (ib., S. 284—285).
—, Egypt and the Early History of the Negeb: The Topography of Simeon (ib. 4, 1924, S. 149—161).
—, The Northern Boundary of Benjamin (AASOR 4 [1922—23], 1924, S. 150—155).
—, The Topography of the Tribe of Issachar (ZAW 44, 1926, S. 225—236).
—, The Danish Excavations at Seilun — a Correction (PEFQSt 59, 1927, S. 157—158).
—, Archaeology and the Date of the Hebrew Conquest of Palestine (BASOR 58, 1935, S. 10—18).
—, The Song of Deborah in the Light of Archaeology (ib. 62, 1936, S. 26—31).
—, The Israelite Conquest of Canaan in the Light of Archaeology (ib. 74, 1939, S. 11—23).
—, BASOR 1940 s. ENGBERG.
—, Two Little Understood Amarna Letters from the Middle Jordan Valley (ib. 89, 1943, S. 7—17).
—, The Oracles of Balaam (JBL 63, 1944, S. 207—233).
—, Von der Steinzeit zum Christentum (deutsch v. Dr. IRENE LANDE), Bern 1949.
—, Syrien, Phönizien und Palästina vom Beginn der Seßhaftigkeit bis zur Eroberung durch die Achämeniden (Historia Mundi 2, München 1953, S. 331—376. 629—630).
—, Die Religion Israels im Lichte der archäologischen Ausgrabungen (deutsch v. FRIEDRICH CORNELIUS), München-Basel 1956.

---

* Mit * versehene Titel oder Auflagen waren nicht erreichbar. — Die Literatur wird in der Regel so zitiert, daß auf den Namen des Autors bei selbständigen Veröffentlichungen sogleich die Jahreszahl, bei Aufsätzen die entsprechende Abkürzung der Zeitschrift oder des Sammelwerks mit Jahreszahl folgt. Diese Angaben entfallen, wenn sich von einem Autor im Literaturverzeichnis nur ein Titel befindet.

ALBRIGHT, WILLIAM FOXWELL, Die Bibel im Licht der Altertumsforschung (deutsch v. D. TH. SCHLATTER), Stuttgart 1957.
ALLEGRO, J. M., A Possible Mesopotamian Background to the Joseph Blessing of Gen. XLIX (ZAW 64 [1952], 1953, S. 249—251).
—, Further Messianic References in Qumran Literature (JBL 75, 1956, S. 174—187. 7 Taf.).
ALLGEIER, ARTHUR, Desiderium collium aeternorum (Tübinger ThQ 110, 1929, S. 221—242).
ALT, ALBRECHT, Neues über Palästina aus dem Archiv Amenophis' IV. (PJB 20, 1924, S. 22—41 = Kl. Schr. III, 1959, S. 158—175).
—, Die Landnahme der Israeliten in Palästina, Leipzig 1925 = Kl. Schr. I, ²1959, S. 89—125.
—, Jerusalems Aufstieg (ZDMG 79, 1925, S. 1—19 = Kl. Schr. III, 1959, S. 243—257).
—, Das System der Stammesgrenzen im Buche Josua (Sellin-Festschrift. Beiträge zur Religionsgeschichte und Archäologie Palästinas, Leipzig 1927, S. 13—24 = Kl. Schr. I, ²1959, S. 193—202).
—, Eine galiläische Ortsliste in Jos 19 (ZAW 45, 1927, S. 59—81).
—, Der Gott der Väter (BWANT III, 12), Stuttgart 1929 = Kl. Schr. I, ²1959, S. 1—78.
—, Die Staatenbildung der Israeliten in Palästina (Reformationsprogramm der Univ. Leipzig), Leipzig 1930 = Kl. Schr. II, ²1959, S. 1—65.
—, Die Ursprünge des israelitischen Rechts (SA Leipzig, 86. Bd, 1. H.), Leipzig 1934 = Kl. Schr. I, ²1959, S. 278—332.
—, Josua (Werden und Wesen des Alten Testaments, hrsg. v. P. VOLZ u. a. = BZAW 66, 1936, S. 13—29 = Kl. Schr. I, ²1959, S. 176—192).
—, Neues aus der Pharaonenzeit Palästinas (PJB 32, 1936, S. 8—33).
—, Galiläische Probleme (PJB 33, 1937, S. 52—88 = Kl. Schr. II, ²1959, S. 363—435).
—, Erwägungen über die Landnahme der Israeliten in Palästina (PJB 35, 1939, S. 8—63 = Kl. Schr. I, ²1959, S. 126—175).
—, Meros (ZAW 58, 1940—41, S. 244—247 = Kl. Schr. I, ²1959, S. 274—277).
—, Das Königtum in den Reichen Israel und Juda (VT 1, 1951, S. 2—22 = Kl. Schr. II, ²1959, S. 116—134).
ARMERDING, CARL, The Last Words of Jacob: Genesis 49 (Bibl. Sac. 112, 1955, S. 320—329).
—, The Last Words of Moses: Deuteronomy 33 (Bibl. Sac. 114, 1957, S. 225—234).
ASMUSSEN, P., Die zehn Stämme (ZDPV 16, 1893, S. 256—268).
—, Die Leastämme. Ein Beitrag zur Vorgeschichte Israels (ZWTh 36, Bd II, 1893, S. 378—415).
ASTOUR, MICHAEL, Benê-Iamina et Jéricho (Semitica 9, 1959, S. 5—20).
AUERBACH, ELIAS, Untersuchungen zum Richterbuch I. Die Einwanderung der Israeliten. Jdc 1 (ZAW 48, 1930, S. 286—295).
—, Wüste und gelobtes Land. Bd I: Geschichte Israels von den Anfängen bis zum Tode Salomos, Berlin (1932) ²1938.
BACON, BENJAMIN WISNER, *The Genesis of Genesis, Hartford 1892.
—, The Triple Tradition of the Exodus, Hartford 1894.
BAECK, LEO, סנה und סני (MGWJ 46, 1902, S. 299—301).
—, »Der im Dornbusch Wohnende« (Aus drei Jahrtausenden..., Tübingen 1958, S. 240—242).

BALL, CHARLES JAMES, The Testament of Jacob (Gen. XLIX) (PSBA 17, 1895, S. 164
—191).
BAMBERGER, SELIG, רש"י על התורה. Raschis Pentateuchkommentar. Vollständig
ins Deutsche übertragen und mit einer Einleitung versehen, Frankfurt a. M. ³1935.
BARNES, W. EMERY, A Taunt-Song in Gen. XLIX 20, 21 (JThSt 33, 1932, S. 354—
359).
—, A Note on the Meaning of יעקב (אלהי יעקב) in the Psalter (JThSt 38, 1937,
S. 405—410).
BARTH, J., Vergleichende Studien (ZDMG 43, 1889, S. 177—191).
BATTEN, L. W., The Conquest of Northern Canaan: Joshua XI 1—9; Judges IV—V
(JBL 24 [1905], 1906, S. 31—40).
BAUDISSIN, WOLF WILHELM GRAF, Die Geschichte des alttestamentlichen Priester-
thums, Leipzig 1889.
—, Einleitung in die Bücher des Alten Testamentes, Leipzig 1901.
BAUER, HANS und PONTUS LEANDER, Historische Grammatik der Hebräischen Sprache
des Alten Testamentes, Bd I, Halle 1922.
BAUER, L., Einige Stellen des Alten Testaments bei Kautzsch 4. Aufl. im Licht des
heiligen Landes (ThStKr 100, 1927—28, S. 426—438).
BAUMANN, EBERHARD, Volksweisheit aus Palästina (ZDPV 39, 1916, S. 153—260).
BAUMGARTNER, WALTER, Ras Schamra und das Alte Testament (ThR 12, 1940, S. 163
—188; 13, 1941, S. 1—20. 85—102. 157—183).
BAUR, GUSTAV, Geschichte der alttestamentlichen Weissagung, 1. Theil: Die Vor-
geschichte der alttestamentlichen Weissagung, Gießen 1861, S. 216—290: Der
Segen Jakobs.
BEA, AUGUSTIN, Archäologische Beiträge zur israelitisch-jüdischen Geschichte (Bibl
21, 1940, S. 429—445).
—, La Palestina preisraelitica: storia, popoli, cultura (Bibl 24, 1943, S. 231—260).
BEER, GEORG, Zur Geschichte und Beurteilung des Schöpfungsberichtes Gen 1 1—2 4a
nebst einem Exkurs über Gen 49 8-12 und 22-26 (Beiträge zur alttestamentlichen
Wissenschaft Karl Budde . . . überreicht = BZAW 34, 1920, S. 20—30).
—, Hebräische Grammatik, 2. Aufl. bearb. v. RUDOLF MEYER, Bd I, Berlin 1952;
Bd II, Berlin 1955.
BEGRICH, JOACHIM, Die priesterliche Tora (Werden und Wesen des Alten Testaments
= BZAW 66, 1936, S. 63—88).
*BELLET, JOHN CROSTHWAITE, God's Witness in Prophecy and History: Bible studies
on the historical fulfilments of Jacob's prophetic blessings on the twelve tribes
contained in Gen. 49. with a supplementary inquiry into the history of the lost
tribes, London 1883.
BENNETCH, JOHN H., The Prophecy of Jacob (Bibl. Sac. 95, 1938, S. 417—435).
*BENNETT, WILLIAM HENRY, The Book of Genesis (The Century Bible), 1901 u. ö.
BENTZEN, AAGE, Introduction to the Old Testament, Vol I—II, Copenhagen 1948—49.
*BEN-YASHAR, M., אחריך בנימין (Jdc 5 17) (Beth Mikra 2, 1957, S. 100—101).
BERGMAN, ABRAHAM, The Israelite Occupation of Eastern Palestine in the Light of
Territorial History (JAOS 54, 1934, S. 169—177).
—, The Israelite Tribe of Half-Manasseh (JPOS 16, 1936, S. 224—254).
BERTHOLET, ALFRED, Deuteronomium erklärt (KHC), Freiburg-Leipzig-Tübingen 1899.
BERTRAM, GEORG, Der Sprachschatz der Septuaginta und der des hebräischen Alten
Testaments (ZAW 57, 1939, S. 85—101).

BEWER, JULIUS A., Lexical Notes (AJSL 17, 1900—01, S. 168—170).
—, The Literature of the Old Testament, rev. ed. New York 1933, completely revised by EMIL G. KRAELING ³1962.
BICKELL, GUSTAV, Dichtungen der Hebräer. Zum erstenmale nach dem Versmaße des Urtextes übersetzt, Bd I, Innsbruck 1882.
BISSINGER, CARL, Das Siegeslied der Debora. Buch der Richter 5. (Beilage zu dem Programme des Carlsruher Lyceums), Carlsruhe 1866.
BLAU, JOSUA, Gibt es ein emphatisches 'ĒṮ im Bibelhebraeisch? (VT 6, 1956, S. 211—212).
BLENKINSOPP, J., The Oracle of Judah and the Messianic Entry (JBL 80, 1961, S. 55—64).
—, Ballad Style and Psalm Style in the Song of Deborah: A Discussion (Bibl 42, 1961, S. 61—76).
—, Structure and Style in Judges 13—16 (JBL 82, 1963, S. 65—76).
BLOCH, ALFRED, Die altarabische Dichtung als Zeugnis für das Geistesleben der vorislamischen Araber (Anthropos 37—40 [1942—45], 1946—47, S. 186—204).
—, Kleine Beiträge zur Arabistik (ib. 41—44 [1946—49], 1948—49, S. 723—736).
—, Zur altarabischen Spruchdichtung (Westöstliche Abhandlungen Rudolf Tschudi ... überreicht, hrsg. v. FRITZ MEIER, Wiesbaden 1954, S. 181—224).
BODENHEIMER, L., וזאת הברכה:. Der Segen Mosis. Eine wissenschaftliche Vergleichung der auf diesen Pentateuch-Abschnitt in der Walton'schen Polyglotte enthaltenen Uebertragungen, unter Berücksichtigung der griechischen und arabischen Varianten und der neueren Erzeugnisse auf diesem philologischen Gebiete, mit Bezugnahme auf einige neuere Uebersetzungen, Crefeld 1860.
BÖHL, FRANZ M. TH., Hymnisches und Rhythmisches in den Amarnabriefen aus Kanaan (ThLBl 35, 1914, Sp. 337—340 = Op. Min., 1953, S. 375—379. 516—517).
—, Volksetymologie en Woordspeling in de Genesis-Verhalen (Mededeelingen der Koninklijke Akademie van Wetenschappen, Afdeeling Letterkunde, Deel 59, Serie A, 1925, S. 49—79).
—, *Genesis II (Tekst en Uitleg), Groningen 1925.
—, Wortspiele im Alten Testament (JPOS 6, 1926, S. 196—212 = Op. Min., 1953, S. 11—25. 475—476).
BÖHMER, EDUARD, Das Erste Buch der Thora. Uebersetzung seiner drei Quellenschriften und der Redactionszusätze, mit kritischen, exegetischen, historischen Erörterungen, Halle 1862.
BOEHMER, JULIUS, Das erste Buch Mose ausgelegt für Bibelfreunde, Stuttgart 1905.
—. »Von Dan bis Berseba« (ZAW 29, 1909, S. 134—142).
—, Silo (ZAW 29, 1909, S. 142—147).
—, Der Name Tabor (Zeitschrift für Semitistik und verwandte Gebiete 7, 1929, S. 161—169).
—, Der Gottesberg Tabor (BZ 23, 1935—36, S. 333—341).
BÖKLEN, Bemerkung zu Deut. 33, 12 (ThStKr 66, 1894, S. 365—366).
BÖNHOFF, Die zwölf Stämme und ihre Bedeutung für die älteste Geschichte des Volkes Israels (Die Studierstube. Theologische und kirchliche Monatschrift 9, 1911, S. 653—663).
BÖTTCHER, FRIEDRICH, Exegetisch-kritische Aehrenlese zum Alten Testament, Leipzig 1849.
—, Neue exegetisch-kritische Aehrenlese zum Alten Testament, 1. Abt., Leipzig 1863.

Bonwetsch, G. Nath. (Hrsg.), Drei georgisch erhaltene Schriften von Hippolytus: Der Segen Jakobs, der Segen Moses, die Erzählung von David und Goliath (= Texte und Untersuchungen 26, Heft 1a), Leipzig 1904.

—, Der Weissagungsbeweis aus Gen. 49 in der ältesten Kirche (NKZ 20, 1909, S. 874—889).

Bräunlich, E., Beiträge zur Gesellschaftsordnung der arabischen Beduinenstämme (Islamica 6, 1934, S. 68—111. 182—229).

Bright, John, A History of Israel, Philadelphia 1959.

Brockelmann, Carl, Geschichte der Arabischen Litteratur, Erster Supplementband, Leiden 1937.

—, Geschichte der islamischen Völker und Staaten, München-Berlin 1939.

—, Zur Syntax der Sprache von Ugarit (Orientalia 10, 1941, S. 223—240).

—, Geschichte der arabischen Litteratur, Bd I, Leiden ²1943.

—, Hebräische Syntax, Neukirchen 1956.

Bruce, F. F., Biblical Exegesis in the Qumran Texts (Exegetica Oud- en Nieuw-Testamentische Studiën, 3. Reihe, 1. Teil), Den Haag 1959.

Bruston, C., Les cinq documents de la Loi mosaïque (ZAW 12, 1892, S. 177—211).

—, Le Cantique de Debora. Étude d'Exégèse critique, Montauban 1901.

—, *Le chant de Débora (Études théologiques et religieuses, 1927, S. 489—515).

Buber, Martin, Moses, Heidelberg ²1952.

Bublitz, E., Ruben, Issakar und Sebulon in den israelitischen Genealogien (ZAW 33, 1913, S. 241—250).

Budde, Karl, Richter und Josua (ZAW 7, 1887, S. 93—166).

—, Die Eroberung Ost-Manasse's im Zeitalter Josua's. Nachtrag zu »Richter und Josua« (ZAW 8, 1888, S. 148).

—, Geschichte der althebräischen Litteratur, Leipzig 1906.

—, Der Segen Mose's, Deut. 33, erläutert und übersetzt, Tübingen 1922.

Burg, Die Schilo-Weissagung (Gen. 49,10) (Pastor bonus 26, 1913—14, S. 257—266).

Burkitt, F. C., On the Blessing of Moses (JThSt 35, 1934, S. 68).

Burney, Charles Fox, Old Testament Notes. III. Who were the Hosts of the Egyptian Sinuhe? (JThSt 10, 1909, S. 587—589).

—, Israel's Settlement in Canaan. The Biblical Tradition and its Historical Background, London ³1921.

Burrows, Eric, The Oracles of Jacob and Balaam, ed. by Edmund F. Sutcliffe (The Bellarmine Series III), London 1938.

Burrows, Millar, Daroma (JPOS 12, 1932, S. 142—148).

Caspari, Wilhelm, Die Anfänge der alttestamentlichen messianischen Weissagung (NKZ 31, 1920, S. 454—481).

Cassel, David, Sebulon und Isachar (Festschrift zum X. Stiftungsfest des Akademischen Vereins für jüdische Geschichte und Litteratur an der Kgl. Friedrich-Wilhelms-Universität zu Berlin, Berlin 1893, S. 5—23).

Cassuto, Umberto, Il Cap. 33 del Deuteronomio e la festa del Capo d'anno nell' antico Israele (RStO 11, 1926—28, S. 233—253).

Causse, Antonin, Les plus vieux chants de la Bible (Études d'histoire et de philosophie religieuses, 14), Paris 1926.

Cazelles, Henry, *Le Deutéronome (Bible de Jérusalem), Paris ²1958.

—, Der Gott der Patriarchen (Bibel und Leben 2, Düsseldorf 1961, S. 39—49).

*Chaine, J., Le Livre de la Genèse (Lectio divina), Paris 1948.

Cheyne, T. K., The Blessings an Asher, Naphtali, and Joseph (PSBA 21, 1899, S. 242 —245).
*Clamer, A., La Genèse traduite et commentée, Paris 1953.
Clarke, John C. C., Jacob's Zodiac (Hebrew Student 2, Chicago 1882—83, S. 155—158).
*Condamin, Albert, Poèmes de la Bible, Paris 1933.
Cook, Stanley Arthur, Simeon and Levi: The Problem of the Old Testament (AJTh 13, 1909, S. 370—388).
—, The Rise of Israel (CAH II, 1924 [1926], S. 352—406).
*Cooke, George Albert, The History and the Song of Deborah, Judges IV. and V., Oxford 1892, New York 1894.
Coppens, J., La bénédiction de Jacob, son cadre historique à la lumière des parallèles ougaritiques (SVT 4, 1957, S. 97—115).
Cornill, Carl Heinrich, Zur Einleitung in das Alte Testament, Tübingen 1912.
—, Einleitung in die kanonischen Bücher des Alten Testaments, Tübingen ⁷1913 (3. und 4. völlig neu gearbeitete Auflage: Einleitung in das Alte Testament, Freiburg-Leipzig 1896).
—, Zum Segen Jakobs und zum jahwistischen Dekalog (Studien zur semitischen Philologie und Religionsgeschichte. Julius Wellhausen zum 70. Geburtstag gewidmet = BZAW 27, 1914, S. 101—113).
Cross, Frank M. Jr., und David Noel Freedman, The Blessing of Moses (JBL 67, 1948, S. 191—210).
—, Ugaritic $DB'AT$ and Hebrew Cognates (VT 2, 1952, S. 162-164).
Curtis, Edward Lewis, The Tribes of Israel (Biblical and Semitic Studies. Critical and Historical Essays by the Members of the Semitic and Biblical Faculty of Yale University, New York 1902, S. 1—37).
Dahood, Mitchell J., A New Translation of Gen. 49, 6a (Bibl 36, 1955, S. 229).
—, Ancient Semitic Deities in Syria and Palestine (Le Antiche Divinità Semitiche, Studi Semitici I, Rom 1958, S. 65—94).
—, Is 'Eben Yiśrā'ēl a Divine Title? (Gn 49, 24) (Bibl 40, 1959, S. 1002—1007).
—, MKRTYHM in Genesis 49 5 (CBQ 23, 1961, S. 54—56).
Dahse, Johannes, Textkritische Materialien zur Hexateuchfrage, I: Die Gottesnamen der Genesis, Jakob und Israel, P in Genesis 12—50, Gießen 1912.
*Daiches, Samuel, The Song of Deborah. A new interpretation, London 1926.
Dalman, Gustaf, Die Stammeszugehörigkeit der Stadt Jerusalem und des Tempels (Abhandlungen zur semitischen Religionskunde und Sprachwissenschaft, Wolf Wilhelm Grafen von Baudissin ... überreicht = BZAW 33, 1918, S. 107—120).
Danelius, Eva, The Boundary of Ephraim and Manasseh in the Western Plain (PEQ 89, 1957, S. 55—67; 90, 1958, S. 32—43. 122—144).
Daube, David, Rechtsgedanken in den Erzählungen des Pentateuchs (Von Ugarit nach Qumran, Otto Eißfeldt zum 1. Sept. 1957 dargebracht = BZAW 77, 1958 [²1961], S. 32—41).
Davidson, A. B., The Prophetess Deborah (The Expositor 5, 1887, S. 38—55).
*The Dean of Peterborough (The Churchman, Oct. und Dez. 1886).
Delitzsch, Franz, Die biblisch-prophetische Theologie, ihre Fortbildung durch Chr. A. Crusius und ihre neueste Entwickelung seit der Christologie Hengstenbergs. Historisch-kritisch dargestellt (Biblisch-theologische und apologetisch-kritische Studien, hrsg. v. Franz Delitzsch und Carl Paul Caspari, Bd I), Leipzig 1845.
—, Neuer Commentar über die Genesis, Leipzig 1887.

DELITZSCH, FRANZ, Zur neuesten Literatur über den Abschnitt Bileam (Zeitschrift f. kirchl. Wissenschaft und kirchl. Leben 9, 1888, S. 119—126).

DESNOYERS, LOUIS, Histoire du peuple Hébreu des Juges à la captivité, T. I: La période des Juges, Paris 1922; T. II: Saül et David, Paris 1930; T. III: Salomon — La religion et la civilisation sous les trois premiers rois, Paris 1930.

DHORME, ÉDOUARD, La Poésie Biblique; Introduction à la Poésie Biblique et trente chants de circonstance, Paris 1931.

—, Rez: Charles Virolleaud, La Légende phénicienne de Danel, Paris 1936 (Syria 18, 1937, S. 104—113).

—, *Les origines d'Israël, 1959.

DHORME, PAUL, Les pays bibliques au temps d'El-Amarna d'après la nouvelle publication des lettres (RB 5, 1908, S. 500—519; 6, 1909, S. 50—73. 368—385).

DIESTEL, LUDWIG, Der Segen Jakob's in Genes. XLIX historisch erläutert, Braunschweig 1853.

DILLMANN, AUGUST, Die Bücher Numeri, Deuteronomium und Josua für die zweite Auflage neu bearbeitet (KeH), Leipzig 1886.

—, Die Genesis. Von der dritten Auflage an erklärt (KeH), Leipzig ^{6}1892.

—, Handbuch der alttestamentlichen Theologie, aus dem Nachlaß des Verfassers herausgegeben von RUDOLF KITTEL, Leipzig 1895.

DIOBOUNIOTIS, CONSTANTIN, und N. BEÏS (Hrsg.), Hippolyts Schrift über die Segnungen Jakobs, mit Vorwort von G. NATHANAEL BONWETSCH (Texte und Untersuchungen 38, 1), Leipzig 1911.

DIX, G. H., The Messiah ben Joseph (JThSt 27, 1926, S. 130—143).

DODS, MARCUS, The Book of Genesis (Expositor's Bible), London ^{7}1893.

*DOORNINCK, A. VAN, De Zegen van Jacob, 1883.

DORNSEIFF, FRANZ, Antikes zum Alten Testament. 1. Genesis. (ZAW 52, 1934, S. 57—75 = Antike und Alter Orient, 1956, S. 203—246).

—, Das Buch Richter (AfO 14, 1941—44, S. 319—328 = Antike und Alter Orient, 1956, S. 340—363).

DRIVER, G. R., Some Hebrew Roots and their Meanings (JThSt 23, 1922, S. 69—73).

DRIVER, S. R., The Revised Version of the Old Testament. I. The Book of Genesis; IV. The Book of Deuteronomy (Exp 3. Serie, Vol. II, 1885, S. 1—16. 289—299).

—, Genesis XLIX. 10: an Exegetical Study (Journal of Philology 14, 1885, S. 1—28).

—, Einleitung in die Litteratur des alten Testaments, nach der 5.... engl. Ausgabe übersetzt... von J. W. ROTHSTEIN, Berlin 1896.

—, A Critical and Exegetical Commentary on Deuteronomy (ICC), Edinburgh ^{3}1902 (1925).

—, The Book of Judges. I—III (Exp 8. S., 2, 1911, S. 385—404. 518—530; 8. S., 3, 1912, S. 24—38. 120—136).

—, The Book of Genesis with Introduction and Notes (WC), London ^{10}1916 (*^{12}1926 [1954]).

DUS, JAN, Die »Ältesten Israels« (Communio Viatorum 3, 1960, S. 232—242).

*EDELKOORT, A. H., De Silo-profetie (Gen 49:8—12) (Nieuwe Theologische Studiën 23, 1940, S. 260—276)

EERDMANS, BERNARD DIRKS, Alttestamentliche Studien I: Die Komposition der Genesis; II: Die Vorgeschichte Israels, Gießen 1908.

EHRLICH, ARNOLD B., Randglossen zur hebräischen Bibel. Textkritisches, Sprachliches und Sachliches, Bd I: Genesis und Exodus, Leipzig 1908; Bd II: Leviticus, Numeri,

Deuteronomium, Leipzig 1909; Bd III: Josua, Richter, I. u. II. Samuelis, Leipzig 1910.

EHRLICH, ERNST LUDWIG, Geschichte Israels von den Anfängen bis zur Zerstörung des Tempels (70 n. Chr.), Berlin 1958 (Sammlung Göschen, Bd 231/231a).

—, Die Kultsymbolik im Alten Testament und im nachbiblischen Judentum (Symbolik der Religionen III), Stuttgart 1959.

EICHRODT, WALTHER, Theologie des Alten Testaments, Teil I: Gott und Volk, Berlin ⁵1957; Teil II: Gott und Welt, Berlin ⁴1961.

EINSLER, LYDIA, Arabische Sprichwörter (ZDPV 19, 1896, S. 65—101).

EISING, HERMANN, Formgeschichtliche Untersuchung zur Jakobserzählung der Genesis (Diss. kath.-theol. Münster), Emsdetten 1940.

EISLER, ROBERT, The Babylonian Word 'Shilu' (Ruler) in Gen. XLIX. 10 (ExpT 36, 1924—25, S. 477).

—, Akkadisch *šīlu* — »Gebieter« in Gen 49 10 (MGWJ 69, 1925, S. 444—446).

EISSFELDT, OTTO, Erstlinge und Zehnten im Alten Testament. Ein Beitrag zur Geschichte des israelitisch-jüdischen Kultus (BWAT 22), Leipzig 1917.

—, Hexateuch-Synopse, Leipzig 1922, Darmstadt ²1962.

—, Stammessage und Novelle in den Geschichten von Jakob und von seinen Söhnen (Eucharisterion für H. Gunkel, FRLANT 36, Göttingen 1923, I, S. 56—77 = Kl. Schr. I, 1962, S. 84—104).

—, Die Quellen des Richterbuches, Leipzig 1925.

—, The Smallest Literary Unit in the Narrative Books of the Old Testament (Old Testament Essays, papers read before the Society for Old Testament Study at its eighteenth Meeting...27.—30. Sept. 1927, London 1927, S. 85—93 = Die kleinste literarische Einheit in den Erzählungsbüchern des Alten Testaments, ThBl 6, 1927, Sp. 333—337 = Kl. Schr. I, 1962, S. 143—149).

—, Der Gott des Tabor und seine Verbreitung (ARW 31, 1934, S. 14—41 = Kl. Schr. II, 1963, S. 29—54).

—, Der geschichtliche Hintergrund der Erzählung von Gibeas Schandtat (Richter 19—21) (Festschrift G. Beer, Stuttgart 1935, S. 19—40 = Kl. Schr. II, 1963, S. 64—80).

—, Philister und Phönizier (Der Alte Orient, 34. Bd, H. 3), Leipzig 1936.

—, Philister (PWRE 19, 2, 1938, Sp. 2390—2401).

—, Lade und Stierbild (ZAW 58, 1940—41, S. 190—215 = Kl. Schr. II, 1963, S. 282—305).

—, Gabelhürden im Ostjordanland (FuF 25, 1949, S. 8—10).

—, Die ältesten Traditionen Israels. Ein kritischer Bericht über C. A. Simpson's The Early Traditions of Israel (BZAW 71), Berlin 1950.

—, Die neueste Phase in der Entwicklung der Pentateuchkritik (ThR 18, 1950, S. 91—112. 179—215. 267—287).

—, El im ugaritischen Pantheon (SA Leipzig 98, H. 4), Berlin 1951.

—, Noch einmal: Gabelhürden im Ostjordanland (FuF 28, 1954, S. 54—56).

—, Das Alte Testament im Lichte der safatenischen Inschriften (ZDMG 104, 1954, S. 88—118).

—, Die Eroberung Palästinas durch Altisrael (WdO II, 2, 1955, S. 158—171).

—, Zwei verkannte militär-technische Termini im Alten Testament (VT 5, 1955, S. 232—238).

Eissfeldt, Otto, Religionshistorie und Religionspolemik im Alten Testament (Wisdom in Israel and in the Ancient Near East pres. to H. H. Rowley = SVT 3, 1955, S. 94—102).
—, Einleitung in das Alte Testament, Tübingen ²1956, ³1964.
—, Jahwes Verhältnis zu 'Eljon und Schaddaj nach Psalm 91 (WdO II, 4, 1957, S. 343—348).
—, Silo und Jerusalem (SVT 4, 1957, S. 138—147).
—, Die Genesis der Genesis. Vom Werdegang des ersten Buches der Bibel, Tübingen 1958, ²1961.
—, El (RGG II, ³1958, Sp. 413—414).
—, Psalm 46 (Fs-Arno Lehmann, Halle 1961; Maschinenschrift).
—, Ein Psalm aus Nordisrael. Micha 7, 7-20 (ZDMG 112, 1962, S. 259—268).
—, Jahwe, der Gott der Väter (ThLZ 88, 1963, Sp. 481—490).
—, Jakobs Begegnung mit El und Moses Begegnung mit Jahwe (OLZ 58, 1963, Sp. 325—331).
—, »Gut Glück!« in semitischer Namengebung (JBL 82, 1963, S. 195—200).
Elliger, Karl, Die Grenze zwischen Ephraim und Manasse (ZDPV 53, 1930, S. 265—309).
*Elliott, Ch., The Interpretation of Gen 49 10 (Old Testament Student, März 1886, S. 305—308).
Engberg, Robert M., Historical Analysis of Archaeological Evidence: Megiddo and the Song of Deborah (BASOR 78, 1940, S. 4—7. S. 7—9: dazu W. F. Albright).
Eppenstein, Simon, Studien über Joseph ben Simon Kara als Exeget, nebst einer Veröffentlichung seines Commentars zum Buche der Richter (Jahrbuch der Jüdisch-Literarischen Gesellschaft 4, Frankfurt 1906, S. 238—268. 1—28 hebr. Abteilung).
Erbt, Wilhelm, Die Hebräer. Kanaan im Zeitalter der hebräischen Wanderung und hebräischer Staatengründungen, Leipzig 1906.
Erman, Adolf, Aegypten und aegyptisches Leben im Altertum, neu bearbeitet von Hermann Ranke, Tübingen 1923.
Ewald, Heinrich, Rez.: Reinke, L. (Titel s. Reinke) (Jahrbücher der Biblischen Wissenschaft 2 [1849], Göttingen 1850, S. 49—52).
—, Geschichte des Volkes Israel, Bd I, Göttingen 1843, ²1851, ³1864; Bd II, Göttingen ³1865; Bd III, Göttingen ³1866.
—, Die Dichter des Alten Bundes erklärt, Ersten theiles erste hälfte, Göttingen ²1866; Ersten theiles zweite hälfte, Göttingen ³1866.
Fahd, T., Une pratique cléromantique à la Ka'ba préislamitique (Semitica 8, 1958, S. 55—79).
Falk, Z. W., Hebrew Legal Terms (JSSt 5, 1960, S. 350—354).
Feigin, Samuel I., *Missitrei Heavar (hebr.), New York 1943.
—, Ḥamôr Gārîm, »Castrated Ass« (JNESt 5, 1946, S. 230—233).
Feldman, S. S., The Sin of Reuben, First-Born Son of Jacob (Psychoanalysis and the Social Sciences 4, New York 1955, S. 282—287).
*Fernández, A., La oda triunfal de Débora (Estudios eclesiásticos 15, 1936, S. 5—46).
Fichtner, Johannes, Die etymologische Ätiologie in den Namengebungen der geschichtlichen Bücher des Alten Testaments (VT 6, 1956, S. 372—396).
*Filocalo, A., Divigazioni esegetiche (Gen 49 22-26) (Palestra del Clero 18, 1939, S. 289—290).

VAN DER FLIER ZN., A. G. J., *Deuteronomium 33 (Diss.), Leiden 1895.
—, En belangrijke strijd op het gebied der Oud-Testamentische wetenschap (Theologische Studiën 31, 1913, S. 5—44. 95—120).
FOHRER, GEORG, Der Vertrag zwischen König und Volk in Israel (ZAW 71, 1959, S. 1—22).
*FOLLIN, MAYNARD DAUCHY (ISHMERAI, pseud.), The Golden Words of Moses, Boston 1945.
DE FRAINE, J., Desiderium collium aeternorum (Gen 49, 26) (Bijdragen 12, 1951, S. 140—152. Sommaire, ib., S. 152—153).
FRANKENBERG, WILHELM, Die Composition des deuteronomischen Richterbuchs (Richter II, 6—XVI) (Diss. theol.), Marburg 1895.
—, Rez: Gunkel, H., Genesis übersetzt und erklärt, Göttingen 1901 (GGA 163, 1901, S. 677—706).
FREEDMAN, DAVID NOEL, Notes on Genesis (ZAW 64 [1952], 1953, S. 190—194).
—, Archaic Forms in Early Hebrew Poetry (ZAW 72, 1960, S. 101—107).
FRIEDLÄNDER, I., Das hebräische סָפַר in einer verkannten Bedeutung (JQR 15, 1903, S. 102—103).
FRIPP, EDGAR I., Note on Gen. XLIX, 24b—26 (ZAW 11, 1891, S. 262—266).
*FRITSCH, C. T., The Book of Genesis (The Layman's Bible Commentary), Richmond (Va.) 1959.
GALLING, KURT, Bethel und Gilgal (ZDPV 66, 1943, S. 140—155; 67, 1945, S. 21—43).
—, Rez.: M. Noth, Das System der zwölf Stämme Israels; A. Alt, Der Gott der Väter (DLZ 52, 1931, Sp. 433—440).
GARSTANG, JOHN, The Date of the Destruction of Jericho (PEFQSt 59, 1927, S. 96—100. 168).
—, The Foundations of Bible History: Joshua Judges, London 1931.
GASTER, THEODOR HERZL, Deuteronomy XXXIII. 12. (ExpT 46, 1934—35, S. 334).
—, The Name לִי (JThSt 38, 1937, S. 250—251).
—, A Qumran Reading of Deuteronomy XXXIII 10 (VT 8, 1958, S. 217—219).
GEIGER, ABRAHAM, Urschrift und Übersetzungen der Bibel in ihrer Abhängigkeit von der inneren Entwicklung des Judentums, Frankfurt a. M. ²1928.
GERLEMAN, GILLIS, The Song of Deborah in the Light of Stylistics (VT 1, 1951, S. 168—180).
—, ברגליו as an Idiomatic Phrase (JSSt 4, 1959, S. 59).
GESENIUS, WILHELM, De pentateuchi Samaritani origine indole et auctoritate commentatio philologico-critica, Halle 1815.
WILHELM GESENIUS' Hebräisches und Aramäisches Handwörterbuch über das Alte Testament, bearb. von FRANTS BUHL, Leipzig ¹⁷1921 (1954).
WILHELM GESENIUS' Hebräische Grammatik, völlig umgearbeitet von E. KAUTZSCH, Leipzig ²⁸1909.
GIESEBRECHT, FRIEDRICH, Zwei cruces interpretum Ps. 45, 7 und Deut. 33, 21 beseitigt (ZAW 7, 1887, S. 290—293 = Hebraica 4, 1887—88, S. 92—94).
—, Beiträge zur Jesaiakritik. Nebst einer Studie über Prophetische Schriftstellerei, Göttingen 1890.
GINSBERG, H. L. und B. MAISLER, Semitised Hurrians in Syria and Palestine (JPOS 14, 1934, S. 243—267).
GLOEL, O., Quaestionem de priore vaticinii, quod legitur Genes. 49, 10. hemistichio instituit (Jahresbericht über das Domgymnasium zu Merseburg), Merseburg 1857.

*GODDARD, B. L., The Critic and Deborah's Song (Westminster Theological Journal 3, 1941, S. 93—112).
DE GOEJE, MICHAEL JAN, Die arabische Literatur (Die Kultur der Gegenwart, hrsg. v. PAUL HINNEBERG, T. I, Abt. VII: Die orientalischen Literaturen, Leipzig-Berlin ²1925, S. 142—169).
GOOD, EDWIN M., The »Blessing« on Judah, Gen 49 8-12 (JBL 82, 1963, S. 427—432).
GORDIS, ROBERT, Critical Notes on the Blessing of Moses (Deut. XXXIII) (JThSt 34, 1933, S. 390—392).
GORDON, CYRUS H., Fratriarchy in the Old Testament (JBL 54, 1935, S. 223—231).
—, Biblical Customs and the Nuzu Tablets (Bibl Arch 3, 1940, S. 1—12).
—, Ugaritic Literature, A Comprehensive Translation of the Poetic and Prose Texts, Rom 1949.
—, The Patriarchal Age (JBR 21, 1953, S. 238—243).
—, Ugaritic Manual I—III (Analecta Orientalia 35), Rom 1955.
—, Geschichtliche Grundlagen des Alten Testaments, deutsch v. HANS MARFURT, Einsiedeln-Zürich-Köln 1956, *²1961.
GOSSRAU, G. W., Commentar zur Genesis, Halberstadt 1887.
GOTTWALD, NORMAN K., A Light to the Nations, New York 1959.
GRADWOHL, ROLAND, Die Farben im Alten Testament (BZAW 83), Berlin 1962.
GRAETZ, H., Geschichte der Juden von den ältesten Zeiten bis auf die Gegenwart. Aus den Quellen neu bearbeitet. II. Bd: Geschichte der Israeliten vom Tode des König's Salomo (um 977 vorchr. Zeit) bis zum Tode des Juda Makkabi (160) 1. Hälfte: Vom Tode des Königs Salomo bis zum babylonischen Exile (586), Leipzig 1875, ²1902 bearb. v. M. BRANN.
—, Das Deborah-Lied (MGWJ 31, 1882, S. 193—207).
GRAF, KARL HEINRICH, Der Segen Mose's (Deuteronomium c. XXXIII.) erklärt, Leipzig 1857.
GRANT, ELIHU, Deborah's Oracle (AJSL 36, 1919—1920, S. 295—301).
—, Beth Shemesh, 1928 (AASOR 9 [1927—28], 1929, S. 1—15).
GRAY, G. BUCHANAN, The Lists of the Twelve Tribes (Exp 5, 1902, S. 225—240).
GRAY, JOHN, The Legacy of Canaan. The Ras Shamra Texts and their Relevance to the Old Testament (SVT 5), 1957.
GREEN, WILLIAM HENRY, The Pentateuchal Question. III. Gen. 37: 2—Ex. 12: 51 (Hebraica 7, 1890—91, S. 1—38. 104—142).
—, IV. Ex. 13—Deut. 34 (ib. 8, 1891—92, S. 15—64. 174—243).
GRESSMANN, HUGO, Der Ursprung der israelitisch-jüdischen Eschatologie (FRLANT H. 6), Göttingen 1905.
—, Sage und Geschichte in den Patriarchenerzählungen (ZAW 30, 1910, S. 1—34).
—, Mose und seine Zeit. Ein Kommentar zu den Mose-Sagen (FRLANT H. 18), Göttingen 1913.
—, Die Anfänge Israels (Von 2. Mose bis Richter und Ruth) übersetzt, erklärt und mit Einleitung versehen (SAT), Göttingen 1914, ²1922.
—, Die neugefundene Lehre des Amen-em-ope und die vorexilische Spruchdichtung Israels (ZAW 42, 1924, S. 272—296).
—, Israels Spruchweisheit im Zusammenhang der Weltliteratur, Berlin 1925.
—, (Hrsg.) Altorientalische Texte und Bilder zum Alten Testament, Bd I: Altorientalische Texte zum Alten Testament, Berlin-Leipzig ²1926; Bd II: Altorientalische Bilder zum Alten Testament, Berlin-Leipzig ²1927.

GRESSMANN, HUGO, Der Messias (FRLANT H. 43), Göttingen 1929.

GRETHER, OSKAR, Das Deboralied. Eine metrische Rekonstruktion (BFchrTh 43, 2), Gütersloh 1941.

*GRILL, SEVERIN, Bis kommt die Sehnsucht der ewigen Hügel, Bemerkungen zu Gen 49 26 (Bibel und Liturgie 23, 1956, S. 321—326).

GRY, LÉON, La bénédiction de Joseph (Gen. XLIX, 22—27) (RB 14, 1917, S. 508—520).

*GRZYBEK, S., Rekonstrukcija tekstu pieśni Debory (Cantici Deborae textus reconstructio) (Ruch Biblijny i Liturgiczny 8, 1955, S. 1—15).

VON GUMPACH, JOHANNES, Alttestamentliche Studien, Heidelberg 1852.

GUNKEL, HERMANN, Die israelitische Literatur (Die Kultur der Gegenwart, hrsg. v. PAUL HINNEBERG, T. I, Abt. VII, Berlin-Leipzig 1906, S. 51—102; ^{2}1925, S. 53—112).

—, Genesis übersetzt und erklärt (HK), Göttingen ^{4}1917, ^{5}1922.

GUTHE, HERMANN, Geschichte des Volkes Israel, Tübingen-Leipzig ^{2}1904, *^{3}1914.

HAEFELI, LEO, Die Beduinen von Beerseba. Ihre Rechtsverhältnisse, Sitten und Gebräuche. Ein Buch des Gouverneurs ʿĀref el-ʿĀref in Beerseba, aus dem Arabischen übersetzt, mit einer Einleitung und mit Anmerkungen versehen, Luzern 1938.

—, Spruchweisheit und Volksleben in Palaestina, Luzern 1939.

HÄNSLER, HEINRICH, Studien zum Buche Josue und dem der Richter (Das Heilige Land 74, Köln 1930, S. 1—16. 49—60. 104—126).

HALÉVY, J., Rez: Dillmann, August, Die Genesis, Leipzig ^{4}1882 (Revue Critique 17, N. S. 16, Paris 1883, S. 267—273. 285—293).

—, La prétendue absence de la tribe de Siméon dans la bénédiction de Moïse (Deutéronome, XXXIII) (Journal Asiatique 9, 1897, S. 329—331).

—, šīlo שִׁילֹה (Journal Asiatique 15, 1910, S. 383—384).

HARPER, WILLIAM R., *Jacob's Blessing (Old Testament Student, Nov. 1886, S. 79—83).

—, The Pentateuchal Question. III—IV (Hebraica 6, 1889—90, S. 1—48. 241—295).

HAUPT, PAUL, Lea und Rahel (ZAW 29, 1909, S. 281—286).

—, Die Schlacht von Taanach (Studien zur semitischen Philologie und Religionsgeschichte, Julius Wellhausen zum 70. Geburtstag gewidmet = BZAW 27, 1914, S. 191—225).

—, Zum Deboratliede (ZAW 34, 1914, S. 229—231).

HAYMAN, HENRY, Referat über einen von F. C. Burkitt vorgelesenen Vortrag H. H.'s: Notes on the Text of Deuteronomy (Proceedings of the Cambridge Philological Society 40—42 [1895], London 1896, S. 8).

—, The Blessing of Moses: Its Genesis and Structure (AJSL 17, 1900—01, S. 96—106).

HEILPRIN, MICHAEL, The Historical Poetry of the Ancient Hebrews, translated and critically examined, Volume I, New York 1879.

HEINISCH, PAUL, Der Wechsel der Namen Jakob und Israel in der Genesis (Bonner Zeitschrift für Theologie und Seelsorge 6, 1929, S. 115—129).

—, Das Buch Genesis übersetzt und erklärt (HSAT), Bonn 1930.

—, Die stammesgeschichtliche Deutung der Patriarchenerzählungen (Studia catholica 10, Nijmegen 1933—34, S. 269—296. 447—464).

—, Geschichte des Alten Testamentes (HSAT Erg. Bd II), Bonn 1950.

HELLING, FRITZ, Die Frühgeschichte des Jüdischen Volkes, Frankfurt a. M. 1947.

HEMPEL, JOHANNES, Die israelitischen Anschauungen von Segen und Fluch im Lichte altorientalischer Parallelen (ZDMG 79, 1925, S. 20—110 = BZAW 81, 1961, S. 30 —113).
—, Die Althebräische Literatur und ihr hellenistisch-jüdisches Nachleben, Wildpark-Potsdam 1930.
—, Das Ethos des Alten Testaments (BZAW 67), Berlin 1938.
HENNINGER, JOSEPH, Zur Frage des Haaropfers bei den Semiten (Die Wiener Schule der Völkerkunde. The Vienna School of Ethnology. Festschrift anläßlich des 25-jährigen Bestandes des Institutes für Völkerkunde der Universität Wien [1929—1954], Wien 1956, S. 349—368).
HERDER, JOHANN GOTTFRIED, Briefe, das Studium der Theologie betreffend (Werke Bd 10—11), (Weimar ²1780—86,) Berlin 1879.
—, Vom Geist der Ebräischen Poesie (Werke Bd 11—12), Leipzig ²1787, Berlin 1879—80.
HERRMANN, SIEGFRIED, Das Werden Israels (ThLZ 87, 1962, Sp. 561—574).
HERRMANN, WOLFRAM, Issakar (FuF 37, 1963, S. 21—26).
*HERTENSTEIN-RAPOPORT, M. E., Notes sur Gen 49, 20. 15 et Ex 1, 13; notes sur le commentaire de Raschi sur le Pentateuque (Ozar hachaim Nr. 5/6, 1930).
HERTZBERG, HANS WILHELM, Die Bücher Josua, Richter, Ruth (ATD), Göttingen 1953, ²1959, Berlin 1957.
—, Debora und Deboralied (RGG II, ³1958, Sp. 52—53).
HESS, JEAN JACQUES, Von den Beduinen des Inneren Arabiens, Erzählungen, Lieder, Sitten und Gebräuche, Zürich-Leipzig 1938.
HETZENAUER, MICHAEL, Commentarius in librum Genesis, Graz-Wien 1910.
HILLIGER, GEORG, Das Deborah-Lied übersetzt und erklärt (Diss. phil. Heidelberg), Gießen 1867.
*HILL-RICH, TH., The Song of Deborah (Old Testament Student, Juni 1889, S. 377 —381).
HIMPEL, Die Messianischen Weissagungen im Pentateuch. 2. Die Prophetieen der Genesis. D. Die Segnung Juda's durch Jakob. C. 49, 8—12 (Tübinger ThQ 42, 1860, S. 41—116).
HIRSCH, EMIL GUSTAV, Notes on Deut., Chap. 33 (AJSL 27, 1910—11, S. 339—342).
HITTI, PHILIP K., History of Syria Including Lebanon and Palestine, New York 1951.
HOBERG, GOTTFRIED, Die Genesis nach dem Literalsinn erklärt, Freiburg i. B. 1899, ²1908.
HÖLSCHER, GUSTAV, Levi (PWRE 12, 1925, Sp. 2155—2208).
—, Rez: Hugo Greßmann, Der Messias (FRLANT H. 43), Göttingen 1929 (DLZ 51, 1930, Sp. 1729—1744).
—, Die Anfänge der hebräischen Geschichtsschreibung (SA Heidelberg Jg. 1941—42, Abh. 3), Heidelberg 1942.
—, Geschichtsschreibung in Israel: Untersuchungen zum Jahvisten und Elohisten, Lund 1952.
HOFFMANN, GEORG, Ueber einige phönikische Inschriften (Abhandlungen der hist.-phil. Classe der Königlichen Gesellschaft der Wissenschaften zu Göttingen 36, [1889—90], 1890, S. 1—59).
HOFTIJZER, J., Enige opmerkingen rond het Israëlitische 12-stammensysteem (Ned. ThT 14, 1959—60, S. 241—263).
HOGG, J. E., The Meaning of המשפתים in Gen 49, 14 and Jdg 5, 16 (AJSL 43, 1926—27, S. 299—301).

HOLZINGER, H., Einleitung in den Hexateuch, Freiburg i. B.-Leipzig 1893.
—, Genesis erklärt (KHC), Freiburg-Leipzig-Tübingen 1898.
HOMMEL, FRITZ, Genesis XLIX. 21 (ExpT 12, 1900—01, S. 46).
VAN HOONACKER, A., Notes sur le texte de la »Bénédiction de Moïse« (Deut. XXXIII) (Muséon 42, 1929, S. 42—60).
HORST, F., Einiges zum Text von Gen. 49 (OLZ 33, 1930, Sp. 1—3).
HÜHN, EUGEN, Die messianischen Weissagungen des israelitisch-jüdischen Volkes bis zu den Targumim historisch-kritisch untersucht und erläutert, Freiburg i. B.-Leipzig-Tübingen 1899.
HUMBERT, PAUL, En marge du dictionnaire hébraïque (ZAW 62, 1950, S. 199—207).
VON HUMMELAUER, FRANZ, Commentarius in Genesim (CSS), Paris 1895.
HYATT, J. PHILIP, The Translation and Meaning of Amos 5 23-24 (ZAW 68 [1956], 1957, S. 17—24).
JACOB, B., Das erste Buch der Tora, Genesis, übersetzt und erklärt, Berlin 1934.
JACOB, EDMOND, Ras Shamra-Ugarit et l'Ancien Testament (Cahiers d'Archéologie Biblique 12), Neuchâtel 1960.
JACOB, GEORG, Altarabisches Beduinenleben nach den Quellen geschildert (Studien in arabischen Dichtern, H. III), Berlin ²1897.
—, Altarabische Parallelen zum Alten Testament (Studien in arabischen Dichtern, H. IV), Berlin 1897.
*JANSMA, T., Vijf teksten in de Tora met een dubieuze constructie (Ned. ThT 12, 1958, S. 161—179).
JEAN, CHARLES-F., Les noms propres de personnes dans les lettres de Mari et dans les plus anciens textes du Pentateuque (RHPhR 35, 1955, S. 121—128).
JEPSEN, ALFRED, Zur Überlieferungsgeschichte der Vätergestalten (WZ Leipzig 3, 1953—54, S. 265—281).
JIRKU, ANTON, Die Hauptprobleme der Anfangsgeschichte Israels (BFchrTh 22, 3), Gütersloh 1918.
—, Altorientalischer Kommentar zum Alten Testament, Leipzig 1923.
—, Geschichte des Volkes Israel, Leipzig 1931.
—, Der Juda-Spruch Genesis 49 18ff.(!) und die Texte von *Ras Šamra* (JPOS 15, 1935, S. 12—13).
—, Die Keilschrifttexte von Ras šamra und das Alte Testament (ZDMG 89, 1935, S. 372—386).
—, Die Mimation in den Nordsemitischen Sprachen und einige Bezeichnungen der altisraelitischen Mantik (Bibl 34, 1953, S. 78—80).
—, Eine Renaissance des Hebräischen (FuF 32, 1958, S. 211—212).
—, Kanaanäische Mythen und Epen aus Ras Schamra-Ugarit, Gütersloh 1962.
JOHNSON, AUBREY R., Sacral Kingship in Ancient Israel. Cardiff 1955.
JOLLES, ANDRÉ, Einfache Formen. Legende, Sage, Mythe, Rätsel, Spruch, Kasus, Memorabile, Märchen, Witz, Halle 1930, 2. Auflage, durchgesehen von A. SCHOSSIG, Halle 1956.
*DE JONGHE, M., Vaticinium Jacob de Juda (Collationes Brugenses 30, 1930, S. 20 —23).
JOÜON, PAUL, Notes de lexicographie hébraïque (Université Saint-Joseph Beyrouth, Mélanges de la Faculté Orientale 4, 1910, S. 1—18).
—, Notes de critique textuelle (Ancien Testament) (Université Saint-Joseph Beyrouth, Mélanges de la Faculté Orientale 4, 1910, S. 19—32).

Joüon, Paul, Notes de critique textuelle (Ancien Testament) (Université Saint-Joseph Beyrouth, Mélanges de la Faculté Orientale 5, 1911—12, S. 447—488).
—, Notes de lexicographie hébraïque (Bibl 15, 1934, S. 399—410).
—, Trois noms de personnages bibliques à la lumière des textes d'Ugarit (Ras Shamra): דנאל, יששכר, תרח (Bibl 19, 1938, S. 280—285).
—, Notes de lexicographie hébraïque (Bibl 21, 1940, S. 56—59).
Junker, Hubert, Das Buch Deuteronomium übersetzt und erklärt (HSAT), Bonn 1933.
Juynboll, Th. W., Über die Bedeutung des Wortes ʿamm (Orientalische Studien Theodor Nöldeke zum 70. Geburtstag, Gießen 1906, Bd I, S. 353—356).
Kahle, Paul, Fragmente des samaritanischen Pentateuchtargums, herausgegeben und erläutert (ZA 16, 1902, S. 79—101; 17, 1903, S. 1—22).
Kaiser, Otto, Stammesgeschichtliche Hintergründe der Josephgeschichte. Erwägungen zur Vor- und Frühgeschichte Israels (VT 10, 1960, S. 1—15).
Kalisch, Moritz M., Bible Studies, I: The Prophecies of Balaam (Numbers XXII. to XXIV.), London 1877; II: The Book of Jonah. Preceded by a Treatise on the Hebrew and the Stranger, London 1878.
Kapelrud, Arvid S., Genesis XLIX 12 (VT 4, 1954, S. 426—428).
Karmon, Y., Geographical Aspects in the History of the Coastal Plain of Israel (IEJ 6, 1956, S. 33—50).
Kaufmann, Yehezkel, The Biblical Account of the Conquest of Palestine. Translated from the Hebrew manuscript by M. Dagut, Jerusalem 1953.
Keil, Carl Friedrich, Ueber Schilo. Ein Beitrag zur Erklärung der Stelle Gen. 49, 10 (Zeitschrift für die gesammte lutherische Theologie und Kirche, hrsg. A. G. Rudelbach u. H. E. F. Guericke 22, 1861, S. 30—59).
—, Biblischer Commentar über die Bücher Mose's, 1. Bd, S. 1—306: Das erste Buch Mose's (Genesis), Leipzig 1861, [3]1878.
—, Biblischer Commentar über die Bücher Mose's, 2. Bd, S. 381—578: Das fünfte Buch Mose's (Deuteronomium), Leipzig 1862, [2]1870.
Kellett, E. E., Some Old Testament Notes and Queries Gen 49 4. 18. 24 (ExpT 33, 1921/22, S. 426).
Kennedy, James, The Song of Deborah (JQR 10, 1897—98, S. 726—727).
—, An Aid to the Textual Amendment of the Old Testament, hrsg. v. N. Levison, Edinburgh 1928.
*Kent, Charles Foster, The Songs, Hymns, and Prayers of the Old Testament (Student's Old Testament Vol. 5), New York 1914.
Kerber, Georg, Die religionsgeschichtliche Bedeutung der hebräischen Eigennamen des Alten Testaments, Freiburg i. B.-Leipzig-Tübingen 1897.
Kindermann, Hans, Über das »Etymologisieren« und das Denken in Bildern im Arabischen (WdO II, 1954—59, S. 528—530).
Kittel, Hans-Joachim, Die Stammessprüche Israels, Genesis 49 und Deuteronomium 33, traditionsgeschichtlich untersucht (Diss. theol. Kirchl. Hochschule Berlin), Berlin 1959.
Kittel, Rudolf, Geschichte des Volkes Israel, 1. Bd, Stuttgart-Gotha [5.6]1923; 2. Bd, Gotha-Stuttgart [6]1925 ([7]1925).
Kjaer, Hans, The Danish Excavation of Shiloh. Preliminary Report (PEFQSt 59, 1927, S. 202—213. Taf. VI—IX).

KLEINERT, PAUL, Untersuchungen zur alttestamentlichen Rechts- und Literaturgeschichte, erster Theil: Das Deuteronomium und der Deuteronomiker, Bielefeld-Leipzig 1872.
—, El (Abhandlungen zur semitischen Religionskunde und Sprachwissenschaft Wolf Wilhelm Grafen von Baudissin ... überreicht ..., = BZAW 33, 1918, S. 261—284).
KLOSTERMANN, AUGUST, Geschichte des Volkes Israel bis zur Restauration unter Esra und Nehemia, München 1896.
*KLOTZ, J., Notes on the Unicorn (Concordia Theological Monthly 32, 1961, S. 186—187).
KNUDTZON, J. A., (Hrsg.) Die El-Amarna-Tafeln mit Einleitung und Erläuterungen herausgegeben: Erster Teil: Die Texte; Zweiter Teil: Anmerkungen und Register bearb. v. OTTO WEBER und ERICH EBELING, Leipzig 1915.
KÖHLER, LUDWIG, Das Reittier des Friedefürsten (Sacharja 9, 9) (Kleine Lichter, Zürich 1945, S. 52—57).
—, Der Hebräische Mensch, Tübingen 1953.
—, und WALTER BAUMGARTNER, Lexicon in Veteris Testamenti Libros, Leiden 1953.
—, Supplementum ad Lexicon in Veteris Testamenti Libros, Leiden 1958.
KÖNIG, EDUARD, Der Stamm Ruben, sein Verschwinden aus der Geschichte und sein Auftauchen in der Geschichte (Zeitschrift für den evangelischen Religionsunterricht 14 [1902/03], Berlin 1903, S. 209—218).
—, Das Deuteronomium eingeleitet, übersetzt und erklärt (KAT), Leipzig 1917.
—, Die Genesis eingeleitet, übersetzt und erklärt, Gütersloh 1919, ²·³1925.
—, Deuteronomische Hauptfragen (ZAW 48, 1930, S. 43—66).
—, Ruben und die moderne Personifikationstheorie (Christt. und Wiss. 6, 1930, S. 401—405).
KOENIGSBERGER, BERNHARD, Zur Erklärung von Gen. 49, 10 (Jüdisches Litteratur-Blatt. Wissenschaftliche Beilage zur »Israelitischen Wochenschrift« 21, Magdeburg 1892, S. 98—99. 102—103).
KÖSTER, FRIEDR., Die Strophen, oder der Parallelismus der Verse der hebräischen Poesie (ThStKr 4, 1831, S. 40—114).
KOHLER, K., Der Segen Jacob's mit besonderer Berücksichtigung der alten Versionen und des Midrasch kritisch-historisch untersucht und erklärt. Ein Beitrag zur Geschichte des hebräischen Alterthums wie zur Geschichte der Exegese, Berlin 1867.
DE KONING, JACOB, Studiën over de El-Amarnabrieven en het Oude-Testament inzonderheid uit historisch oogpunt (Diss. theol. Amsterdam), Delft 1940.
KORNFELD, HERMANN, Gen 49, 10: עד כי־יבא שילה (BZ 8, 1910, S. 130—132).
KRENKEL, M., Das Verwandtschaftswort עָם (ZAW 8, 1888, S. 280—284).
KUENEN, A., Historisch-kritische Einleitung in die Bücher des alten Testaments hinsichtlich ihrer Entstehung und Sammlung, autorisierte deutsche Ausgabe von TH. WEBER, erster Teil, erstes Stück, Leipzig 1887; zweites Stück, Leipzig 1890; dritter Teil, erstes Stück, hrsg. v. J. C. MATTHES, autorisierte deutsche Übersetzung v. C. TH. MÜLLER, Leipzig 1894.
KÜNSTLINGER, DAVID, I. עֲדֵי אֹבֵד; II. לְמַס עֹבֵד (OLZ 34, 1931, Sp. 609—612).
KUHN, G., Ein Beleg für עליון als phönizischen Gottesnamen (ZAW 57, 1939, S. 150).
KUPPER, JEAN-ROBERT, Les nomades en Mésopotamie au temps des rois de Mari (Bibliothèque de la Faculté de Philosophie et Lettres de l'Université de Liège, 142), Paris 1957.

Kurtz, Johann Heinrich, Geschichte des alten Bundes, I. Bd, Berlin ²1853; II. Bd, Berlin-New York-Adelaide 1855.

Kuschke, A., Arm und reich im Alten Testament mit besonderer Berücksichtigung der nachexilischen Zeit (ZAW 57, 1939, S. 31—57).

Kutcher, E., קוטשר, יחזקאל :יששכר שבט ישב היכן? (Where did the Tribe of Issachar live?) (Tarbiz 11, 1939—40, S. 17—22).

Kutsch, E., Lade Jahwes (RGG IV, ³1960, Sp. 197—199).

de Lagarde, Paul, Onomastica Sacra, 2. edit. Göttingen 1887.

Lagrange, J.-M., Genèse, Ch. XLIX, 1—28. La prophétie de Jacob (RB 7, 1898, S. 525—540).

Lagrange, M. J., Débora (Juges: récit en prose ch. IV, cantique ch. V) (RB 9, 1900, S. 200—225).

—, Le Livre des Juges (Études Bibliques), Paris 1903.

Lambert, Mayer, Notes exégétiques (REJ 30, 1895, S. 115—116).

Land, J. P. N., Disputatio de carmine Jacobi Gen. XLIX, Leiden 1858.

Landau, J. L., The Conflict between Judah and Ephraim (Occident and Orient = Gaster Anniv. Vol., London 1936, S. 331—334).

Lange, Johann Peter, Die Genesis oder das Erste Buch Mose. Theologisch-homiletisch bearbeitet (Theologisch-homiletisches Bibelwerk, des Alten Testaments Erster Theil), Bielefeld 1864 (²1877).

de Langhe, Robert, Les textes de Ras Shamra-Ugarit et leurs apports à l'histoire des origines du peuple hébreu (EThL 16, 1939, S. 245—327).

Lattey, Cuthbert, The Tribe of Levi (CBQ 12, 1950, S. 277—291).

Laur, Elred, Zum Texte und Kontexte der Invokation: »Desiderium collium aeternorum« (Theologie und Glaube 2, 1910, S. 831—841).

Lehming, Sigo, Zur Überlieferungsgeschichte von Gen 34 (ZAW 70, 1958, S. 228—250).

—, Massa und Meriba (ZAW 73, 1961, S. 71—77).

Lepsius, Johannes, Der Segen Jakobs und der Tierkreis. 1 Mose 49 (Das Reich Christi 6, 1903, S. 375—377; dazu S. 359—361).

Lewy, Heinrich, Der Personenname מָכִיר (MGWJ 73, 1929, S. 325—326).

Lewy, Immanuel, The Growth of the Pentateuch. A Literary, Sociological and Biographical Approach, New York 1955.

Lindblom, Joh., The Political Background of the Shiloh Oracle (SVT 1, 1953, S. 78—87).

—, Prophecy in Ancient Israel, Oxford 1962.

Lobeck, Ueber die Symbolik des Scepters (Auswahl aus Lobecks akademischen Reden, hrsg. v. Albert Lehnerdt, Berlin 1865, S. 71—77).

Lods, Adolphe, Israel from its Beginnings to the Middle of the Eighth Century, transl. by S. H. Hooke, London 1932 (1953).

Lönborg, Sven, Die »Silo«-Verse in Genesis 49 (ARW 27, 1929, S. 369—384).

Løkkegaard, F., A Plea for El, the Bull, and other Ugaritic Miscellanies (Studia Or. Ioanni Pedersen . . . dicata, Kopenhagen 1953, S. 219—235).

Lotz, Wilhelm, Das Deboralied in verbesserter Textgestalt (NKZ 30, 1919, S. 191—202).

Lowth, Robert, De sacra poesi Hebraeorum praelectiones academicae Oxonii habitae, Teil I, Göttingen 1758; Teil II, Göttingen 1761.

Lundgreen, Friedrich, Die Benutzung der Pflanzenwelt in der alttestamentlichen Religion (BZAW 14), Gießen 1908.

LUSSEAU, H., Le cantique de Débora (La Pensée Catholique. Cahiers de Synthèse, Paris Jg. 2, Nr. 6, 1948, S. 42—53; Nr. 8, 1948, S. 60—76).
LUTHER, BERNHARD, Die israelitischen Stämme (ZAW 21, 1901, S. 1—76).
MAASS, FRITZ, Hazor und das Problem der Landnahme (Von Ugarit nach Qumran, ... Otto Eißfeldt ... dargebracht = BZAW 77, ²1961, S. 105—117).
MCKENZIE, JOHN L., The »People of the Land« in the Old Testament (Akten des XXIV. Internationalen Orientalisten-Kongresses München, 28. August bis 4. September 1957, hrsg. von HERBERT FRANKE, Wiesbaden 1959, S. 206—208).
*MAISLER, BENJAMIN, History of Palestine: Vol. 1: From the most Ancient Times to the Hebrew Monarchy, Tel-Aviv 1938.
MALAMAT, A., Hazor »The Head of all those Kingdoms« (JBL 79, 1960, S. 12—19 = Yizchak Baer Jubilee Volume, Jerusalem 1960 [hebr.]).
MARGEL, MOSES, Der Segen Jakobs, Midrasch Bereschith rabba, Par. 98, 1—20, 99, 1—4 übersetzt und kritisch behandelt (Diss. phil. Bern), Berlin 1900.
*MARGOLIOUTH, G., The Fifth Chapter of the Book of Judges (Exp 8. S., 10, 1919, S. 207—233).
MARGOLIS, MAX L., Short Notes on the Greek Old Testament II: Gen. 49: 21 (AJSL 25, 1908—09, S. 174).
—, Lě'iš Ḥăsideka, Deut. 33:8 (JBL 38, 1919, S. 35—42).
MARQUART, J., Das »Lied der Debora« (id., Fundamente israelitischer und jüdischer Geschichte, Göttingen 1896, S. 1—10).
MARTI, KARL, Nachwort des Herausgebers (ZAW 29, 1909, S. 197—198).
MAUCHLINE, JOHN, Gilead and Gilgal: Some Reflections on the Israelite Occupation of Palestine (VT 6, 1956, S. 19—33).
MAYBAUM, S., Erklärung einiger biblischer Stellen (Judaica. Festschrift zu Hermann Cohens 70. Geburtstage, Berlin 1912, S. 405—410).
MAYER, M., Beleuchtung der Bibelsegnungen, Mainz 1889.
MEEK, THEOPHILE J., The Israelite Conquest of Ephraim (BASOR 61, 1936, S. 17—19).
—, Moses and the Levites (AJSL 56, 1939, S. 113—120).
—, Hebrew Origins, Revised Edition New York-Toronto 1950.
MEIER, ERNST, Geschichte der poetischen National=Literatur der Hebräer, Leipzig 1856.
—, Übersetzung und Erklärung des Debora-Liedes, Tübingen 1859.
MEINHOLD, J., Textkonjekturen (ZAW 38 [1919/20], 1920, S. 169—171).
*MELAMED, E. Z., The Influence of the Pentateuch on the Book of Judges. 1. The Song of Deborah. 2. Gedeon and the Angel [hebr.] (Tarbiz 6, 1934—35, S. 145—151).
MENES, ABRAM, Die vorexilischen Gesetze Israels im Zusammenhang seiner kulturgeschichtlichen Entwicklung. Vorarbeiten zur Geschichte Israels. Heft 1 (BZAW 50), Gießen 1928.
MEYER, EDUARD, Kritik der Berichte über die Eroberung Palaestinas (Num. 20, 14 bis Jud. 2, 5) (ZAW 1, 1881, S. 117—146; Nachwort des Herausgebers BERNHARD STADE, S. 146—150).
—, Die Mosesagen und die Lewiten (SA Berlin 1905, S. 640—652).
—, Die Israeliten und ihre Nachbarstämme. Alttestamentliche Untersuchungen. Mit Beiträgen von BERNHARD LUTHER, Halle 1906.

Möhlenbrink, Kurt, Die levitischen Überlieferungen des Alten Testaments (ZAW 52, 1934, S. 184—231).

—, Sichem als altpalästinische Königsstadt (Christt. u. Wiss. 10, 1934, S. 125—134).

—, Die Landnahmesagen des Buches Josua (ZAW 56, 1938, S. 238—268).

Montgomery, James A., Hebraica (JAOS 58, 1938, S. 130—139).

*de Moor, F., La bénédiction prophétique de Jacob, Bruxelles 1902.

Moran, W. L., Gen 49, 10 and Its Use in Ez 21, 32 (Bibl 39, 1958, S. 405—425).

Morenz, Siegfried, Wortspiele in Ägypten (Festschrift Johannes Jahn zum 22. November 1957, Leipzig 1958, S. 23—32).

—, Wortspiele in Ägypten (Akten des XXIV. Internationalen Orientalisten-Kongresses München 1957, hrsg. v. Herbert Franke, Wiesbaden 1959, S. 91—92).

*Moretus, H., Les bénédictions des Patriarches dans la littérature du IVe au VIIIe siècle (Bulletin de Littérature Ecclésiastique, Paris 1909, S. 398 ff.; 1910, S. 28 ff. 83—100).

Morgenstern, Julian, Ḳedesh-Naphtali and Taʿanach (JQR 9, 1918—19, S. 359—369).

*Moser, Heinrich, Die jüdische Stammverschiedenheit, Leipzig 1884.

Moulton, Richard G., Deborah's Song (The Biblical World, New Series 6, 1895, S. 260—263).

Mowinckel, Sigmund, Psalmenstudien. V. Segen und Fluch in Israels Kult- und Psalmdichtung, Kristiania 1924.

—, Der Ursprung der Bilʿāmsage (ZAW 48, 1930, S. 233—271).

—, Der achtundsechzigste Psalm (Avhandlinger utgitt av Det Norske Videnskaps-Akademi i Oslo, II. Hist.-Filos. Klasse, 1953, No. 1), Oslo 1953.

—, »Rahelstämme« und »Leastämme« (Von Ugarit nach Qumran, Otto Eißfeldt zum 1. Sept. 1957 dargebracht = BZAW 77, ²1961, S. 129—150).

—, Drive and/or Ride in O. T. (VT 12, 1962, S. 278—299).

Müller, August, Das Lied der Deborah. Eine philologische Studie (Königsberger Studien I, 1887, S. 1—21).

Müller, David Heinrich, Der Aufbau des Debora-Liedes (Actes du XIème Congrès international des Orientalistes, Paris-1897, IV. Section, Paris 1898, S. 261—272 = AJTh 2, 1898, S. 110—115: The Structure of the Song of Deborah).

—, Biblische Studien II. Strophenbau und Response, Neue Ausgabe Wien 1904.

Muilenburg, James, The Birth of Benjamin (JBL 75, 1956, S. 194—201).

*Murillo, L., El Génesis, 1914.

Murtonen, A., A Philological and Literary Treatise on the Old Testament Divine Names אל, אלוה, אלהים, and יהוה, Helsinki 1952.

Nestle, Eberhard, Zu Rothstein's Arbeit über das Deboralied (ZDMG 57, 1903, S. 197—198).

—, Zum Schluß von Rothsteins Arbeit über das Deboralied (ib., S. 567).

Neubauer, A., שילה, Genesis XLIX. 10. (The Athenaeum No. 3005, 30. Mai 1885, S. 695).

Niebuhr, Carl, Versuch einer Reconstellation des Deboraliedes, Berlin 1894.

Nielsen, Eduard, Ass and Ox in the Old Testament (Studia Orientalia Ioanni Pedersen ... dicata, Kopenhagen 1953, S. 263—274).

—, Some Reflections on the History of the Ark (SVT 7, 1960, S. 61—74).

NÖLDEKE, THEODOR, Beiträge zur Kenntniss der Poesie der alten Araber, Hannover 1864.
—, Die biblischen Erzväter (Im neuen Reich. Wochenschrift für das Leben des deutschen Volkes in Staat, Wissenschaft und Kunst 1, 1871, Bd I, S. 497—511).
—, Über den Gottesnamen El (Monatsberichte der Akademie der Wissenschaften Berlin 1880, Berlin 1881, S. 760—776).
—, Rez: Friedrich Delitzsch, Prolegomena eines neuen hebräisch-aramäischen Wörterbuchs zum Alten Testament, Leipzig 1886 (ZDMG 40, 1886, S. 718—743).
—, Rez: Friedr. Baethgen, Beiträge zur semitischen Religionsgeschichte, Berlin 1888 (ZDMG 42, 1888, S. 470—487).
—, Kleinigkeiten zur semitischen Onomatologie (WZKM 6, 1892, S. 307—316).
NÖTSCHER, FR., Mitteilungen. 1. Gen 49 10: שִׁילֹה = akk. šēlu (ZAW 47, 1929, S. 323—325).
—, Mitteilungen. 1. Zu ZAW 47, 323 ff (ZAW 48, 1930, S. 80).
NOTH, MARTIN, Die israelitischen Personennamen im Rahmen der gemeinsemitischen Namengebung (BWANT 46), Stuttgart 1928.
—, Das System der zwölf Stämme Israels (BWANT 52), Stuttgart 1930.
—, Eine siedlungsgeographische Liste in 1. Chr. 2 und 4 (ZDPV 55, 1932, S. 97—124).
—, Die Ansiedlung des Stammes Juda auf dem Boden Palästinas (PJB 30, 1934, S. 31—47).
—, Bethel und Ai (PJB 31, 1935, S. 7—29).
—, Die Gesetze im Pentateuch. Ihre Voraussetzung und ihr Sinn (Schriften der Königsberger Gelehrten Gesellschaft. Geisteswiss. Kl. 17, 2), Halle 1940 = Ges. Stud. 1957, S. 9—141.
—, Num. 21 als Glied der »Hexateuch«-Erzählung (ZAW 58, 1940—41, S. 161—189).
—, Beiträge zur Geschichte des Ostjordanlandes. I: Das Land Gilead als Siedlungsgebiet israelitischer Sippen (PJB 37, 1941, S. 50—101).
—, Überlieferungsgeschichtliche Studien. Die sammelnden und bearbeitenden Geschichtswerke im Alten Testament, Tübingen (1943) ²1957.
—, Beiträge zur Geschichte des Ostjordanlandes. II: Israelitische Stämme zwischen Ammon und Moab (ZAW 60, 1944, S. 11—57).
—, Überlieferungsgeschichte des Pentateuch, Stuttgart 1948, ²1960.
—, Beiträge zur Geschichte des Ostjordanlandes. III: Die Nachbarn der israelitischen Stämme im Ostjordanlande (Beiträge zur Biblischen Landes- und Altertumskunde = ZDPV 68 [1946—51], 1951, S. 1—50).
—, Die Welt des Alten Testaments, Berlin ²1953, ⁴1962.
—, Das alttestamentliche Bundschließen im Lichte eines Mari-Textes (Gesammelte Studien zum Alten Testament, 1957, S. 142—154).
—, Gilead und Gad (ZDPV 75, 1959, S. 14—73).
—, Der Beitrag der Archäologie zur Geschichte Israels (Congress Volume Oxford 1959 = SVT 7, 1960, S. 262—282).
—, Geschichte Israels, Berlin ⁵1960.
—, Die Ursprünge des alten Israel im Lichte neuer Quellen (Arbeitsgemeinschaft für Forschung des Landes Nordrhein-Westfalen, Geisteswissenschaften Heft 94), Köln-Opladen 1961.
—, The Background of Judges 17—18 (Israel's Prophetic Heritage = Fs-Muilenburg, New York 1962, S. 68—85).

NYBERG, H. S., Studien zum Religionskampf im Alten Testament (Beiträge zur Religionswissenschaft der religionswissenschaftlichen Gesellschaft zu Stockholm = ARW 35, 1938, S. 329—387).
NYSTRÖM, SAMUEL, Beduinentum und Jahwismus. Eine soziologisch-religionsgeschichtliche Untersuchung zum Alten Testament (Diss. theol. Lund), Lund 1946.
*OBBARD, AUGUSTUS NEWTON, The Prophecy of Jacob, Cambridge 1867.
O'CALLAGHAN, ROGER T., Echoes of Canaanite Literature in the Psalms (VT 4, 1954, S. 164—176).
*OESTERLEY, W., Ancient Hebrew Poems, London 1938.
OETTLI, SAMUEL, Neuer Rat in alter Not (Theol. Zeitschrift aus der Schweiz 2, 1885, S. 147—154).
—, Das Deuteronomium und die Bücher Josua und Richter (SZ), München 1893.
OLMSTEAD, ALBERT TENRYCK, History of Palestine and Syria to the Macedonian Conquest, New York-London 1931.
OLSHAUSEN, JUSTUS, Lehrbuch der hebräischen Sprache, Braunschweig 1861.
OORT, H., Textus hebraici emendationes quibus in Vetere Testamento neerlandice vertendo usi sunt A. Kuenen, I. Hooykaas, W. H. Kosters, H. Oort, ed. H. Oort, Lugduni Bat. 1900.
v. ORELLI, C., Die alttestamentliche Weissagung von der Vollendung des Gottesreiches, in ihrer geschichtlichen Entwicklung dargestellt, Wien 1882.
—, Debora (RE 4, ³1398, S. 524—526).
—, Jakob oder Israel (RE 8, ³1900, S. 543—547).
—, Mose (RE 13, ³1903, S. 486—502).
OSSWALD, EVA, Zum Problem der *vaticinia ex eventu* (ZAW 75, 1963, S. 27—44).
PALM, AUGUST, Die Lieder in den historischen Büchern des Alten Testamentes. Strophische Textausgabe und Uebersetzung, Freiburg i. B.-Tübingen ²1883.
PEDERSEN, JOHS., Israel: Its Life and Culture, transl. by Mrs. ASLAUG MØLLER, Bd I—II, London-Copenhagen 1926; *Bd III—IV, 1940; *Bd I—IV, 1959 (1963. 1964).
PERLES, F., Rez: Wilh. Gesenius' Hebräisches und aramäisches Handwörterbuch über das Alte Testament, bearb. v. Frants Buhl, 16. Aufl. Leipzig 1915 (OLZ 19, 1916, Sp. 80—85).
PETERS, JOHN PUNNETT, Jacob's Blessing (JBL June, 1886, S. 99—116).
—, Miscellaneous Notes (Hebraica 3, 1886—87, S. 111—116).
—, Notes on the Hebrew Verb-Plural in Â (Hebraica 5, 1888—89, S. 190—191).
—, *Early Hebrew Story, its Historical Background, New York-London 1904.
PETRIE, W. M. FLINDERS, The Census of the Israelites (Exp 12, 1905, S. 148—152).
—, Note on »The Census of the Israelites« (ib., S. 240).
PFEIFFER, ROBERT HENRY, Introduction to the Old Testament, New York-London 1941.
—, *The Hebrew Iliad, New York 1957.
PHYTHIAN-ADAMS, W. J., On the Date of the »Blessing of Moses« (Deut. XXXIII) (JPOS 3, 1923, S. 158—166).
—, The Boundary of Ephraim and Manasseh (PEFQSt 61, 1929, S. 228—241).
PIATTI, TOMASO, Una nuova interpretazione metrica, testuale, esegetica del Cantico di Dèbora (Giudici, 5, 2—31) (Bibl 27, 1946, S. 65—106. 161—209. 434).
VAN DER PLOEG, J., Le sens de *gibbôr ḥail* (Vivre et penser 1, 1941, S. 120—125).
PLÖGER, OTTO, Priester und Prophet (ZAW 63 [1951], 1952, S. 157—192).
*PORAT, F., Biblical Studies (Lešônênû 21, 3—4, Jerusalem 1957, S. 232—243).

Posnanski, Adolf, Schiloh; ein Beitrag zur Geschichte der Messiaslehre. 1. T.: Die Auslegung von Genesis 49, 10 im Altertume bis zum Ende des Mittelalters, Leipzig 1904.
Procksch, Otto, Die Völker Altpalästinas (Das Land der Bibel, I, H. 2), Leipzig 1914.
—, Die Genesis übersetzt und erklärt (KAT), Leipzig (1913) $^{2 \cdot 3}$1924.
Puukko, A. Filemon, Das Deuteronomium. Eine literarkritische Untersuchung. (BWAT H. 5), Leipzig 1910.
Rabin, Chaim, Etymological Miscellanea (Scripta Hierosolymitana 8, 1961, S. 384—400).
von Rad, Gerhard, Der Heilige Krieg im alten Israel, Göttingen ^{2}1952, *^{3}1959.
—, Das erste Buch Mose. Genesis (ATD), Göttingen ^{5}1958.
—, Theologie des Alten Testaments, Bd I: Die Theologie der geschichtlichen Überlieferungen Israels, München ^{2}1958; Bd II: Die Theologie der prophetischen Überlieferung Israels, München 1960.
Rapoport, Der Berg des Ostens bei den Samaritanern. Aus einem Schreiben des Oberrabbiner Rapoport in Prag an Dr. B. Beer in Dresden (ZDMG 11, 1857, S. 730—733).
Raschi s. Bamberger.
Reider, Joseph, Etymological Studies in Biblical Hebrew (VT 4, 1954, S. 276—295).
Reinke, Laur., Die Weissagung Jacobs über das zukünftige glückliche Loos des Stammes Juda und dessen großen Nachkommen Schilo, 1 Mos. 49, 8-12. Eine exegetisch-historische Abhandlung, Münster 1849.
Renan, Ernest, Histoire générale et Système comparé des Langues Sémitiques, Paris 1855.
—, Geschichte des Volkes Israel, deutsch v. E. Schaelsky, Bd I—II, Berlin 1894.
Reuss, Eduard, Die Geschichte der heiligen Schriften Alten Testaments, Braunschweig 1881, ^{2}1890.
Réville, A., Chants et poésies populaires d'Israël (Nouvelle Revue de Théologie 2, Paris-Genève-Strasbourg 1858, S. 297—324).
Ricciotti, Giuseppe, Geschichte Israels, deutsch v. Konstanz Faschian, Bd I, Wien 1953, Bd II, Wien 1955.
Rich, Thomas H., A Paraphrase of the Song of Deborah (JBL [June and December 1881], 1882, S. 56—58).
Ridderbos, Nic. H., Genesis I 1 und 2 (Oudtestamentische Studiën 12, 1958, S. 214—260).
Riedel, Wilhelm, Miscellen. 1. Die Reihenfolge der Sprüche im Segen Mosis Deut. 33 (ZAW 20, 1900, S. 315—316).
—, Untersuchungen zu den Tell-el Amarna-Briefen (Diss. phil. Tübingen), Tübingen 1920.
Riess, Ludwig, Die Rekonstruktion des Debora=Liedes (Preuß. Jahrb. 21, 1898, S. 295—304).
Riessler, Paul, Zum »Jakobssegen« (ThQ 90, 1908, S. 489—503).
—, Zum Deboralied (BZ 7, 1909, S. 260—278).
—, Das Moseslied und der Mosessegen, II. Der Mosessegen (BZ 12, 1914, S. 125—134).
Robinson, Theodore Henry, A History of Israel, Vol. I: From the Exodus to the Fall of Jerusalem, 586 B. C., Oxford 1932.

ROBINSON, THEODORE HENRY, The Origin of the Tribe of Judah (Amicitiae Corolla, a Volume of Essays Presented to James Rendel Harris, ed. by H. G. WOOD, London 1933, S. 265—273).
—, The Poetry of the Old Testament, London 1947.
ROST, LEONHARD, Judäische Wälder (PJB 27, 1931, S. 111—122).
—, Die Bezeichnungen für Land und Volk im Alten Testament (Festschrift Otto Procksch zum 60. Geburtstag... überreicht, Leipzig 1934, S. 125—148).
—, Die Vorstufen von Kirche und Synagoge im Alten Testament. Eine wortgeschichtliche Untersuchung (BWANT H. 76), Stuttgart 1938.
ROTHSTEIN, JOHANN WILHELM, Zur Kritik des Deboraliedes und die ursprüngliche rhythmische Form desselben (ZDMG 56, 1902, S. 175—208. 437—485. 697—728; 57, 1903, S. 81—106. 344—370).
—, Hebräische Poesie. Ein Beitrag zur Rhythmologie, Kritik und Exegese des Alten Testaments (BWAT H. 18), Leipzig 1914.
ROWLEY, H. H., The Eisodus and the Exodus (ExpT 50, 1938—39, S. 503—508).
—, Zadok and Nehushtan (JBL 58, 1939, S. 113—141).
—, The Danite Migration to Laish (ExpT 51, 1939—40, S. 466—471).
—, The Exodus and the Settlement in Canaan (BASOR 85, 1942, S. 27—31).
—, Early Levite History and the Question of the Exodus (JNESt 3, 1944, S. 73—78).
—, From Joseph to Joshua. Biblical Traditions in the Light of Archaeology (The Schweich Lectures 1948), London 1950 (1952).
—, A Recent Theory on the Exodus (Donum Natalicium H. S. Nyberg Oblatum, 1954, S. 195—204).
—, Mose und der Monotheismus (ZAW 69, 1957, S. 1—21).
RUBEN, PAUL, The Song of Deborah (JQR 10, 1897—98, S. 541—558).
—, Strophic Forms in the Bible (JQR 11, 1899, S. 431—479).
RUDOLPH, WILHELM, Textkritische Anmerkungen zum Richterbuch (Festschrift Otto Eißfeldt... zum 1. Sept. 1947, Halle 1947, S. 199—212).
SAARISALO, AAPELI, The Boundary Between Issachar and Naphtali. An archaeological and literary study of Israel's settlement in Canaan, Helsinki 1927.
—, Topographical Researches in Galilee (JPOS 9, 1929, S. 27—40; 10, 1930, S. 5—10).
SACHSSE, E., Untersuchungen zur hebräischen Metrik (ZAW 43, 1925, S. 173—192).
ŠANDA, A., Bemerkungen zum hebräischen Wörterbuch (ZKTh 26, 1902, S. 205—208).
SANDER-HANSEN, C. E., Die phonetischen Wortspiele des ältesten Ägyptischen (Acta Orientalia 20, 1948, S. 1—22).
SANGUINETTI, B. R., Satire contre les principales tribus arabes. Extrait du Raïhân al-albâb, ... (Journ. Asiatique V. Série, I., 1853, S. 548—572).
*SANTOS OLIVERA, B., »Non auferetur sceptrum de Juda« (Gen 49 10) (Verbum Domini 5, 1925, S. 16—19. 52—57).
*—, Filius accrescens Joseph (Gen 49 22-26) (Verbum Domini 6, 1926, S. 102—110).
SCHARBERT, JOSEF, Solidarität in Segen und Fluch im Alten Testament und in seiner Umwelt. Bd I: Väterfluch und Vätersegen (BBB 14), Bonn 1958.
—, »Fluchen« und »Segnen« im Alten Testament (Bibl 39, 1958, S. 1—26).
SCHLOEGL, NIVARD, Le chapitre V du Livre des Juges (RB Internationales 12, 1903, S. 387—394).
SCHMIDT, HANS, Die Geschichtsschreibung im Alten Testament (Rel.gesch. Volksbücher II. Reihe, 16. Heft), Tübingen 1911.
—, Der Mythos vom wiederkehrenden König im Alten Testament, Gießen 1933.

SCHMIDT, JOHANNES, Die Namendeutungen im Alten Testamente (Diss. kath.-theol.), Breslau 1933.
—, Das Wortspiel im Alten Testamente (BZ 24, 1938—39, S. 1—17).
SCHMIDTKE, FRIEDRICH, Die Einwanderung Israels in Kanaan, Breslau 1933.
SCHREINER, JOSEPH, Textformen und Urtext des Deboraliedes in der Septuaginta (Bibl 42, 1961, S. 173—200).
SCHRÖDER, OTTO, סֹפֵר (2. Kön. 12, 5—13) und *amêl sipiri* (OLZ 19, 1916, Sp. 228—230).
SCHRÖDER, WALTER, Gen 49 10. Versuch einer Erklärung (ZAW 29, 1909, S. 186—197; dazu MARTI, ib., S. 197—198).
SCHUNCK, KLAUS-DIETRICH, Benjamin. Untersuchungen zur Entstehung und Geschichte eines israelitischen Stammes (BZAW 86), Berlin 1963.
*SEALE, (ExpT 66, 1954—55, S. 92—93).
SEALE, MORIS S., Deborah's Ode and the Ancient Arabian Qasida (JBL 81, 1962, S. 343—347).
SEGAL, M. H., The Settlement of Manasseh East of the Jordan (PEFQSt 50, 1918, S. 124—131).
—, *The Book of Deuteronomy (JQR 48, 1957—58, S. 315—351).
SEGOND, ALBERT, Le Cantique de Débora. Étude exégétique et critique (Diss. theol. Genf), Genf 1900.
SEINECKE, L., Geschichte des Volkes Israel. I. Theil, bis zur Zerstörung Jerusalems durch die Chaldäer, Göttingen 1876.
SELBST, J., Desiderium collium aeternorum (Der Katholik 79, 1899 (II), S. 71—78).
SELLIN, ERNST, Die Schiloh-Weissagung (Theologische Studien, Theodor Zahn zum 10. Oktober 1908 dargebracht, Leipzig 1908, S. 369—390).
—, Einleitung in das Alte Testament, Leipzig 1910, ³1920, ⁷1935, Berlin ⁹1959 (bearb. v. LEONHARD ROST).
—, Das Zelt Jahwes (Alttestamentliche Studien, Rudolf Kittel zum 60. Geburtstag dargebracht = BWAT 13, Leipzig 1913, S. 168—192).
—, Gilgal. Ein Beitrag zur Geschichte der Einwanderung Israels in Palästina, Leipzig 1917.
—, Wie wurde Sichem eine israelitische Stadt?, Leipzig 1922.
—, Geschichte des israelitisch-jüdischen Volkes, Bd I, Leipzig 1924.
—, Alttestamentliche Theologie auf religionsgeschichtlicher Grundlage, 2. Teil: Theologie des Alten Testaments, Leipzig 1933, ²1936.
—, Das Deboralied (Festschrift Otto Procksch zum 60. Geburtstag ... überreicht, Leipzig 1934, S. 149—166).
—, Mitteilungen. 2. Zu Jud 5 15 aβ (ZAW 59 [1942/43], 1943, S. 218).
—, Zu dem Judaspruch im Jaqobssegen Gen 49 8-12 und im Mosesegen Deut 33 7 (ZAW 60, 1944, S. 57—67).
SEVENSMA, T. P., Num 10 35 und 36 (ZAW 29, 1909, S. 253—258).
SEYDL, ERNST, Desiderium collium aeternorum (ZKTh 23, 1899, S. 756—759).
—, Zur Strophik des Jacobsegens (Gen. 49, 2—27) (ZKTh 24, 1900, S. 576—577).
—, Textkritischer Ertrag der stichisch=strophischen Untersuchung (ib., S. 578).
—, Jakobs letzte Worte an Ruben. Gen. 49, 3—4 (ZKTh 24, 1900, S. 738—742).
—, Der Simeon=Levi=Spruch (Gen. 49, 5—7). Untersucht und beleuchtet (Der Katholik 80, 1900 (I), S. 548—556).

SEYDL, ERNST, Donec veniat qui mittendus est (Gen. 49, 10) (Der Katholik 80, 1900 (I), S. 159—163).
—, Der Jakob=Segen (Gen. 49, 2—27) eine einheitliche Composition? (Der Katholik 80, 1900 (II), S. 29—37).
—, Textkritische Notiz zu Gen. 49, 8 (Der Katholik 80, 1900 (II), S. 285—286).
—, Der Dan-Spruch (Gen. 49, 16—18) (Der Katholik 80, 1900 (II), S. 286—288).
—, Der Issachar-Spruch (Gen. 49, 14. 15) (Der Katholik 80, 1900 (II), S. 344—347).
Shechem, The »Navel of the Land«: Part I. Sh. in Extra-Biblical Sources, WALTER HARRELSON; Part II. The Place of Sh. in the Bible, BERNHARD W. ANDERSON; Part III. The Archaeology of the City, G. ERNEST WRIGHT (Bibl Arch 20, 1957, S. 2—32).
SHEPPARD, H. W., Note on the Word עֶבְרָה, Gen. XLIX 7. (JThSt 7, 1906, S. 140—141).
SIEVERS, EDUARD, Metrische Studien, I, 2: Textproben, Leipzig 1901; II: Die hebräische Genesis, 1. Teil: Texte, 2. Teil: Zur Quellenscheidung und Textkritik, Leipzig 1904 und 1905.
SIMPSON, CUTHBERT AIKMAN, The Early Traditions of Israel. A Critical Analysis of the Pre-deuteronomic Narrative of the Hexateuch, Oxford 1948.
SKINNER, JOHN, A Critical and Exegetical Commentary on Genesis (ICC), Edinburgh 1910, *²1930 (1951).
SMEND, RUDOLF, Machir (Handwörterbuch des Biblischen Altertums, hrsg. v. EDUARD C. AUG. RIEHM, I, 1884, S. 936).
—, Die Erzählung des Hexateuch auf ihre Quellen untersucht, Berlin 1912.
SMEND JR., RUDOLF, Jahwekrieg und Stämmebund. Erwägungen zur ältesten Geschichte Israels (FRLANT 84), Göttingen 1963.
SMITH, C. RYDER, The Stories of Shechem, three Questions (JThSt 47, 1946, S. 33—38).
SMITH, GEORGE ADAM, The Early Poetry of Israel in its Physical and Social Origins (Schweich Lectures 1910), London 1912.
—, The Historical Geography of the Holy Land, 23. Edition, London o. J. (1927).
SMYTH, KEIVIN, The Prophecy concerning Juda, Gen. 49: 8—12 (CBQ 7, 1945, S. 290—305).
VON SODEN, WOLFRAM, Das altbabylonische Briefarchiv von Mari (WdO I, 3, 1948, S. 187—204).
SOGGIN, J. ALBERTO, Die Geburt Benjamins, Genesis XXXV 16—20 (21) (VT 11, 1961, S. 432—440).
—, Zwei umstrittene Stellen aus dem Überlieferungskreis um Schechem (ZAW 73, 1961, S. 78—87).
SONNE, ISAIAH, Genesis 49 25-26 (JBL 65, 1946, S. 303—306).
SPEISER, E. A., »People« and »Nation« of Israel (JBL 79, 1960, S. 157—163).
SPURRELL, GEORGE JAMES, Notes on the Text of the Book of Genesis, Oxford 2. ed. 1896.
STADE, BERNHARD, Lea und Rahel (ZAW 1, 1881, S. 112—116).
—, Geschichte des Volkes Israel (Allgemeine Geschichte in Einzeldarstellungen, hrsg. v. WILHELM ONCKEN, I, 6), Bd I, Berlin 1887.
STÄHELIN, J. J., Versuch einer Geschichte der Verhältnisse des Stammes Levi (ZDMG 9, 1855, S. 704—730).
STAERK, WILLY, Studien zur Religions- und Sprachgeschichte des alten Testaments, I. Heft: I. Prolegomena zu einer Geschichte der israelitischen Vätersage, II. Zur Geschichte der hebräischen Volksnamen, Berlin 1899; II. Heft: I. Prolegomena

zu einer Geschichte der israelitischen Vätersage (Die Gestalten der Jaqobsage. — Kultusstätten und Ortsnamen), II. Zur Geschichte der hebräischen Volksnamen (Fortsetzung und Schluß), Berlin 1899.
—, Ein Hauptproblem der hebräischen Metrik (Alttestamentliche Studien, Rudolf Kittel zum 60. Geburtstag dargebracht = BWAT 13, Leipzig 1913, S. 193—203).
STEIF, MAX, Einige besondere Wortspiele im Pentateuch (MGWJ 69, 1925, S. 446 —448).
—, Wortspiele im Pentateuch II. (MGWJ 74, 1930, S. 194—197).
STEINBERGER, LEO, *Der Segen Jakobs (Genesis 49) als Quelle für die Entstehungsgeschichte des israelitischen Volkes, 1934.
—, Der Bedeutungswechsel des Wortes Levit. Entwicklung aus einer Milizformation zu einer Priesterkaste, Berlin 1936.
STEINTHAL, H., Die Sage von Simson (Zeitschrift für Völkerpsychologie und Sprachwissenschaft 2, 1862, S. 129—178).
STEPHAN, KARL LUDWIG, Das Debora-Lied (Diss. phil. Erlangen), Leipzig 1900.
STEUERNAGEL, CARL, Die Einwanderung der israelitischen Stämme in Kanaan. Historisch-kritische Untersuchungen, Berlin 1901.
—, Die Weissagung über die Eliden (1. Sam. 2 27-36) (Alttestamentliche Studien, Rudolf Kittel zum 60. Geburtstag dargebracht = BWAT 13, Leipzig 1913, S. 204 —221).
—, Das Deuteronomium übersetzt und erklärt (HK), Göttingen ²1923.
STOEBE, H. J., Jakobsegen (RGG III, ³1959, Sp. 524—525).
—, Mosessegen (RGG IV, ³1960, Sp. 1155—1156).
STRACK, HERMANN L., Die Genesis übersetzt und ausgelegt (SZ), München 1894, ²1905.
STRAUSS, HANS, Untersuchungen zu den Überlieferungen der vorexilischen Leviten (Diss. theol. Bonn), Bonn 1960.
STUCKEN, EDUARD, Beiträge zur orientalischen Mythologie. I. (MVG 7, 4, 1902, S. 121 —192).
TADMOR, HAYIM, Historical Implications of the Correct Rendering of Akkadian dâku (JNESt 17, 1958, S. 129—142).
TÄUBLER, EUGEN ISRAEL, Die Spruch-Verse über Sebulon (MGWJ 83, 1939, S. 9—46).
—, Biblische Studien. Die Epoche der Richter, hrsg. v. H.-J. ZOBEL, Tübingen 1958.
*TAPPEHORN, A., Erklärung der Genesis, Paderborn 1888.
*TERRY, M. S., (Methodist Revue V, II, 1886, S. 847ff.).
THOMAS, D. WINTON, The Root מכר in Hebrew (JThSt 37, 1936, S. 388—389).
THOMPSON, R. J., Penitence and Sacrifice in Early Israel Outside the Levitical Law. An Examination of the Fellowship Theory of Early Israelitic Sacrifice, Leiden 1963, S. 215—216 zu Dtn 33 10. 19.
TORCZYNER, N. HARRY, Vom Ideengehalt der hebräischen Sprache (Österreichische Monatsschrift für den Orient 42, 1916, S. 250—258).
—, אביר kein Stierbild (ZAW 39 [1921], 1922, S. 296—300).
—, *שילה עד כי־יבא (Gen 49 10) (Tarbiz 13, 1942, S. 213—217).
TORGE, PAUL, Das Lied der Debora. Richt. 5, 2—31 (Protestantenblatt 37, 1904, No. 18, S. 212; No. 19, S. 220—221).
TOURNAY, R., Le psaume et les bénédictions de Moïse (Deutéronome, XXXIII) (RB 65, 1958, S. 181—213).
TOY, C. H., Studies in Hebrew Meter (AJSL 19, 1902—03, S. 58—60).
TSEVAT, MATITIAHU, Some Biblical Notes (HUCA 24, 1952—53, S. 107—114).

*TULLY, THOMAS, The Sons of Jacob and their Tribal Blessings, London 1923.
*TUR-SINAI, N. H., אחריך בנימין (Jdc 5 13f.; Hos 5 8) (Beth Mikra 1, 1956, S. 19 ff.).
ULLENDORF, EDW., The Contribution of South Semitics to Hebrew Lexicography (VT 6, 1956, S. 190—198).
DE VAUX, R., Binjamin-Minjamin (RB 45, 1936, S. 400—402).
—, *La Genèse traduite (Bible de Jérusalem), Paris 1951.
—, Das Alte Testament und seine Lebensordnungen, Bd I—II, Freiburg 1960. 1962.
VAWTER, BRUCE, The Canaanite Background of Genesis 49 (CBQ 17, 1955, S. 1—18).
—, *A Path through Genesis, New York 1956.
VERMES, G., »The Torah is a Light« (VT 8, 1958, S. 436—438).
VERNES, MAURICE, Le cantique de Débora (REJ 24, 1892, S. 52—67. 225—254).
—, De la place faite aux légendes locales par les livres historiques de la Bible (Juges, Samuel, Rois) (École pratique des Hautes Études, Section des Sciences Religieuses), Paris 1897.
VINCENT, ALBERT, Le Livre des Juges et le Livre de Ruth (Bible de Jérusalem, 7), Paris 1952.
VOIGT S. YADIN.
VOLCK, WILHELM, Der Segen Mose's Deut. Kap. XXXIII. untersucht und ausgelegt, Erlangen 1873.
—, Heilige Schrift und Kritik. Ein Beitrag zur Lehre von der Heiligen Schrift, insonderheit Alten Testamentes, Erlangen-Leipzig 1897.
—, Zur Erklärung des mosaischen Segens Deut. K. 33 (Abhandlungen Alexander von Oettingen . . . gewidmet, München 1898, S. 196—219).
VOSTÉ, J.-M., La bénédiction de Jacob d'après Mar Išoʻdad de Merw (c. 850) (Gen. 49) (Bibl 29, 1948, S. 1—30).
WALDNER, KARL, Der Segen Jakobs (Gen 49 1-28). Eine exegetische Studie. I. Teil: Text und Sinn der Segenssprüche (Diss. Freiburg i. B., 1923; Handschrift).
WALKER, NORMAN, Concerning the Function of 'ēth (VT 5, 1955, S. 314—315).
—, Do Plural Nouns cf Majesty exist in Hebrew? (VT 7, 1957, S. 208).
WALLIS, GERHARD, Die Zeile, das Zeilenpaar und das Doppelzeilenpaar als Ausdrucksformen der althebräischen Dichtkunst (Diss theol. Berlin, 1954; Maschinenschrift).
WALZ, REINHARD, Gab es ein Esel-Nomadentum im Alten Orient? (Akten des XXIV. Internationalen Orientalistenkongresses München, hrsg. v. HERBERT FRANKE, Wiesbaden 1959, S. 150—152).
WATERMAN, LEROY, Some Determining Factors in the Northward Progress of Levi (JAOS 57, 1937, S. 375—380).
—, Jacob the Forgotten Supplanter (AJSL 55, 1938, S. 25—43).
*WATSON, W. S., The Final Chapters of Deuteronomy (Bibl Sac, Oct. 1896, S. 681—690).
WEBER, A., Israels ältester Schlachten- und Siegesgesang (Der Katholik 95, 1915, S. 79—93).
WEISER, ARTUR, Einleitung in das Alte Testament, Stuttgart 1939, Göttingen [4]1957, [5]1962.
—, Das Deboralied. Eine gattungs- und traditionsgeschichtliche Studie (ZAW 71. 1959, S. 67—97).
WELCH, ADAM C., Deuteronomy. The Framework to the Code, London 1932.
WELLESZ, J., Textkritische Bemerkungen (OLZ 7, 1904, Sp. 336—342).

WELLHAUSEN, JULIUS, Lieder der Hudhailiten, arabisch und deutsch (Skizzen und Vorarbeiten, 1. Heft, 2. Teil), Berlin 1884.
—, Die Composition des Hexateuchs (Skizzen und Vorarbeiten, 2. Heft), Berlin 1885.
—, Die Composition des Hexateuchs und der historischen Bücher des Alten Testaments, Berlin ²1889, ³1899.
—, Die alte arabische Poesie (Cosmopolis 1, 1896, S. 592—604).
—, Reste arabischen Heidentums, Berlin 2. Ausgabe 1897.
—, Ein Gemeinwesen ohne Obrigkeit (Rede zur Feier des Geburtstags Seiner Majestät des Kaisers und Königs am 27. Januar 1900), Göttingen (1900).
—, Prolegomena zur Geschichte Israels, Berlin ⁶1905 (Neudruck Berlin u. Leipzig 1927).
—, Israelitische und jüdische Geschichte, Berlin ⁶1907, ⁷1914.
WERLIIN, CHRISTIANUS, De laudibus Judae Gen. c. XLIX, V. 8—12 celebratis, Havniae 1838.
WESTPHAL, GUSTAV, Jahwes Wohnstätten nach den Anschauungen der alten Hebräer (BZAW 15), Gießen 1908.
WHITEHOUSE, F. COPE, The Bahr-Jūsuf and the Prophecy of Jacob (PSBA 8, 16. Session [1885—86], 1886, S. 6—25).
WIEDER, N., Notes on the New Documents from the Fourth Cave of Qumran (JJSt 7, 1956, S. 71—76).
WIENER, HAROLD M., Some Factors in Early Hebrew History (Bibl Sac 78, 1921, S. 201—231. 376—399).
WIESE, KURT, Zur Literarkritik des Buches der Richter, in: SIEGFRIED SPRANK und K. WIESE, Studien zu Ezechiel und dem Buch der Richter (BWANT 40), Stuttgart 1926.
WILSON, ALFRED M., The Particle את in Hebrew. I. II. (Hebraica 6, 1889—90, S. 139—150. 212—224).
WINCKLER, HUGO, Zum alten Testament (Altorientalische Forschungen, II, 1894, S. 192—196; III, 1895, S. 291—292).
—, Geschichte Israels in Einzeldarstellungen (= Völker und Staaten des alten Orients. 2—3), T. I—II, Leipzig 1895. 1900.
WOLF, C. UMHAU, Some Remarks on the Tribes and Clans of Israel (JQR 36, 1945—46, S. 287—295).
WORDSWORTH, W. A., 'Until Shiloh come' (Genesis XLIX. 10) (ExpT 49, 1937—38, S. 142—143).
WRIGHT, G. ERNEST, Iron in Israel (Bibl Arch 1, 1938, S. 5—8).
—, Iron: The Date of its Introduction into Common Use in Palestine (AJA 43, 1939, S. 458—463).
—, Epic of Conquest (Bibl Arch 3, 1940, S. 25—40).
—, How Did Early Israel Differ From Her Neighbors? (Bibl Arch 6, 1943, S. 1—10. 13—20).
—, The Literary and Historical Problem of Joshua 10 and Judges 1 (JNESt 5, 1946, S. 105—114).
—, Hazor and the Conquest of Canaan (Bibl Arch 18, 1955, S. 106—108).
—, Biblische Archäologie, deutsch v. CHRISTINE v. MERTENS, Göttingen 1958.
WÜNSCHE, AUG., Die Bildersprache des Alten Testaments. Ein Beitrag zur aesthetischen Würdigung des poetischen Schrifttums im Alten Testament, Leipzig 1906.

YADIN, YIGAEL, The Earliest Record of Egypts Military Penetration into Asia ? (IEJ 5, 1955, S. 1—16; dazu Mitteilung v. E. VOIGT, Caulae Transiordanicae et tabula Narmer, Bibl 36, 1955, S. 417).

—, Some Notes on Commentaries on Genesis XLIX and Isaiah, from Qumran Cave 4 (IEJ 7, 1957, S. 66—68).

YEIVIN, SHEMOUEL, The Israelite Settlement in Galilee and the Wars with Jabin of Hazor (Mél. Robert, 1957, S. 95—104).

ZAPLETAL, VINCENZ, Alttestamentliches, Freiburg (Schweiz) 1903.

—, Das Deboralied, Freiburg (Schweiz) 1905.

ZIMMELS, B., Zur Geschichte der Exegese über den Vers: Gen. 49, 10 לא יסור שבט וגוי (Magazin für die Wissenschaft des Judenthums 17, 1890, S. 1—27. 152—165. 177—197. 261—279; 19, 1892, S. 56—78; 20, 1893, S. 168—180) (Wegen Todes des Autors unvollendet geblieben).

ZIMMERN, H., Der Jakobssegen und der Tierkreis (ZA 7, 1892, S. 161—172).

ZORELL, FRANZ, 'Desiderium collium aeternorum' (Gen. 49, 26) (ZKTh 33, 1909, S. 582—586).

—, Der Jakobsegen Gen. 49, 1—27 (BZ 13, 1915, S. 114—116).

—, *Vaticinium Jacob Patriarchae (Gen. 49, 1—27 (Verbum Domini 7, 1927, S. 65—70).

VAN ZYL, A. H., The Moabites (Pretoria Oriental Series 3), Leiden 1960.

STELLEN-VERZEICHNIS

Altes Testament

Kanonische Bücher

Genesis

4 22		69
10 15		16
12 2. 3		24
14 2		20
7	33.	45
20		35
20 2		20
22 8		40
17		24
24 12		41
25 29-34		58
27 1-40		58
28f.		24
29		10
39f.		24
28 20-22		23
29—30	57.	58
30 16. 18. 20		58
23. 24		22
31 13		23
48. 50		58
32 10		41
23ff. 28. 29		23
33 19		40
34 10. 66. 67. 70.		71
35 1-14		23
4		38
5		66
16-20		112
21-22		6
22	7.	41
37 18-35		15
38	15. 74.	75
1		74
41 52		22
46 12		67
48 5		124
20		24
49 1. 2. 12. 21. 25. 42. 49. 53. 55. 56. 61. 107. 123. 124. 127. 130		
3-4 2. 4. 6—8. 15. 28. 59. 60. 62. 63. 79. 114		
3	38.	41

5-7	2. 4. 7—10. 15. 59. 65—67. 70. 71. 79	
8-12	2. 15.	72
8	2. 4. 10. 11. 14. 59. 60. 79	
9	4. 11. 12. 14. 19. 20. 22. 40. 42. 55. 73—76. 79	
10-12	4. 5. 12— 14. 18. 22. 38. 58. 75—77. 79. 120	
10	29.	40
13	2. 5. 15. 17. 19. 38. 40. 50. 56. 80. 81	
14-15	2. 5. 16. 17. 22. 85. 87	
14	11. 12. 19. 25. 50. 55	
15	20. 21.	58
16-20		2
16	5. 13. 17—19. 56. 88. 96	
17	5. 11. 18. 19. 25. 55. 88. 89. 91. 93. 95	
18		19
19	5. 15. 19. 50. 56. 85. 97—100	
20	5. 11. 15. 19. 20. 22. 42. 57. 101. 103	
21	5. 11. 18—22. 25. 42. 55. 104. 105	
22	5. 11. 19. 21. 22. 24. 55. 56. 115. 116. 121	
23-24	5. 22—24. 58. 110. 115— 118. 121	
25-26	2. 6. 24. 25. 36. 37. 59. 60. 115. 123	
25		12
26		40
27	2. 6. 11. 19. 25. 38. 40. 42. 55. 107. 111	
50 23		113

Exodus

2 1		72
12		39
15 1		18
5. 12. 14. 15		29
21		18
25	33.	34
17 1-7		32
8-16		45
18 21		33
32 19-24	32.	33
25-29	32. 33.	34

Numeri

6		24
10 33		17
35-36	84.	121
13—14		45
20 13. 24		32
21 18		13
22 24		21
23—24	12.	79
23 22		38
24		11
24		21
6		21
8	12.	38
20		45
21		69
26 13. 20		67
29-33		113
29		122
32 1ff.	62.	99
34-38		64
39		113
34 11		35

Deuteronomium

1 7		15
3 13. 15		113
6 16 9 22 32 51		32
33 1. 2. 12. 42. 49. 53. 55. 61. 65. 107. 122. 123. 127. 130		
2-5. 26-29		41
2		41
5	40.	41
6 26. 28. 59. 62— 65. 107		
7	26. 28. 29. 31. 59. 72. 77. 78. 129	
8-11	26. 29—33. 67. 68. 71	
8-10	59.	69
8		29
9	29.	34
10		129
11	12. 28. 43.	59
12	27. 34. 35. 40. 59. 107. 108. 110. 111. 122	
13-16	27. 35—37. 59. 60. 115. 122. 123	
13		43
15		24
16	24. 25. 38. 40. 42. 43. 59. 122. 129	
17	12. 25. 27. 37. 38. 59. 113. 115. 120. 121	
18-19	2. 27. 28. 30. 38. 48. 59. 80. 82. 83. 85. 87	
18		60
19		15
20-21	27. 38—41. 59. 65. 97—100	
20		43
21	2. 11. 27. 42. 55. 88. 94. 95	
23	27. 42. 43. 59. 104—106	
24-25	28. 30. 43. 59. 101—103	
24	28.	59
25	44.	60

Josua

1—9		111
2 6		38
12		41
3—6		109
7 21	38.	39
22		38
9 1		15
10		111
1		20
33		94

Stellen-Verzeichnis 161

11 1-9. 10-12	52. 80. 81. 111	**4**	48. 51. 52. 80. 81. 83. 111. 128	**11** 1. 5. 7-11. 40	97	**17** 42	14
1	20	3	74. 103	**12** 1-6	75. 120	52	97
12 12	94	4ff	47	4. 5. 7	97	**18** 7	38
13	62	6	83. 86	8-10	78	**21—22**	119
15-23	64	12	83	14	13	**21** 12	38
30-32	113	13	74. 103	15	46	**22** 7-8	46
15 6	65	14	83	**13—16**	95	**25** 34	36
8. 10. 11	35	**5**	1. 3. 41. 45. 51. 52. 58. 62. 64. 65. 67. 74. 76. 80. 81. 83. 84. 86. 87. 92. 93. 96. 99. 100. 103. 105. 114. 127. 128	**13** 2	89	**27** 6	67
26-32. 42	67			5	24	**28** 18	45
16—17	125			19-20	68	**29** 5	38
16 1ff	108			25	93	**30** 26ff	26. 107
10	94			**14** 1	95	26	97
17 1-6	114			**16** 4. 5. 9	95	30	67
1	113. 114			17	24	**31** 7	87
10-11	88	3. 4	48	24	95		
11-12	114	5	36	31	89. 93	II. Samuel	
14-18	103. 113. 116	6-7	86	**17—18**	68. 95. 96	**1** 8. 13	46
16. 18	73	6	18. 29. 39. 83	**18** 1	94	22	29
18 7	99	7	48	5	69	**2** 1ff	76
11ff	108	8	103	7	35. 92. 94	9	87. 98
13	110	10	13. 48	12	93	15-16	107
17	65	11	48. 105	28	92. 94	16	40
19 1. 9	66	12	48. 52	**19—20**(21) 41. 117— 119		**5** 1ff	76
2-8	67	14-18	3. 44. 92	**19**	68	25	95
12. 22. 34	82	14-15a 44. 45. 47— 49. 52		10ff	76	**12** 25	34
17ff	86			**20** 3ff	107	31	103
24-31	101	14	13. 40. 45. 46. 52. 107. 111— 113. 116	6. 10	119	**14** 25ff	14
40-46	95			26-28	109. 110	30	40
47	94			**21** 2	109	**17** 27	98
21 39	64	15a	47. 86	3	65	**18** 6	46
24 25	33	15b-18 53. 55. 57. 58		8-12	97	**19** 32	98
32	40	15b-17 11. 45. 48. 49. 52		12	118	44	123
				19ff	14. 109. 118	**22** 14	35
Richter		15b-16	49. 50. 62. 63. 98			34	20
1	87. 99. 102	16	51. 85	I. Samuel		**23** 1. 3	9
1-20	73. 74	17 15. 29. 40. 49— 51. 57. 65. 88. 92—94. 97. 101		**1**	14	**24** 5-6	98. 101
1-4	73			3	110		
3	66. 74			9	75	I. Könige	
9	73. 74			**2** 11-17	119	**1** 6	14
16	73	18	13. 45. 48. 50—52. 80. 104	35	9	**2** 7	98
17	66. 74			**3** 3	75	**4** 8	121
19	73. 103	19	20. 47. 52	**4—6**	75	13	101
21	109. 125	22	18	**4** 11	110	15	107
22-35	125	23	6. 9. 110. 114	12	111. 119	16	104
22-26	108. 109	24	45	17	9	19	101
27-28	109	26	69	21-22	9. 110	**5** 5	35
27	88	28	18	**7**	118	20	16
29	94. 109	30	25	**9** 1-2	14	**7** 14	107
31-32	101	31	45	21	63	**9** 16	95
33	105. 106	**6** 3. 33	45	**10** 23-24	14	**16** 31	16
34	95	18ff	68	**13** 7	99	**19** 3	67
2 1a. 5b	109	35	103. 106	19-22	103		
3	64. 107. 111	**7** 12	45	**14** 3	119	II. Könige	
7-11. 9	78	23	103. 106	30. 32	25	**7** 8	39
12-30	110	**8** 1-3	75. 120	48	45	**10** 33	64
13	45. 110	25ff	68	**15** 1ff	45		
15ff	107	**10** 1-2	86	19. 21	25	Jesaja	
21	78	3	97	**16** 1. 17	40	**1** 14	9
27	116	4	13	12. 18	14	**5** 1	34
						5	21

Zobel, Stammesspruch   11

14_1 17_4	9	Joel		69_{24}	31	Daniel	
27_6	45	2_7	18	72_3	24	11_{45}	15
32_{18}	17	Amos		$78_{9\mathrm{ff}}$	119	I. Chronik	
33_{22}	13	2_{11-12}	24	9	117	2_{21-23}	112
40_{24}	45	6_1	24	35	35	52. 54	89
27	9	8	9	56-58	119	4_{28-33}	67
41_3	18	Micha		60	75	5_{1-2}	25. 123. 124
8. 14	9	5_{1-3}	75	61	110	6_{66}	64
		Nahum		$67-68$	123	7_{14}	113
Jeremia		$2_{12\mathrm{f}. 14}$	11	$80_{2\mathrm{ff}}$	121	8_6	89
4_7	11	Habakuk		10	45	40	107
6_8	9	1_8	25	81_8	32	11_{42}	64
7_{12-14}	75	3_{19}	20	84_2	34	12_2	107
12. 14	13	Zephanja		89_{28}	38		
9_8	9	3_8	25	$91_{1\mathrm{ff}}$	35. 110	II. Chronik	
11_{15}	34	Sacharja		95_8	32	8_{11}	9
12_2	45	9_1	17	$104_{5. 19-20}$	6	14_7	107
13_{4-7}	38	Psalmen		22	12	15_9	66
14_{19}	9	1_3	21	$105_{8. 19}$	31	17_{17}	107
21_{12}	17	4_6	39	106_{32}	32	34_6	66
23_6	35	7_6	15	108_7	34		
26_6	13. 75	8_6	38	9	98	Pseudepigraphen	
9	75	18_{14}	35	110_3	38	IV. Makkabäer	
$31_{9. 20}$	123	34	20	119_{65}	41	2_{19}	8. 10
32_{41}	9	21_6	38	120_6	15		
47_7	15	8	35	121_1	24	IV. Esra	
49_{31}	35	$22_{13. 22}$	38	127_2	34	5_{23-30}	56
51_{14}	9	24_{7-10}	9	128_3	21		
		7	13	Hiob		Syr. Baruch	
Ezechiel		37_{27}	15	9_{26}	51	$36-37$	56
19_{1-9}	11. 73	45_4	38	40_{16}	31		
2	12	46_5 47_3	35	18	16	Griech. Baruch	
10	21	51_{21}	39	Sprüche Salomos		$2-4$	56
22_{20}	48	54_3	17	$12_{3. 12}$	45		
27	25	57_3	35	25_{15}	16	Testamente der XII Patriarchen	
23_{18}	9	60_7	34	31_{17}	31		
25_{16} 26_{17}	15	9	98	Hoheslied		Test Naft 2	21
$27_{4. 25-27. 33. 34}$	15	$63_{3. 8}$	110	4_2	14	Test Benj 11	25
$12\mathrm{ff}$	20	68	84	8	11		
$28_{2. 8}$	15	2	84	5_{10} 6_6	14	Qumran-Schriften	
Hosea		12	20	Klagelieder		IV Q Test	
5_{1-5}	122	17	15	4_5	20	4_{14}	30
10_1	21	28	25. 84. 106. 107	7	14. 24		
12_2	23			17	20		
14_6	45						

Alt-Vorderasiatisch-Ägyptische Quellen

Ägyptische Texte		109, 44ff.	20	289, 5. 11. 25	90	294, 16—24. 20	90
AOT, S. 20 u. S. 84, Z. 40	34	149, 9—10. 63	90	290, 6	90	18—20	94
		152, 6	90	292—294. 295	90	24	90
Alalakh-Tafeln		215—216	90	292	90	295, RS 7	90
6, 13	21	270, 9—21	91	28—29 . 90. 91		298, 22	90
		273, 17 (20)—24	90	29—33	91	300, 22	90
Amarna-Briefe		287, 15	20	41—51	90		
30, 1ff.	20	52—59	90	41	91	Klmw-Inschrift	
85, 34	20	288, 32—33	94	42 f. 48ff.	90	Z. 8	14

Mari-Texte

II 37, Z. 11 ... 13
78, Z. 13. 21 ... 20

Mesa-Inschrift

Z. 10 ...... 65. 100

Punische Inschrift

CIS I, Nr. 166, A. 4
                  14

Ugaritische Texte

13, rev 4 43
49 VI 30—31 .. 34
51 II 34 34

52, 30 (= SS 30)   21
64, 24 23
76 II 21—22 (= IV AB II, 21—22) 44
76 III 8 (= IV AB III, 8) 21
98, 1—2 43
II Aqht VI, 5—6   14

Krt 84 20
Krt 94—95 104
Krt 175 20
Krt 182—183 .. 104
Krt 198—199. 201— 202 16
III K III, 16 .. 124
IV Myth. Fr. 3   22

Wächter über Israel
Ezechiel und seine Tradition
Von Henning Graf Reventlow
Groß-Oktav. VIII, 173 Seiten. 1962. DM 26,—
(Beiheft zur Zeitschrift für die alttestamentliche Wissenschaft 82)

Benjamin
Untersuchungen zur Entstehung und Geschichte eines israelitischen Stammes
Von Klaus-Dietrich Schunck. Groß-Oktav. VIII, 188 Seiten. 1964. DM 32,—
(Beiheft zur Zeitschrift für die alttestamentliche Wissenschaft 86)

Untersuchungen zur israelitisch-jüdischen Chronologie
Von Alfred Jepsen und Robert Hanhart. Groß-Oktav. VI, 96 Seiten. 1964. DM 18,—
(Beiheft zur Zeitschrift für die alttestamentliche Wissenschaft 88)

Tetrateuch, Pentateuch, Hexateuch
Die Berichte über die Landnahme in den drei israelitischen Geschichtswerken
Von Sigmund Mowinckel. Groß-Oktav. VI, 87 Seiten. 1964. DM 18,—
(Beiheft zur Zeitschrift für die alttestamentliche Wissenschaft 90)

Vatke und Wellhausen
Geschichtsphilosophische Voraussetzungen und historiographische Motive für die Darstellung der Religion und Geschichte Israels durch Wilhelm Vatke und Julius Wellhausen
Von Lothar Perlitt. Groß-Oktav. X, 249 Seiten. 1965. Ganzleinen DM 42,—
(Beiheft zur Zeitschrift für die alttestamentliche Wissenschaft 94)

Geschichte Israels
Von den Anfängen bis zur Zerstörung des Tempels (70 n. Chr.)
Von Ernst Ludwig Ehrlich. Klein-Oktav. Mit 1 Karte. 158 Seiten. 1958. DM 5,80
(Sammlung Göschen Band 231/231a; Walter de Gruyter & Co., Berlin)

Israelitische und Jüdische Geschichte
Von Julius Wellhausen. 9. Auflage. Groß-Oktav. VIII, 371 Seiten. 1958. Ganzleinen DM 19,80
(Walter de Gruyter & Co., Berlin)

Die Welt des Alten Testaments
Einführung in die Grenzgebiete der Alttestamentlichen Wissenschaft
Von Martin Noth. 4., neubearbeitete Auflage. Groß-Oktav. Mit 10 Textabbildungen und 1 Tafel. XVI, 355 Seiten. 1962. Ganzleinen DM 28,—
(Sammlung Töpelmann Reihe II: Hilfsbücher zum theologischen Studium Band 3)

VERLAG ALFRED TÖPELMANN · BERLIN 30

DATE DUE

OCT 31 1969			
Jac			